Stefan Dech슈테판 데흐 · Reinhold Messner라인홀드 메스너 · Nils Sparwasser닐스 슈파르바서 지음 ｜ 김동수 옮김

산 그 4차원의 세계

Haroojae Club

한계에 도전하는 사람들

'내일을 위한 지식'은 독일항공우주센터(DLR)의 모토이다. 이곳에서는 전 세계 60개국에서 모인 8천여 명의 전문가들이 항공과 우주여행, 에너지, 교통, 안전 분야의 연구와 개발에 혼신의 힘을 다하고 있다. 경제적 교통수단, 대체 에너지 자원, 생태계에 대한 심도 깊은 이해, 재난상황에 대한 신속한 대응 등 그 어떤 것이든 DLR의 목표는 우리의 환경과 삶의 조건을 개선하는 것이다. 그러나 내일을 위한 지식을 위해서는 현재 이루어지고 있는 개발을 서로 조합하는 것만으로는 충분치 않기 때문에 새로운 길을 열고, 지식 분야 간의 벽을 허물고, 한계를 탐험하고 확장하는 것이 필요하다.

라인홀드 메스너Reinhold Messner는 — 이 책에 등장하는 다른 산악인들처럼 — 그 경계선을 바꾼 사람 중 하나인데, 이들 모두가 한계에 도전한 사람들이다. 이들은 전인미답의 정상을 향해 발걸음을 옮기고, 육체적 한계를 시험하고, 새로운 길을 열기 위해 그 이상까지 나아간다. 경계선을 뛰어넘고 지평선을 넓히고자 언제나 애쓰는 이런 사람들이야말로 인간의 노력을 보여주는 대표적인 예이다. 이와 같은 추진력을 통해 인류는 세계의 구석구석을 탐험했고, 하늘로 우주로 진출했다. 그리하여 언젠가 우리는 화성에, 아니 어쩌면 그보다도 더 멀리까지 도달하게 될 것이다. DLR 역시 한계에 도전하고 있다. 이렇게 본다면, 과학자와 산악인은 우리가 생각하는 것보다 훨씬 더 밀접한 관련이 있다.

이 책은, 두 영역이 우연히 만나게 된, 과학과 극한등반의 조합이다. 매우 상세한 디지털 지형 모델을 만드는 데는 DLR에서 개발한 기술을 이용한 위성 데이터가 사용되었다. 덕분에, 이전에는 불가능했던 관점에서 바라본, 사실적 이미지를 만들어낼 수 있었다. 이것은 분명 세계에서 가장 어려운 산인 K2를 오르려는 산악인들에게 큰 도움이 될 것이다. 이 책에 대한 아이디어를 얻게 된 것이 두 영역의 바로 이런 만남이었다.

라인홀드 메스너는 초등과 중요한 등반 이야기를 역사적 맥락으로 풀어나간다. 과학은 시간을 4차원으로 본다. 따라서 이제 우리는 이런 차원을 통해 거대한 산들을 고찰한다. 이 책에는 세계 최고의 산악인들이 직접 쓴 보고서도 나오고, 등산과 과학의 특별한 업적도 등장한다.

이 책은 또한 국제 협력의 본보기이기도 하다. 우리의 프랑스 파트너인 프랑스국립우주센터(CNES)와 에어버스그룹은 방대한 분량의 위성 데이터를 제공해주었다. 그리고 이 책에 실린 지형 모델 대부분은 플레이아데스Pléiades 위성으로 촬영한 사진들을 기초로 하였다. 이 이미지들은 위성으로만 가능한 것들이다. 위성은 지구를 추적 관측해 최신 자료와 오지에 대한 정교한 이미지를 보내준다. 또한 대기와 수분의 질을 측정하고, 지구를 덮고 있는 식물적 생명공동체를 기록하며, 정밀한 지형 모델을 제공하고, 지표면의 움직임을 일일이 탐색한다. 이런 일은, 이 책에 나오는 이미지와 더불어, DLR의 지구관측센터(EOC)가 하는 몇몇 예일 뿐이다.

지속적인 지구 관측의 중요성은 자연재해를 통해 규칙적으로 증명되고 있다. 위성을 통하면 피해에 대한 광범위하고 빠른 분석을 할 수 있기 때문이다. 이전이라면 접근할 수 없었던 정보들을 위성은 이미 수십 년 동안 제공해왔다. 그리고 저속촬영으로 아주 작은 변화까지도 탐지해낸다. 산은 모든 환경 변화에 반응하는 민감한 생태계이다. 따라서 우리는, 단지 우주에서뿐만 아니라, 특별한 관심을 기울일 필요가 있다. 만약 우리가 이런 정보를 지구와 그 거주자들에게 유용하게 쓸 수 있다면, 우리는 임무를 다하게 되는 셈이다. 즉 과학으로부터 얻은 지식을 모두의 가치 있는 미래에 사용하는 것이다. 이런 목적을 달성하기 위해서 과학은 사회를 향해 전체적으로 열린 자세를 유지해야 하며, 지식 분야 간의 벽을 허물어야 한다. 이 책과 같은 독특하고 매력적인 프로젝트는 올바른 방향으로 나아가는 발걸음이 될 것이다.

DLR 집행위원장

파스칼 에렌프뢴트Pascale Ehrenfreund 교수

12킬로미터 상공 북쪽 방향에서 '찍은' 가상 이미지의 우슈바 쌍봉

산—그 4차원의 세계

이 책에는 비극적 사고나 등반의 이정표가 된 13개의 산이 등장한다. 그리고 이 산들을 전례 없는 방식으로 보여준다. 이 산들의 매우 정교한 디지털 이미지는 수백 킬로미터 상공에서 위성이 찍은 사진을 바탕으로 독일항공우주센터가 만들어냈다. 이것을 가지고 과학자들이 디지털 지형 모델을 생성했고, 결국은, 이전에는 불가능했던 관점과 높이에서 바라본, 사실적인 '가상' 이미지가 되었다. 그들은 이 산들을 정말 실감이 날 정도로 세세히 잡아냈는데, 이것은 새로운 경험 그리고 새로운 차원이었다.

이 책에 등장하는 산들은 형태학적·지질학적·기후학적으로 매우 뛰어나며, 산악인들에게는 여전히 특별한 도전을 요구한다. 이 산들은 신기원을 이룬 정복과 새로운 루트와 숨 막히는 위업을 대표하기도 했지만, 동시에 실패와 꿈과 비전의 무대이기도 했다. 이 이야기들은 등반역사를 축약한 것이나 다름없다.

모든 산들은 초등, 가장 중요한 등반, 뛰어난 업적과 같은 역사적 맥락으로 설명된다. 다음으로, 지형도를 보면 각 장면의 가상 카메라 위치를 알 수 있다. 한편 지질학과 빙하학, 지리학, 기후학에 대한 데이터 시각화와 기술記述은 각각의 특성을 제공한다. 이런 개요는 젠켄베르크연구소Senckenberg Research Institute의 소장이자 프랑크푸르트에 있는 자연사박물관의 관장인 안드레아스 물흐Andreas Mulch 교수가 이끄는 전문가 그룹에 의해 정리되었다.

각각의 산에 대한 묘사는 세계 최고의 산악인들이 쓴 개인적 기록에 의존했으며, 그에 따른 독특한 사진들을 선별했다. 이런 직접적 이야기들은 거대한 산으로 가는 가상의 여행에 잊을 수 없는 감정적 경험을 더해준다. 이것은 또한 지구 관측의 신기술이 루트를 계획하는 새로운 방법으로 현대 등반의 발전에 어떻게 기여할 수 있는지도 보여준다. 이미지 뒤에 숨어있는 환상적인 기술이야말로 이 글을 결론짓는 주제이다.

초창기의 개척자들부터 오늘날의 미래지향적인 산악인들까지 아우르는 여러 시대의 개인적인 기록에 최신의 위성 기술과 지리학적 배경지식이 더해져, 이 산들에 대한 독특한 모습과 결국은 이 산들을 정복한 한계선상의 산악인들에 대한 이야기들이 만들어졌다.

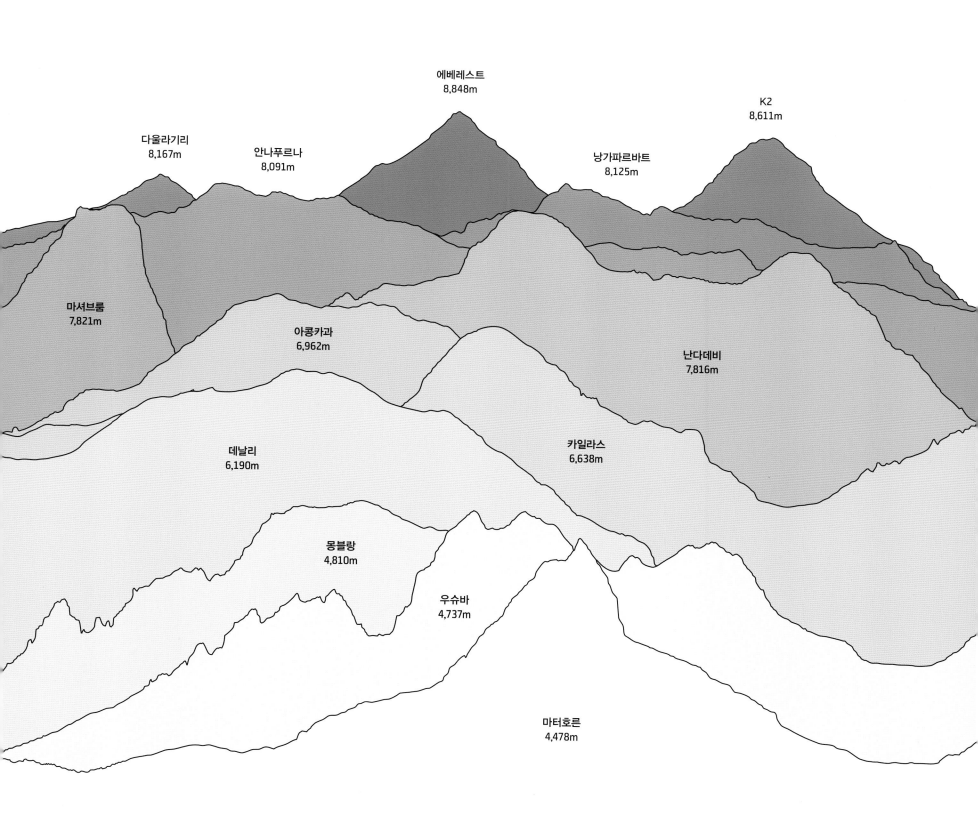

에베레스트
8,848m

K2
8,611m

다울라기리
8,167m

안나푸르나
8,091m

낭가파르바트
8,125m

마셔브룸
7,821m

아콩카과
6,962m

난다데비
7,816m

데날리
6,190m

카일라스
6,638m

몽블랑
4,810m

우슈바
4,737m

마터호른
4,478m

Contents | 목차

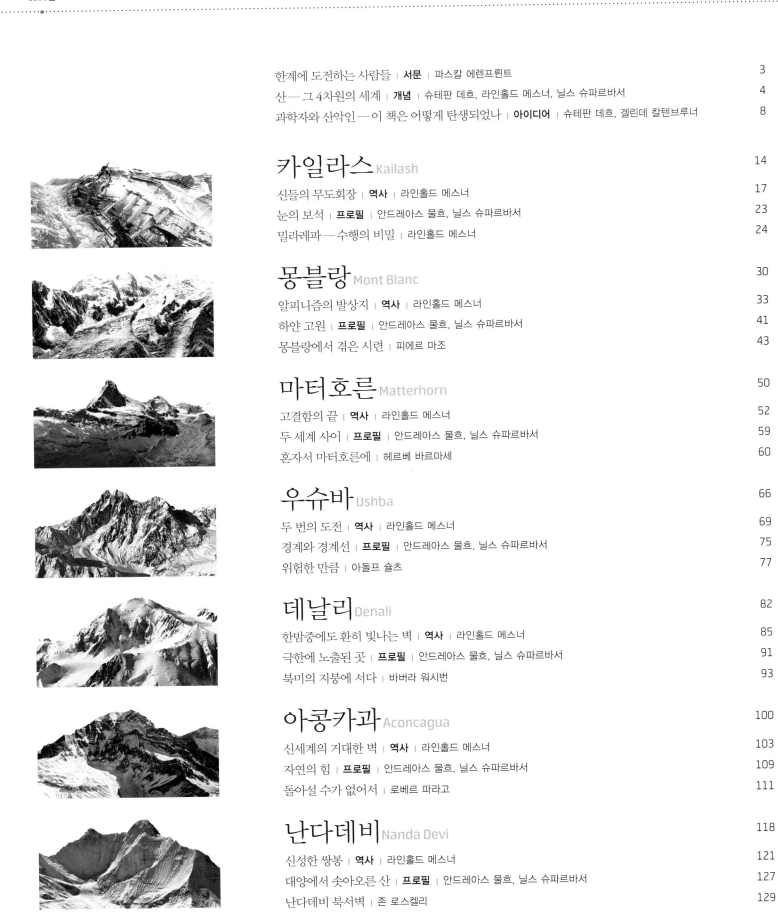

과학자와 산악인 —
이 책은 어떻게 탄생되었나

2010년 9월 독일 바바리아의 볼프라츠하우젠에 있는 로이자흐할레. 겔린데 칼텐브루너Gerlinde Kaltenbrunner가 무대에 모습을 드러냈다. 얼마 전까지만 해도 그녀는 '산 중의 산'이라 불리는 K2의 사면에 있었다. K2는 에베레스트에 이어 세계에서 두 번째로 높지만, 많은 산악인들은 가장 아름다우면서도 어려운 산으로, 또한 8천 미터급 고봉 중 가장 오르고 싶은 곳으로 여긴다. 겔린데 칼텐브루너에게 그 산은 자이언트 14개를 모두 오르는 여정의 환상적인 종착지였다. 칼텐브루너는 자신의 어린 시절과 목사님을 따라 오스트리아의 고향 마을 슈피탈 암 퓌른Spital am Pyhrn 근처에 있는 산들을 오른 이야기를 들려주었다. 아주 어린 나이에, 그녀는 이 세계를 자신의 소명 의식으로 느꼈다. 그녀가 보여주는 사진들은 깊이와 넓이에서 장관이었다. 그곳은 사람들이 감히 접근할 수 없는 우주 그 자체였다. 칼텐브루너의 직설적이고 솔직한 이야기에 나는 그만 푹 빠졌다. 언론을 통해 그녀의 업적을 알고는 있었지만, 내가 그녀를 직접 마주한 것은 그때가 처음이었다. 산이라는 경이로운 세계에 대해 가식이나 감상 대신 열정으로, 그녀는 그런 삶의 방식으로부터 얻는 힘과 그런 창조적 행위에 대해 자신이 느끼는 바를 설명했다.

그녀의 K2 시도는 비극적인 결과로 끝이 나고 말았다. 등반 파트너였던 스웨덴의 노련한 알피니스트 프레드리크 에릭슨Fredrik Ericsson이 정상에서 멀지 않은 보틀넥에서, 그것도 바로 눈앞에서 추락했기 때문이다. 그를 구할 수 없었던 칼텐브루너는 긴 하산 길을 혼자 내려와야 했다. 순간 그녀의 목소리가 착 가라앉았다. 그런 사고는 늘 일어날 뿐 산의 잘못은 아니라며, 그녀는 더 이상 자세히 말하고 싶어 하지 않았다. 하지만 청중들은 그녀가 충격에서 아직 벗어나지 못했다는 것을 느낄 수 있었다. 그런 일은 시간이 필요한 법이니까. 집으로 돌아왔는데도 그녀에 대한 생각이 머릿속을 떠나지 않았다. 그녀는 어떻게든 K2로 다시 돌아갈 것만 같았다. 다음해가 아니라면 언젠가는 꼭. 그날 저녁 K2가 내 마음을 사로잡았다. 나는 라인홀드 메스너의 『K2 — 산 중의 산K2: Mountain of Mountains』이라는 책을 뒤적였다. 젊었을 때 처음으로 구입한 이 산서를 나는 눈도 떼지 않고 읽었다. 메스너는 '매직 라인Magic Line'을 통해 그 산을 오르겠다는 자신의 꿈을 포기하고, 대신 노멀 루트로 정상에 올랐다. 하지만 그 산에 '노멀(보통)'이라는 것이 과연 있기는 할까?

그날 저녁, 아이디어 하나가 머릿속에 떠올랐다. 최신의 위성 데이터를 이용해 K2와 그곳을 둘러싼 사면을 3D 지도로 만들면 어떨까? 만약 선명하고 정교하게 나온다면 모든 장소와 루트를 자세히 알 수 있지 않을까? 이전에 어느 누구도 보지 못한 곳까지도. 그러면 어느 곳이든 가능한 루트를 따라 가상의 등반을 해볼 수 있지 않을까? 이것은 8천 미터급 고봉들을 가장 어려운 루트로 접근할 수 있는 완전히 새로운 수단이 될 것 같았다. 그리고 칼텐브루너의 다음번 시도에도 분명 도움이 될 것 같았다.

독일항공우주센터(DLR)의 지구관측센터(EOC)는 위성 데이터를 이용한 최신의 입체 사진측량법을 익힐 수 있는 이상적인 실험 장소이지만, 매우 날카로운 능선과 가파른 사면을 3D 모델로 만드는 것은 상당히 까다로울 것 같았다. 우선, 다양한 위치에서 가능하면 같은 시간에 측정한 산을 지도로 만들 필요가 있었다. 그리고 눈과 얼음과 바위의 세계가 서로 잘 대비되도록 해야 할 것 같았다. 도시와 숲과 인간의 거주 지역에 알맞도록 설계된 카메라 시스템으로는 결코 쉽지 않을 것 같기도 했다. 하늘에 구름이 있어서도 안 되고, 프로젝트 전체를 성공적으로 이끌기 위해서는 상세한 계획은 물론이고 적절한 지원도 필요할 것 같았다.

다음 날 아침, 나는 몇몇 동료들과 그 아이디어에 대해 논의했는데, 이론적으로는 가능하다는 데 서로가 동의했다. 더불어 우리는 오랫동안 긴밀하게 협력해온 '유럽우주이미징European Space Imaging' 회사의 동료들과도 이야기를 나누었다. 우리는 K2에 대한 '3개의 입체적' 이미지, 즉 산 위를 비행하는 동안 약간씩 다른 위치에서 찍은 3장의 연속사진이 필요했다. 그렇다면 카메라 초점을 각각에 맞게 조절해야 할 것 같았다. 이것이 가능하기는 했지만, 디지털글로브DigitalGlobe 회사 소유의 미국 위성 WorldView-2를 운용하는 사람들에게는 결코 달가운 아이디어가 아니었다. 위성의 탑재 화물 관리를 이토록 복잡하게 조정하면 위험하기도 할뿐더러 많은 자원을 이용해야 해서 결과적으로 비용도 아주 많이 들기 때문이었다. 하지만 우리는 방법을 찾아냈고, 조심스럽게 DLR로부터 '프로젝트 겔린데'의 승인을 받아낼 수 있었다. 이것은 세계에서 가장 높은 산들을 시각화하는 새로운 방법을 향한 첫걸음이었다.

2010년 11월 10일, 그 산을 촬영한 두 번째 자료가 거의 완벽한 데이터세트로 우리에게 제공되었다. 마침 중국 쪽 사면에 구름이 한 점도 없었다. K2는 이제, 말하자면, 손에 들어온 것이나 마찬가지였다. 그로부터 며칠이 지난 후 나는 우리의 애니메이션 연구실에 앉아있었다. 우리 전문가들의 작업은 놀라웠고, 첫 결과물은 상상을 초월했다. 마치 나 자신이 발토로 빙하 위에서 K2 정상으로 곧장 날아오른 다음, 방향을 틀어 북쪽 능선에서 그 아래의 샥스감 계곡을 내려다보는 듯한 느낌이 들었다. 정말 숨이 막힐 듯한 광경이었다.

오랫동안 나는 다음 원정에 대해 분명한 느낌을 갖지 못했다. 그해 겨울 내내 나는 K2에 대해 또 한 번 시도를 할 수 있을지, 그렇다면 그것이 언제일지를 놓고 고민했다. 하지만 갑자기 더 이상의 의구심이 생기지 않았다. 모든 것이 간단하고 명확해 보였다. 나는 여름에 K2로 돌아가기로 했다. 이번에는 북쪽 루트로 도전할 작정이었다. 나 자신을 위해 나는 이 아름다운 산의 다른 쪽을 알고 싶었다. 북쪽 능선을 따라 올라가는 인상적인 루트는 곧장 위로 향하면서도 완전히 외지고 고립된 곳이었다. 이런 모든 요소들이 나에게 긍정적인 느낌을 주었다. 결정을 내리기 얼마 전인 2010년 9월, 뮌헨 근처의 오버파펜호펜에 있는 독일항공우주센터의 슈테판 데흐Stefan Dech로부터 이메일을 한 통 받았다. 그는 볼프라츠하우젠에서 있었던 내 강연을 들었다며, 위성 이미지의 도움으로 K2를 지도로 만드는 작업의 가능성에 대해 말했다. 데이터를 한 번 보면 좋겠다는 생각이 들기는 했지만, 결국 우리가 어떤 점을 이용할 수 있을지, 어떤 이점이 있을지는 상상이 되지 않았다. 산에 대한 좋은 사진들은 아주 많지 않나? 하지만 그와 동시에 호기심이 생겼다. 그 후 우리는 계속 연락을 주고받았고, 드디어 만나기로 약속했다. 중국으로 떠나기 직전인 2011년 7월 초순, 우리는 마침내 오버파펜호펜에 있는 DLR의 지구관측센터를 찾아갔다. 슈테판이 데이터를 수집하고 처리하는 데 사용된 복잡한 방법을 설명해주었다. 모든 것이 매우 흥미롭고 다소 복잡하게 들렸는데, 방의 불이 꺼지고 3D 안경을 받고 난 다음에야 우리는 비로소 상황을 이해하게 되었다. 몇 초 후 우리는 K2의 북쪽 능선이 시작되는 곳에 서 있었는데, 그곳은 2주 후에 우리가 텐트를 칠 지점이었다.

믿을 수가 없었다. 우리는 이런 상황을 전혀 예상하지 못했었다. 우리는 우리가 계획한 루트를 3D로 모두 자세히 볼 수 있었다. 어떤 길목은 우리가 생각했던 것보다 완만한 반면 어떤 곳은 훨씬 더 가팔랐다. 우리가 안전하다고 여긴 어떤 구간들은 사실상 불가능해 보였다. 얼음이 너무 많거나 눈사태가 발생하기 쉬워 보였기 때문이다. 하지만 텐트를 치기에 알맞은 장소나 비박을 하기에 좋은 피난처 등 새로운 가능성을 보여주는 곳들도 있었다. 우리는 특히 일본 쿨르와르 주위의 그 산 정상부를 주시했다. 우리가 일단 그곳을 건너가자 정상 설원만이 우리와 정점 사이에 놓여 있었다. 그곳에 대한 사진 자료가 없었는데, 놀랍게도 그곳은 우리가 두려워했던 것보다 훨씬 더 완만했다. 그곳은 등반이 수월할 것 같았다. 몇 분 후, 랄프 두이모비츠Ralf Dujmovits와 나는 (DLR이 개발한) '우주 마우스'를 손으로 잡고, 앞으로 두 달 동안 우리에게 가혹한 요구를 할 세계의 가상 버전을, 처음에는 조금 서툴게, 날아다닐 수 있었다. 정신적으로 나는 이미 그곳에 있는 것이나 마찬가지였다.

불이 다시 켜지고 나서야 우리는 지상으로 내려와 우리에게 제공된 인상과 가능성의 충격을 받아들였다. 우리는 우리에게 가장 유용할 지도화 데이터의 핵심 위치를 우리가 어디로 생각하는지에 대해 EOC 사람들과 의견을 교환했다. 상황을 제대로 파악한 우리는 DLR의 새로운 친구들로부터 받은 지원에 진정한 기쁨과 열정을 느꼈다. 그로부터 바로 며칠 뒤, DLR의 유용한 데이터를 손에 쥔 우리는 K2를 향해 모험을 떠났다. 이번에는 정상에 서는 영광을 얻을 수 있을까? K2는 그 측면을 오르려는 우리에게 자비를 베풀까? 알 수는 없었지만, 나는 그에 대해 점차적으로 긍정적인 느낌을 갖게 되었다. 우리는 혼자가 아니었다. 오버파펜호펜의 DLR이 줄곧 우리와 함께할 테니까.

2011년 8월. 몇 주 동안 나는 K2에서 들어오는 보고서를 열심히 검토하고 있었다. 7일 전에 칼텐브루너와 랄프 두이모비츠를 비롯한 4명의 대원들이 베이스캠프를 떠났다. 좋은 날씨의 마지막 기간이 예보되었기 때문이다. 여기 고향에서 바바리아의 여름을 보내고 있던 우리는 칼텐브루너와 그녀의 팀이 감내하고 있을 긴장과 스트레스에 대해 그저 희미한 암시만 느낄 수 있을 뿐이었다. 8월 18일 두이모비츠가 눈사태의 위험성 때문에 돌아섰다는 소식을 접한 나는 의기소침했다. 하지만 칼텐브루너는 경험이 풍부한 데다 주변에 강인한 사람들도 있었다. 나는 그들이 어떻게든 여전히 전진하고 있다고 생각했다.

8월 23일 칼텐브루너가 마침내 정상에 올라섰다. 웹사이트를 통한 등정 발표는 훌륭하고 간결했다. "++3. 업데이트. 정상에 올랐음!!!" 칼텐브루너는 현지시간으로 저녁 6시 18분 그곳에 도달했다. 주마예프Zhumayev와 피브초프Pivtsov는 그리 멀지 않은 곳에 있었고, 자워스키Zaluski는 그들을 뒤따르고 있었다. 기쁨과 안도가 넘쳐흘렀다. 그들이 베이스캠프로 돌아왔을 때 나는 축하한다는 이메일을 보냈다. 며칠 후 칼텐브루너로부터 메시지가 왔다. "귀가 간지러웠지요? 당신과 당신의 팀에 대해 많은 얘기를 했습니다. 그리고 당신이 제공해주는 사진을 연구했습니다. 정상에 서자 이런 생각이 들었습니다. '슈테판이 사진을 찍고 있을지 몰라. 아마 우리를 내려다보고 있을 거야.'"

주마예프와 피브초프 그리고 다른 사람들이 베이스캠프에서 DLR의 지도를 다시 살펴보고 있었다. 우리가 연구하고 비교하고 거절하고 토론하는 동안 끝내 남는 것은 직업에 대한 이야기뿐이었다. "여기로 횡단한다고 가정하면, 이 걸리는 좋은 선택이 될까?" 우리는 계속 가거나, 아니면 텐트를 접어 머리맡에 놓아두어야 할 것 같았다. 8월 16일 드디어 출발했다. 찰리 가블Charly Gabl은 좋은 날씨의 마지막 기간을 우리에게 약속했다. 우리는 8월 21일을 정상 등정일로 잡았다. 그 시즌의 우리에게 주어진 마지막 기회였다. 그리고 마침내 8월 23일 초저녁에 우리는 정상에 도달했다. 그때 K2는 다시 한번 우리를 한계상황으로 몰아넣었다. 그러나 그 산은 내가 그토록 바라던 잊을 수 없는 순간을 선사해주었다.

마지막 몇 미터를 더 올라가 정상 직전의 눈 덮인 사면에 서자. 슈테판과 DLR의 그의 동료들, 그리고 몇 주 전에 EOC의 연구실에서 이곳을 조사한 일이 불현듯 떠올랐다. 맞아, 그들이 옳았어. 이렇게 되리라고 생각했잖아. 그러자 미소가 번졌다. 이제 나를 막을 수 있는 것은 아무것도 없었다.

자신의 주제에 대한 열정을 다른 사람들에게 전파하고, DLR에서 우리가 위성 카메라로 세계를 내려다볼 때 항상 느끼는 것과 동일한 열정을 그들의 눈에서 발견하는 것은 과학자에게 커다란 기쁨이다. DLR에서 우리는 지금 우리가 지구를 조사하는 데 활용할 수 있는 것만큼 중요하고 도전적인 기술 개발을 도울 수 있는 특권을 누리고 있다. 하지만 진정한 하이라이트는 서로 영감을 주고받는 사람들이 우리의 작업을 실제로 사용할 수 있을 때만 가능한 경우가 종종 있다. 겔린데 칼텐브루너의 예는 3D 모델링 과정을 개선하고, 애니메이션 기술을 향상하도록 우리를 격려해주었다. 우리는 또한 데이터를 처리하고 구성하는 것으로부터도 많이 배웠다. 우리 모두는 우주 기술과 개인적인 동기부여의 조합에 의해 힘껏 움직였다.

칼텐브루너가 DLR을 성공적으로 방문한 후 우리는 책을 만들자는 아이디어를 냈다. 이런 스펙터클한 이미지를 이용해 K2뿐만 아니라 다른 유명한 산을 묘사하면 어떨까? 그렇게 하면, 우리는 자연을 사랑하는 사람들과 산을 사랑하는 사람들. 그리고 야망이 넘치는 산악인들에게 그들이 안락의자를 떠나지 않고서도 세계에서 가장 거대한 산에 접근할 수 있는 새롭고 고무적인 방법을 제공할 수 있을 것 같았다. 이 사업의 기반은 겔린데 칼텐브루너의 특별한 이야기, 그리고 등산에 대한 과학적 호기심과 열정 사이에 놓인 비상한 공감에 의해 마련되었다. 퍼즐의 마지막 조각은 DLR이 말리크Malik 출판사와 라인홀드 메스너를 만났을 때 맞춰졌다. 우리는 공동의 작업과 경험이 많은 산악인이자 연대 기록자이며 작가인 라인홀드 메스너가 기여할 수 있는 바를 논의했다. 확고한 판단력으로, 그는 가장 매력적인 산들을 선택했고, 등산의 역사에서 그 산들의 역할을 설명했다. 그리하여 다른 스타 산악인들이 들려주는 개인적 이야기들과 결합된 거대한 산들에 대한 우리의 위성 이미지는 독특한 방식으로 생명력을 얻게 되었다. 십여 명의 뛰어난 산악인들이 세계에서 가장 험난한 등반을 감행하는 동안 겪은 경험들을 설명했다. 결국 이전에는 볼 수 없었던 사진들이 더해진 이런 기록들은 모든 것을 생생하게 담아냈고, 이런 대단한 지형들을 아주 특별한 곳으로, 인간의 노력 정신에 대해 지속적인 도전이 필요한 곳으로 만들었다.

남서쪽에서 발생해 인도아대륙 전역을 통과하는 여름철 몬순은 6월부터 시작된다. 하지만 이 몬순은 6월 말까지는 카라코람에 닿지 않고. 그 후에도 히말라야의 주요 산맥에서보다는 세력이 약화된다. 오른쪽은 6월 말의 K2를 보여주는 위성 이미지이다.

8천 미터급 고봉 14개는 세계에서 가장 중요한 산들 중 일부로 카라코람에
서 히말라야까지 1,800킬로미터에 걸쳐 흩어져 있다. (서쪽에서 동쪽으로)
난다데비, 카일라스, 다울라기리, 안나푸르나

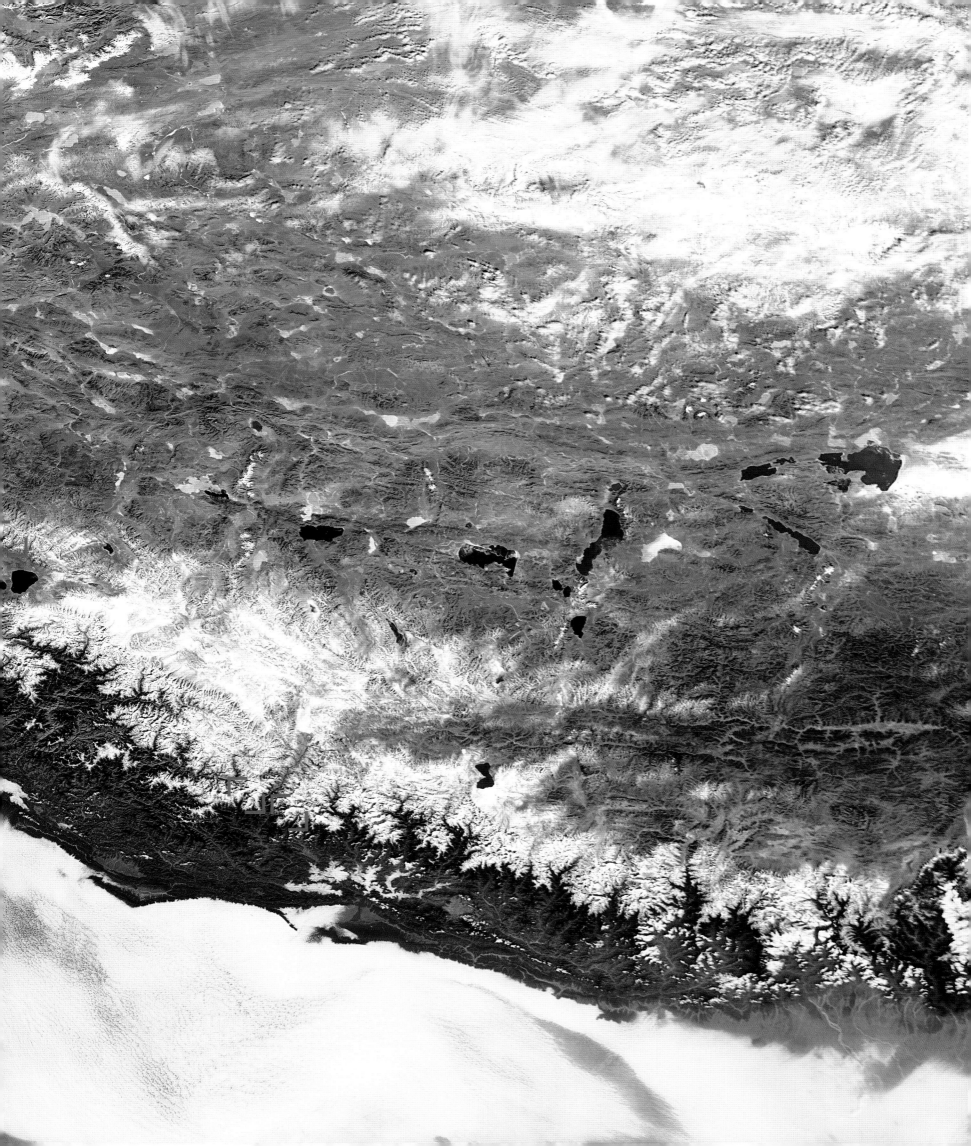

카일라스 Kailash

티베트
6,638m

아직 인간의 발길이 닿지 않은 카일라스는
불교도들과 힌두교도들에게 신성한 산이다.

신들의 무도회장

"괴물로 보이는 것, 괴물로 불리는 것,
그리고 괴물로 인식되는 것은 사실 인간이 만들어낸 것이다.
따라서 인간이 사라지면 그와 함께 괴물도 사라질 것이다."
―밀라레파

나는 세계의 어느 곳에서도 창탕의 광활한 고원에서처럼 방향감각을 잃어본 적이 없다. 그 넓이! 그 깊이! 그 고요! 우리 인간은 이런 종류의 무한을 보지도 듣지도 못한다. 아니, 단지 느낄 수 있을 뿐이다. 우리를 일깨우는 티베트의 풍경은 우리가 인지하지도 이해하지도 못하는 4차원의 감각이다. 아마도 그래서일까. 그 한가운데에 있는 카일라스Kailash에서 우리는, 마치 그곳이 신들과 영령들과 악마들의 거처인 것처럼, 경이로움과 마주하게 된다. 그 산과 근처의 마나사로바 호수는 티베트 서부의 조화로운 풍경 속에서 신기루처럼 보인다. 카일라스는 호수를 둘러싼 무척 황량하고 낮은 산들 위로 우뚝 솟아 있다. 그 봉우리는 순백의 하얀색으로 빛나는 반면 그 아래의 땅은 보라색에서 황적색으로 다양하게 변하는 파스텔 색조를 띤다. 그리고 호수의 수면은 철렁거리는 감청색에서 부드럽고 잔잔한 청록색으로 변한다.

티베트 불교가 탄생한 곳이 바로 이곳이다. 남쪽의 히말라야, 서쪽의 카라코람과 파미르, 북쪽의 곤륜, 동쪽의 벌거벗은 사천의 산들로 둘러싸여 사람이 거의 살지 않는 이곳에서 카일라스는 세계의 중심으로 받들어진다. 한때 이곳의 모든 것은 초자연적인 징후와 분위기와 주요 지형과 하나가 되는 분명한 의미를 가지고 있었다. 서양인들의 티베트에 대한 동경은 4차원적인 이런 감각과 관련이 있는데, 이것이 존재와 시간, 생명, 죽음과 연결된 무형의 땅에 존재하는 우리를 둘러싼다.

유명한 요가 수행자이며 음유시인이었던 밀라레파가 1100년경 이 지역을 방문했다. 성스러운 이 산에 대한 그의 순례(한때 순례는 자연 숭배자들에게 한정된 특권이었다)는 신자들 사이에 석가모니의 가르침을 어느 정도 전파했다.

세계에서 가장 높은 곳에 위치한 제3기 역암층의 침전물인 이곳은 바다에서 솟아올랐다. 이런 종류의 융기가 없었다면 이곳은 결코 육지가 되지 못했을 것이다. 카일라스와 관련된 티베트 신화에는 인류가 산과 연결 지을 수 있는 가장 강력한 이미지가 내포되어 있다. 이 봉우리는 창조 그 자체의 행위를 상징한다. 그 안에서 세계가 태어난 후에 산맥들이 형성되었고, 그 사이에 물이 생겨났다.

해발고도와는 별개로 카일라스를 이처럼 특별하게 만드는 것은 그 형상이다. 주변의 봉우리들을 위로 우뚝 솟아오른 이 산은 틀림없이 거대한 수정이다. 만약 신들에게 거처가 있다면 분명 이곳일 것이다. 수천 년 동안 티베트인들은 카일라스(티베트 이름의 강 디세 또는 강 린포체는 각각 '눈의 산', '눈의 보석'이라는 의미이다) 둘레를 돌아왔다. 불교도들과 힌두교도들은 시계 방향으로 돌고, 뵌교 추종자들은 시계 반대방향으로 돈다. 신들의 '무도회장'은 그들 모두를 불러들이지만 이 산은 인간을 위한 것이 결코 아니다. 그리하여 정상에 오른 사람은 이제껏 아무도 없다. 전설에 의하면, 오직 죄를 짓지 않은 사람만이 새처럼 날아서 오를 수 있다고 한다. 요가 수행자 밀라레파는 이미 천 년 전에 한 줄기 햇살을 타고 그렇게 했다. 그는 뵌교의 승려와 대결하고 있었다. 그 승려는 정상을 향해 빙글빙글 날아서 올랐다. 하지만 밀라레파는 빛처럼 곧장 올라가 그 대결에서 이겼다. 그러자 그 승려가 자신의 북을 떨어뜨려 그 산의 남쪽 사면에 협곡이 생겨났다.

카일라스를 오르지 못하는 것은 경사 때문이 아니라, 신성한 자연에 대한 현지인들의 숭배 때문이다. 그들은 너무나 겸손해 신성모독을 저지르지 않는다. 정상은 금기이며 영원히 그렇게 남아야 한다. 인간은 오로지 그 둘레만을 돌 수 있을 뿐이다. 인간의 발길이 닿지 않은 그 자연은 신성한 위상에 걸맞게 차원이 다르다.

14,15 계곡에는 카일라스를 도는 순례의 길 코라가 있다. 카일라스 아래쪽에서 길게 늘어진 난디(아라한봉) 둘레를 도는 것이 안쪽 코라이다.
16 라추 계곡 건너편 꼭대기에서 바라본 피라미드 형상의 카일라스 서쪽

강 린포체(카일라스의 티베트 이름) 아래의 빙하 계곡에 디라푹 사원이 눈 속에서 황토색 반점으로 보인다. 왼쪽이 돌마 라와 칸도상람 고갯길이다.

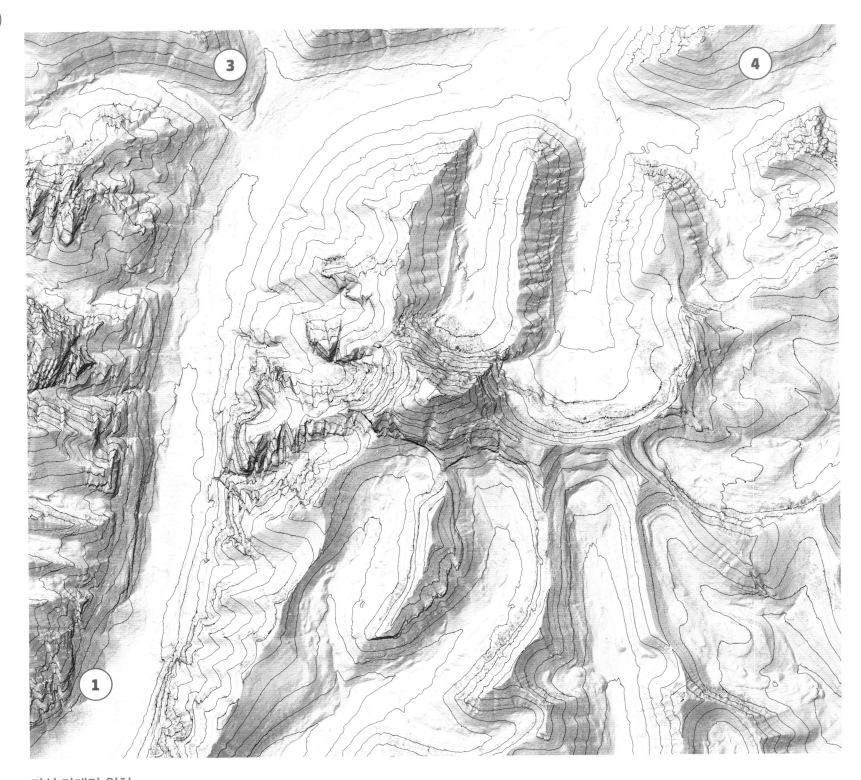

가상 카메라 위치

카메라	페이지	촬영고도/미터	초점거리/밀리미터	정상으로부터의 거리/미터	촬영방향
1	14 ¦ 15	6,545	20	6,545	남서
2	16	6,929	85	8,691	북서
3	18 ¦ 19	7,234	20	5,320	북북서
4	20 ¦ 21	6,267	20	6,050	북동

눈의 보석

거의 완벽한 피라미드 형태로 하얀 눈에 덮여 밝게 빛나는 카일라스
(6,638m)는 바람이 많이 불고 광활하며 황량한 티베트의 전형적인 풍경 속
에 우뚝 솟아 있다. 많은 사람들에게 가장 신성한 곳으로 여겨지는 이 기념
비적인 봉우리는 어떻게 생겨났을까?

카일라스는 두께가 2,500미터 이상 되는 역암의 수평 층들로 이루어져
있다. 화강암과 화산암으로 구성된 이것은 북쪽의 고원지대에서 운반된 거
친 입자의 침전물이다. 2천5백만 년에서 3천만 년쯤 된 침전물의 이 지층은
몹시 무겁고 돌이 많은 가루이며, 서로 달라붙어 있어서 침식에 잘 견딘다.
일부 이런 역암은 — 예를 들면 정상 서쪽에 있는 라추 계곡에서 볼 수 있는
것처럼 — 300미터 두께의 단단한 덩어리이다. 따라서 이 산의 사면은 매우
안정적이다.

카일라스의 역암은 이곳으로부터 동쪽 끝의 남차바르와(7,782m)까지
인더스-창포 저반(ITSZ) 북쪽을 끼고 1,300킬로미터 이상 길게 뻗어 있는
형성물의 일부이다. 이곳에서는 인도판과 유라시아판이 서로 충돌한다. 창
포강과 인더스강은 히말라야 북쪽의 저반을 따라 수백 킬로미터를 흐른 다
음, 산맥의 가장자리에서 방향을 급격히 틀어 각각 벵골만과 아라비아해로
빠진다.

카일라스의 정상이 하얀 눈으로 항상 빛나고, 그 이름이 티베트어로 강
린포체(눈의 보석)인 것은 산기슭의 더 따뜻한 지역으로 눈과 얼음을 끊임없
이 흘려보내는 침식과 단층의 패턴 때문이다. 그리하여 산봉우리를 덮은 눈
에는 지저분한 것들이 내려앉을 틈이 없다. 바위의 수평 지층과 하얀 눈의
대비로 인해 카일라스는 놀랍도록 다양한 색조를 띤다.

지질학적 관점에서 보면, 카일라스는 많은 도전에 직면해 있다. 티베트
중부의 퇴적암과 달리, 이곳에서 화석이 발견되는 것은 역암이 쌓인 기간 동
안 이곳이 비교적 따뜻하고 습한 기후였다는 것을 말해준다. 그러나 이것은
히말라야의 일부와 티베트가 이미 상당한 높이로 융기되었을 때의 일이다.
따라서 단지 정신적인 이유 때문만이 아니라도 우리는 카일라스에 지속적
인 관심을 기울일 필요가 있다.

믿음의 방향

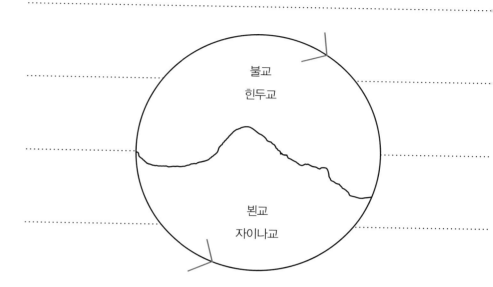

카일라스 둘레를 도는 순례 길(코라 또는 파리크라마)은 52킬로미터 정도이다. 불교도들과 힌두교도들
은 이 산을 시계방향으로 돌고, 자이나교도들과 티베트 전통 종교인 뵌교 추종자들은 시계 반대방향으
로 돈다. 많은 순례자들이 하루 만에 돌기도 하지만 독실한 믿음을 가진 사람들은 오체투지를 한다. 이
것은 아주 힘든 수행으로, 그들은 온몸을 땅바닥에 내던져 자신들의 진척을 잰다. 순례의 길을 이렇게
돌려면 25,000번 이상 오체투지를 해야 한다.

출처: www.geo.de

종교적인 이유로 카일라스는 이제껏 등정이 되지 않았다.

18,19 라추 계곡을 지나는 순례의 길이 황토색 선으로 보인다. 이 길은 디라푹 사원을 거
쳐 돌마 라로 이어진다.

밀라레파 — 수행의 비밀

산의 신화 중에서 나는 밀라레파라는 캐릭터를 상당히 좋아한다. 음유시인이자 현자였던 그는 히말라야의 고요 속에서 마음의 평화와 고독을 추구했으며, 평생 동안 금욕을 실천했다. 동굴 속에서 혹은 산을 방랑하면서, 그는 명상을 하고 시를 쓰고 노래를 불렀는데, 그중 수많은 것들이 구전으로 전해져 내려온다. 그의 작품은 티베트 산들에 대한 사랑을 말한다. 그가 햇살을 타고 신성한 카일라스 정상에 올랐다는 것은 신비와 모순이다.

이처럼 위대한 요가 수행자에 대한 경탄은 나의 수집 본능으로 이어졌다. 그리하여 나는 그와 관련된 청동상과 탱화와 서적 등을 모으기 시작했다. 이런 것들은 주발, 피르미안, 리파, 코로네스의 메스너산악박물관(MMM)에서 각기 다른 빛을 받으며 전시되어 있다. 나에게 그는 여전히 살아 있는 존재이다.

일생을 통해 깨달음을 얻은 밀라레파는 가장 유명한 티베트 요가 수행자가 되었다. 그는 어려서 부유한 가정에서 자랐으나 유산을 모두 강탈당했다. 어느 누구에게도 두려움을 느끼지 않은 그는 흑마술을 배워 자신에게 해를 입힌 자들에게 복수했다. 그러고 나서 그는 유명한 불교 성인인 마르파를 찾아가 스승으로 모셨다. 그는 자신의 악마적 욕구를 속죄하기 위해 6년간 혹독한 수련을 쌓았다. 면으로 된 얇은 옷 하나만 걸치고 '내면의 열기'를 터득해, 티베트 산의 고독 속에서 명상하며 살을 에는 듯한 한겨울 추위를 이겨냈다. 그가 때때로 먹은 것이라고는 쐐기풀과 물밖에 없었다. 밀라레파를 그린 초상화는 자연의 소리와 고요를 들으려고 한손을 귀에 대고 있는 모습이다. 음유시인이자 노래하는 사람으로 유명했던 그는 티베트의 문학과 시와 노래에 대한 귀중한 보물을 유산으로 남겼다. 그리하여 이런 것들은 오늘날까지도 암송되고 불리고 있다. 그의 제자 감포파는 티베트 불교에서 '카규' 종파를 만들었고, 이 종파는 오늘날까지도 영향력이 있다.

밀라레파의 시대, 즉 석가모니 이전에는 티베트의 전통적인 종교가 평민들과 귀족들로부터 강력한 지지를 받고 있었다. 따라서 샤먼과 라마 사이의 상징적 충돌이 카일라스에서 벌어졌다. 이 산은 전통적인 믿음을 가진 자들에게도 똑같이 신성한 곳이었다. 왜냐하면 이곳이야말로 라마교의 사원과 바위 수정체가 있는 곳이며, 신들의 거처였기 때문이다. 그 정상은 — 티베트인들에 따르면 — 무한으로, 그리고 태양과 달과 별이 온갖 열기와 빛을 선사하는 밝은 곳으로 갈 수 있는 곳이다. 이 신성한 장소는 네 수호신인 호랑이와 용과 황소의 머리가 달린 새가 지키는 곳이다.

티베트 뵌교의 승려이며 마술사인 나로뵌충은 신과 인간 사이를 중재하는 기법을 터득했다고 전해지는데, 그는 밀라레파의 가장 큰 적수였다. 하지만 밀라레파 역시 스승인 마르파로부터 배운 경전의 비밀 덕분에 신비한 힘을 지니고 있었다. 따라서 두 믿음 간의 충돌이 카일라스 정상에서 벌어졌는데, 이것은 티베트 신화에서 가장 흥미진진한 이야기가 되었다. 다음은 안드레아스 그루쉬케Andreas Gruschke가 실감나게 전해주는 이야기이다.

• 강 디세에서 벌어진 한판 •

어느 날, 제춘 밀라레파가 많은 제자들을 거느리고 눈의 산인 디세(카일라스)로 이어지는 길을 따라 걷고 있었다. 디세와 마나사로바 호수의 신들이 수행원들과 함께 나타나 그들을 맞이했다. 그들은 밀라레파 앞에서 절을 하고 상당한 양의 공물을 바친 다음, 그에게 환영의 인사말을 하고 전설과 관련된 중요한 장소에 대해 설명했다. 그러고 나서 밀라레파의 추종자들을 보호하겠다고 맹세한 후 자신들이 사는 곳으로 돌아갔다.

밀라레파와 그의 제자들이 신성한 마나사로바의 호숫가에 도착하자 뵌교의 승려인 나로뵌충이 다가왔다. 그는 밀라레파가 디세로 가고 있다는 사실 등 많은 것을 이미 알고 있었다. 그리하여 그는 자신의 형제와 누이를 데리고 이 위대한 요가 수행자를 만나기 위해 마나사로바 호수를 향해 미리 출발한 것이었다. 하지만 뵌교의 이 승려는 짐짓 그들이 누구인지 알지 못하는 척하면서 물었다. "어디서 오는 중이며, 어디로 가려고 합니까?" "우린 눈의 산인 디세로 가는 중입니다. 명상을 하려고요." 밀라레파가 대답했다. "그곳의 한 암자가 최종 목적지이지요." 그러자 "당신은 누구이며, 이름이 어떻게 됩니까?" 하고 나로뵌충이 고집스레 물었다. "내 이름은 밀라레파입니다." "아, 그렇다면" 뵌교의 승려가 말을 이었다. "당신은 이 호수와 같군요. 대단한 명성을 갖고 있지

티베트 순례자들은 카일라스를 돌며 끝없이 기도한다.

만, 가까이서 보면 막상 소문처럼 그렇지 않다는 걸 알게 되는…. 이 호수는 아주 독특할지 모르지만, 이곳과 주변의 산들은 우리 뵌교의 추종자들이 지배하고 있답니다. 여기서 머물고자 한다면, 당신들은 우리의 가르침을 따라야 합니다!" 그러자 밀라레파는 이렇게 대꾸했다. "이 산은 부처님이 상징으로 삼은 곳입니다. 우리들의 가르침을 보호하는 장소로 말입니다. 더불어 나에게도 중요한 곳인데, 스승님인 마르파가 이곳에 대해 말씀해주셨기 때문입니다. 당신들 뵌교의 추종자들은 실로 운이 좋은 편입니다. 허나 만약 앞으로 이곳에 머물고자 한다면, 당신들은 내 믿음의 가르침을 따라야 할 겁니다. 그렇지 않으면 다른 곳으로 가는 게 더 좋을 겁니다."

"당신은 이중적인 성격인 것 같군요." 나로뵌충이 말을 가로막았다. "멀리서도 당신이 위대하다고 들었지만, 지금 바로 눈앞에서 보니 당신은 평범하고 별 볼 일 없는 사람인 것 같군요. 소문대로 당신이 정말 뛰어난 사람이라면, 나와 한판 겨루는 걸 두려워하진 않겠지요? 그러면 누가 가장 신비한 힘을 가지고 있는지 알게 될 겁니다. 승자는 정당한 소유자로서 이곳에 머물게 될 것이며, 패자는 사라져야 합니다." 이 말과 함께 나로뵌충은 밀라레파를 조롱하는 노래를 부르며 초 호수에 걸터앉았다. 그러자 밀라레파는 자신의 몸을 크게 만들거나 호수를 줄어들게 하지도 않으면서, 마치 호수를 완전히 덮은 것처럼 물위에 앉았다. 그는 부드러운 어조로 노래를 부르다가 이런 말로 끝을 맺었다. "당신들 뵌교도들과 이교도들이 다르마Dharma를 따른다면, 당신들 역시 이득을 얻을 겁니다. 허나 그렇게 하지 않는다면, 당신들은 이곳을 떠나 다른 곳으로 가야 합니다. 왜냐하면 내 힘이 당신들의 힘보다 강하기 때문입니다. 내 능력을 잘 보기 바랍니다!" 밀라레파는 이렇게 말하고 나서 기적을 하나 보여주었다. 그는 호수 안에 있는 어떤 생명체에게도 해를 끼치지 않고 손가락 끝으로 호수를 번쩍 들어올렸다.

나로뵌충은 밀라레파가 자신을 이겼다는 것을 인정하지 않을 수 없었다. 하지만 이제 그는 새로운 대결로 밀라레파에게 도전했다. 그는 디세를 시계 반대방향으로 돌기 시작했고, 밀라레파와 그의 제자들은 시계방향으로 그 둘레를 걷기 시작했다. 이 두 무리는 디세의 북동쪽 계곡에 있는 거대한 바위 아래서 만났다. 그러자 나로뵌충이 밀라레파에게 말했다. "좋습니다. 산을 돌면서 경의를 표하고 있군요. 하지만 이젠 우리 뵌교도들이 하는 것처럼 경의를 표해야 할 겁니다." 그는 밀라레파의 손을 잡고 자신의 방향으로 잡아당기려고 했으나 그렇게 할 수 없었다. "나는 당신의 잘못된 믿음을 분명 따르지 않을 겁니다." 밀라레파가 말했다. "당신이 나를 따르고, 이 산을 부처님의 방식으로 순회해야 할 겁니다." 그러고 나서 그는 그 뵌교 승려를 자신의 방향으로 잡아당겼다. 그들 둘은, 오늘날까지도 남아 있는 선명한 발자국을 바위에 찍으며, 계속해서 서로를 앞뒤로 잡아당겼다. 그리고 마침내 힘이 더 센 밀라레파가 나로뵌충을 제압하고 나서야 그들은 서로를 놓아주었다.

나로뵌충이 커다란 바위를 번쩍 들어 올리자, 밀라레파가 나로뵌충과 그 바위를 함께 들어 올린 대결이 한 번 더 벌어진 후에 밀라레파는 산의 서쪽 계곡에 있는 동굴로 철수했고, 나로뵌충은 동쪽으로 퇴각했다. 밀라레파는 발을 카일라스의 반대쪽까지 뻗어 자신의 적수가 앉아 있는 동굴의 입구까지 닿게 하고는 그에게 똑같이 해보라고 요구했다. 나로뵌충이 몇 번의 시도에도 불구하고 실패하자, 모두가 그를 비웃었다. 하지만 창피하고 당황스러운 상황에서도 그는 이렇게 큰소리쳤다. "나는 계속해서 대결을 할 것이다!" 그러고 나서 그는 카일라스를 시계 반대방향으로 걷기 시작했다. 밀라레파도 그와 반대로 똑같이 했다. 이번에는 그 둘이 신성한 이 산의 남쪽에서 만났다. 그때 비가 내리기 시작했다. 그 둘은 비를 피할 은신처를 찾았다. 밀라레파는 나로뵌충이 지붕으로 쓰려고 한 바위를 둘로 쪼갰다. 하지만 나로뵌충은 그렇게 할 만큼 힘이 세지 못했다. 밀라레파는 그 바위를 한 손으로 들어 올렸다. 그는 그 바위에 자신의 손과 발과 머리 자국을 남겼다. 주툴푹에 있는 동굴의 천장에는 지금까지도 그때의 흔적이 남아 있다.

최후의 한판 대결은 보름달이 뜬 날 강 디세의 정상까지 뛰어 올라가는 것이었다. "이 산의 정상에 누가 먼저 올라가든" 나로뵌충이 말했다. "그가 가르침과 이 산의 진정한 수호자가 될 겁니다. 이것은 의심할 여지없이 우리 중 누가 진정으로 최고의 경지를 터득했는지 판가름할 겁니다." 그러자 밀라레파도 동의했다. "좋습니다. 당신이 원하는 대로 합시다. 하지만 당신의 뵌교 승려들이 당신의 별 볼 일 없는 신비적 경험이 완전무결의 정점이라고 믿어야 한다는 건 얼마나 슬픈 일입니까! 그 정점에 도달하려면 먼저 마음의 본성을 헤아려야 하고, 그러기 위해서는 우리 종파의 가르침을 따르고, 그에 따라 명상을 해야 합니다." "당신 마음과 내 마음의 차이가 무엇입니까?" 나로뵌충이 물었다. "당신 마음은 좋고 내 마음은 나쁘다는 겁니까? 뵌교와 불교의 차이가 무엇입니까? 비록 당신의 수행과 내 수행이 비슷하긴 하지만, 기만적 마법의 기술에 있어선 당신의 경험이 더 많을지 모릅니다. 하지만 그것이 당신이 나보다 우월

해 보이는 유일한 방법입니다. 아무튼, 디세의 정상을 향한 대결이 모든 걸 한 번에 결정지을 겁니다."

이에, 나로뵌충은 어떤 방해도 받지 않고 자신의 신에게 기도하기 위해 정신을 가다듬었다. 반면 밀라레파는 이전과 똑같이 행동했다. 닷새째가 밝아온 보름날, 뵌교 승려는 매우 이른 아침에 녹색 망토를 차려입고, 뵌교 악기 중 하나를 연주한 다음, 주술사의 북을 타고 디세의 정상을 향해 하늘로 향했다. 밀라레파의 제자들이 그가 날아오르는 것을 지켜보고 있을 때 밀라레파는 여전히 곤하게 잠들어 있었다. 레충파가 재빨리 스승을 깨웠다. "스승님, 일어나십시오. 이른 시간인데도, 나로뵌충이 북을 타고 디세 정상으로 날아갔습니다! 그는 벌써 반이나 올라갔습니다!" 밀라레파는 아무 일도 아니라는 듯 그냥 누워 있었다. 그리고 마침내 침착하게 물었다. "우리의 뵌교 친구가 정상에 벌써 도착했느냐?" 그는 시선을 그 산과 뵌교도에게 돌리더니 손을 내저었다. "이제 봐라!" 하고 그가 말했다. 제자들이 나로뵌충을 다시 보았다. 그는 그 산을 더 높이 올라가려고 있는 힘을 다해 기를 쓰고 있었는데도, 똑같은 높이에서 맴돌고 있었다.

날이 밝아 해가 떠오르자, 밀라레파는 손가락을 튕기고 나서 면으로 된 옷으로 몸을 감쌌다. 그것은 날개로 사용될 것이었다. 그는 공중으로 떠올라 그 산의 정상에서 동굴로 비친 첫 햇살을 타고 곧장 그곳에 도달했다. 디세의 수호신을 보자 그는 자신이 승리했다는 사실을 알고 기뻐했다. 그 사이에 뵌교 승려도 정상에 가깝게 다가가고 있었다. 하지만 밀라레파가 정상에 앉아 교만과 연민이 섞인 눈으로 자신을 내려다보는 것을 보고, 너무 놀란 나머지 자신의 북을 놓쳤다. 그러자 그것이 디세의 남쪽으로 떨어지면서 바위에 부딪쳐 부서졌다. 그리하여 오늘날까지도 그 바위에는 깊은 자국이 남아 있다. 뵌이라는 오래된 종교는 불교라는 새로운 종교에 제압되었다. 그러나 밀라레파는 뵌교의 추종자들이 자신들만의 방식으로 신성한 그 산을 돌도록 허락했다. 그는 또한 디세를 볼 수 있도록 한곳에 머물게 해달라는 그들의 요청을 수락했다. 그것은 연민의 표시였다. 밀라레파는 눈을 한 줌 집어 들어 동쪽에 있는 공포뵌이라는 산을 향해 던졌다. 그리고 바카와 후레 사이에 있는 이 '뵌교 산'의 사용을 허락해, 그들이 성스러운 디세를 바라볼 수 있도록 했다.

뵌교의 믿음은 결국 밀라레파의 사상을 너무 많이 받아들여, 이제는 티베트 불교의 '다섯 종파 중 하나'로 간주된다. 이 믿음 안에서, 카일라스 정상과 마나사로바 호수는 땅이 아닌 하늘의 일부로 여겨져 모든 재앙으로부터 벗어나 있다. 뵌교 승려들과 그 추종자들에게, 카일라스를 시계 반대방향으로 도는 것은 '연민의 원'으로 알려진 반면, 시계방향으로 도는 것은 '지혜의 원'으로 불린다.

나는 티베트 신화를 매우 존중해서, 등반허가를 약속 받았지만 카일라스를 오르려고 한 적이 없다. 그것은 등반이 금지되어서가 아니라, 티베트인들이 알파인 스타일의 정복과 반대되는 방식으로 자신들의 신성한 산을 오르는 방법을 찾아왔기 때문이다. 따라서 우리는 그곳을 특별한 장소로 만드는 믿음을 존중해야 한다. 세계에 대한 빅토리아시대 사람들의 정서에서 본 정복이란 신화와 권력을 침해하는 것이나 다름없었다. 일단 산이 등정되면 그 산은 자신만이 갖고 있는 특별한 아우라를 필연적으로 잃게 된다. 밀라레파는 카일라스의 정상에 잠시 닿았을 뿐이다. 손과 발로 그 산을 도는 순례자들 역시 이 신앙을 존중한다. 그들은 몸을 엎드린 후, 다시 일어서고, 잠시 똑바로 서서 기도를 하면서 손을 들어 올렸다가, 한 번 더 무릎을 꿇고 바싹 엎드려 손을 최대한 뻗는다. 그런 다음 얼마간 그곳에 엎드려 얼굴을 바위나 눈에 대고 스스로를 낮춘 다음, 다시 일어서서 이 의식을 계속 반복한다. 이런 식으로, 그들은 마치 척도의 막대기가 된 것처럼 인간의 몸 길이로 그 순례의 길 전체를 잰다. 모피 장갑을 손에 낀 그들은 고통에 대한 자신의 능력의 한계는 물론이고 자기희생에서 오는 기쁨까지도 완벽하게 이해한다.

얼음, 바위, 복합적인 표면 등 카일라스는 산악인들에게 잠재적 기회를 많이 제공하지만, 그 웅장함과 아우라 그리고 특별한 정체성을 보존해온 것은 금욕주의이다. 그 산 둘레를 도는 순례의 길(안쪽과 바깥쪽 코라)은 지혜의 길로 가는 역할을 한다. 코라의 가운데에 있는 고갯마루인 돌마 라에서부터는 마치 인생 그 자체처럼 내리막길이다. 황량한 자갈더미 지대를 지나면 드넓은 지평선이 펼쳐지는데, 그곳은 시간도 없고, 편견도 없고, 끝도 없는 세상이다. 밀라레파로부터 200년이 흐른 후, 페트라르카Petrarch가 프로방스에 있는 바람이 몹시 부는 낮은 산 몽방투Mont Ventoux(별 볼 일 없는 산이다)를 최초로 올랐다는 역사적 기록이 있지만, 밀라레파의 놀라운 업적 이후 수백만 명의 순례자들이 카일라스 주위를 돌았으며, 그들은 아직도 계속 그렇게 하고 있다. 대다수가 시계방향으로 돌기 때문에 이 산은 항상 숭배자들의 오른쪽에 위치해 있어, 마치 그곳을 축으로 도는 것처럼 보인다. 신화는 여전히 살아 있어서 이 산은 세상에 대한 간청이다. 그리하여 그 축의 둘레에 땅과 물이 생성되었다. 걷는 순례자들에게는 이런 이미지가 박혀 그들 사이에는 충돌이 없다. 순례의 길은 다르첸에서 시작되어, 빙하 계곡을 거친 다음 가파른 경사면을 가로질러 50킬로미터도 넘게 뻗어 있다. 돌마 라에서는 해발고도가 거의 6,000미터에 이른다. 한여름에도 그곳은 여전히 눈으로 덮여 있고, 시냇물에는 얼음이 끼어 있다. 몸 길이로 자신의 순례 길을 재는 순례자들에게 이것은 인내심의 커다란 시험이다. 그러나 다른 사람에게도 이것은 잊지 못할 경험이다. 왜냐하면 세계의 다른 어느 곳에서도 신성에 그토록 가깝게 느껴지는 곳이 없기 때문이다.

밀라레파

제춘 밀라레파Jetsun Milarepa는 티베트 역사상 가장 위대한 요가 수행자 중 하나이다. 그는 상대적인 것과 절대적인 것의 불가분성에 기반을 둔 전통적 믿음인 탄트리즘Tantrism의 대가였는데, 이것은 마음과 물질을 명확하게 구분 짓지 않는다.

11세기에 밀라레파는 티베트 불교의 카규 종파로부터 나온 가르침을 확립했다. 그는 카일라스 기슭에서 홀로 오랫동안 살았다. 전설에 따르면, 그때까지 티베트를 지배하고 있던 뵌교를 불교가 이긴 것은 그의 덕분이었다고 한다. 카일라스 정상에 오르는 대결에서, 그는 첫 햇살을 타고 올라가 자신에게 도전한 승려 나로뵌충을 물리쳤다. 그리하여 오늘날까지도, 그는 이 신성한 산에 오른 유일한 사람으로 전해진다.

나는 혼자서 또는 현지인들이나 친구들과 함께 카일라스에 여러 번 갔다. 덕분에 나는 안쪽과 바깥쪽 코라 둘 다 익숙하다. 내 기억에 가장 오래 남아 있는 것은 독특한 풍경이다. 우주로 뻗은 눈 덮인 정상, 더럽히면 안 된다는 전설, 그 둘레를 도는 순례자들. 카일라스는 완벽한 산이다. 나는 밀라레파(현지인들은 그를 '밀라'라고 줄여 부른다)를 상징적인 위대한 인물로 생각한다. 원래 부유한 집안 출신이었던 그는 세상의 재물을 등지고 산으로 들어갔다. 그는 동굴과 산비탈에 기거하며 잘못을 빌고 명상을 했다. 그리고 오직 자연의 힘에만 의지한 채 자아를 버리고 뒤로 물러나는 삶의 가치를 증명했다. 밀라레파는 금욕의 전형이었으며, 그의 만트라mantra는 인간의 의미와 행복의 열쇠였다. "명상 수행에 성공하지 못하면, 너희들의 생명이 아무리 길다 한들 부정적인 행동을 쌓은 것이나 다름없다. 그러므로 산속에 들어앉아 수행에 정진해 깨달음을 얻어라. 디세로 가라. 부처님이 예언하신 수미산으로 가서 명상을 해라."

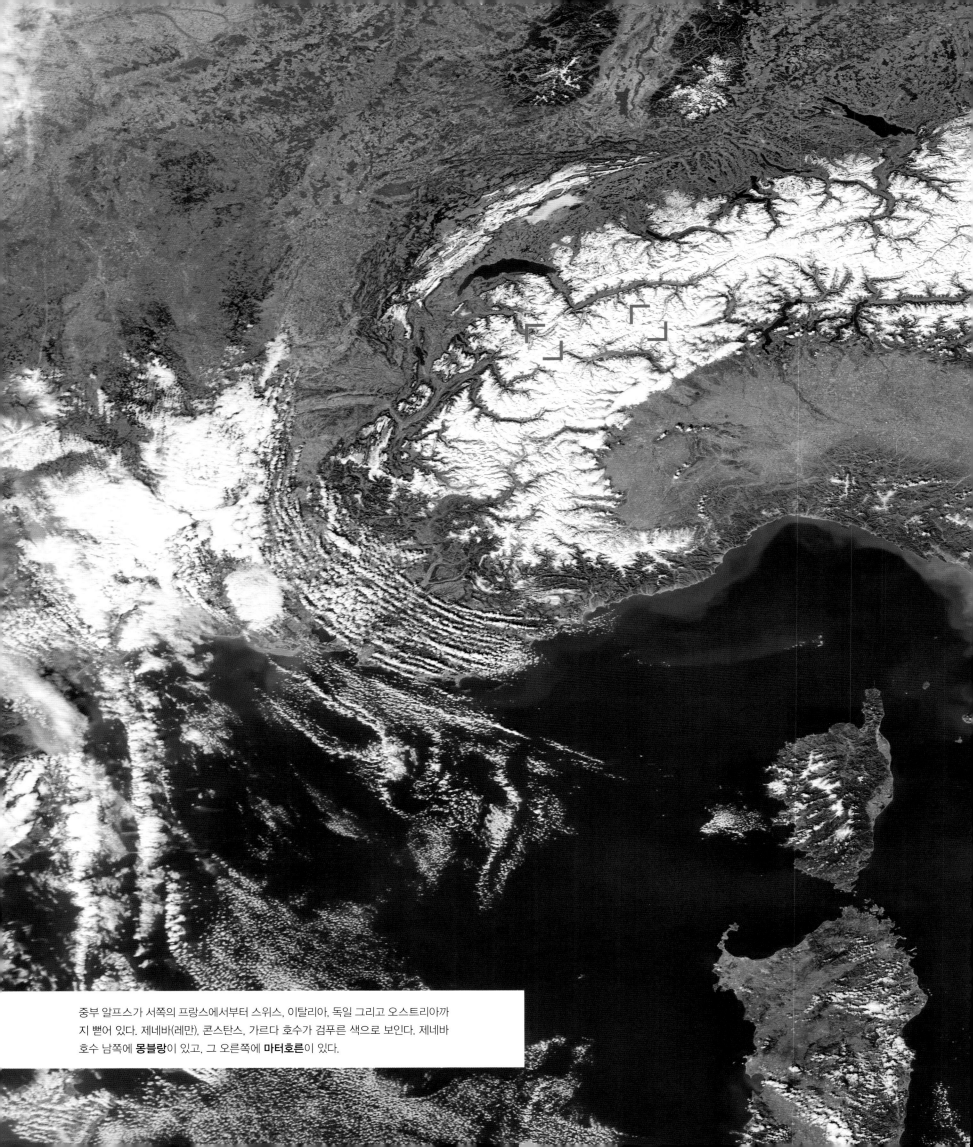

중부 알프스가 서쪽의 프랑스에서부터 스위스, 이탈리아, 독일 그리고 오스트리아까지 뻗어 있다. 제네바(레만), 콘스탄스, 가르다 호수가 검푸른 색으로 보인다. 제네바 호수 남쪽에 **몽블랑**이 있고, 그 오른쪽에 **마터호른**이 있다.

몽블랑 Mont Blanc

프랑스
4,810m

1786년 8월 8일

초등:
미셸-가브리엘 파카르,
자크 발마

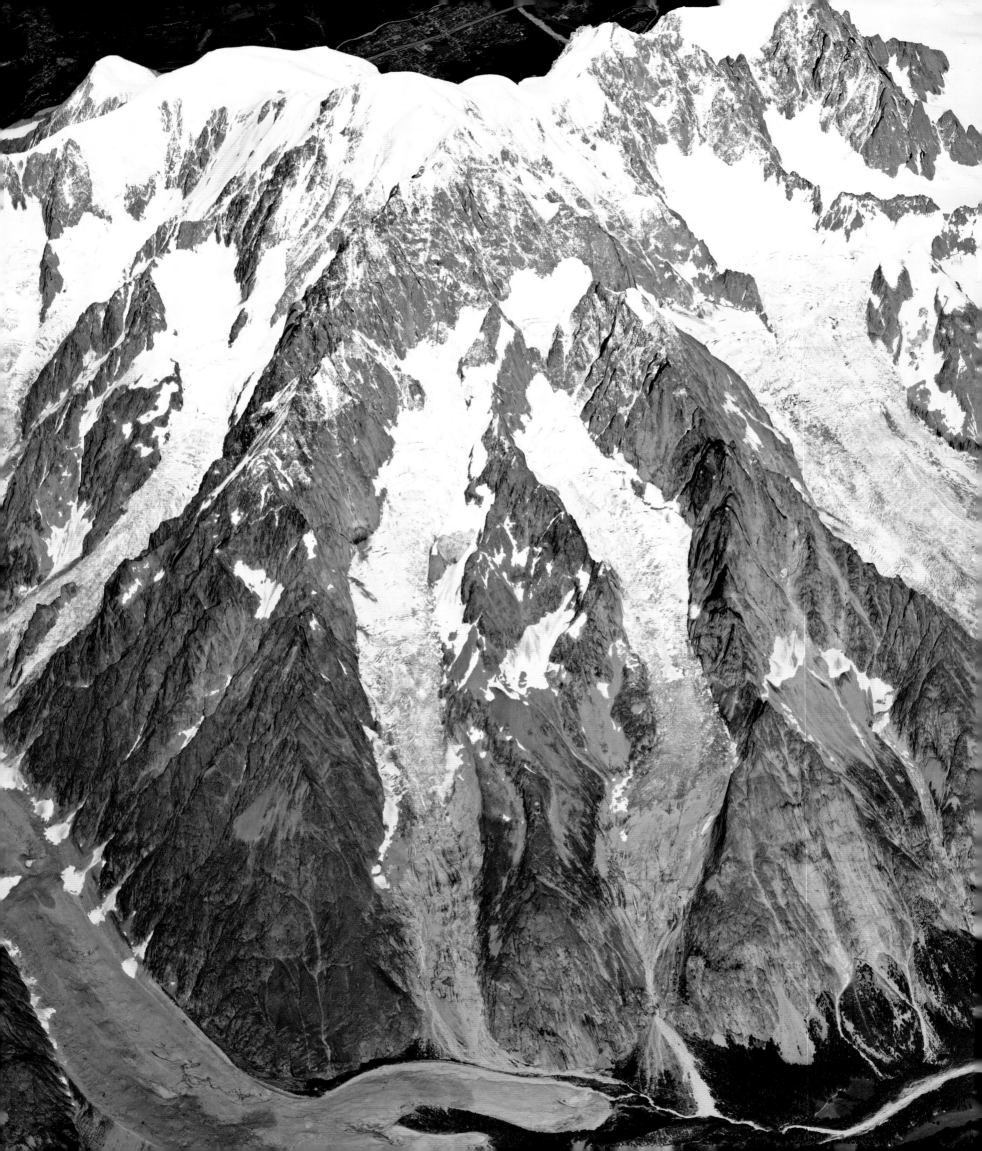

1760년 1786/87년   1865년   1951/55/57년

1961년

알피니즘의 발상지

시나이 산에서 십계명을 받은 모세, 자발 알-누르 산의 히라 동굴에서 기도하다 신의 계시를 들은 모하메드, 중국의 고향에서 산의 아름다움을 찬미한 공자, 티베트의 카일라스Kailash 정상으로 햇살을 타고 올라간 밀라레파. 이들은 모두 종교의 창시자가 되었다. 일본의 후지산을 오른 순례자들과 수세기 후에 안데스의 6,000미터가 넘는 산의 정상에 올라가 인간을 제물로 바친 태양 숭배자들 역시 신념에 이끌린 사람들이었다. 산은 오랫동안 신성한 곳이었다.

한때 알프스를 탐험한 소수의 사람들은 사냥꾼과 수정 채취자들이었다. 사람들은 르네상스와 계몽주의 시대가 되어서야 다양한 이유로 알프스에 관심을 갖기 시작했고, 레오나르도 다빈치, 르네 데카르트, 갈릴레오 갈릴레이, 아이작 뉴턴 같은 과학자들과 학자들이 이 세계를 (대우주와 소우주라는 양면으로) 관찰하고, 조사하고, 설명하기 시작했다. 그리하여 산은 이제 더 이상 공포의 대상이 되지 않았다.

1760년 샤모니 계곡을 찾은 스위스의 과학자이자 철학자 오라스-베네딕트 드 소쉬르Horace-Bénédict de Saussure는 몽블랑Mont Blanc을 오르는 위험한 과업에 도전하기로 결심했다. 하지만 우선 그는 정상으로 접근할 수 있는 길을 찾아야 했다. 그는 이 산군을 세 번 이상 탐험하고 나서, 자신이 정상에 오를 수 있도록 (사실은 이것을 거의 불가능하다고 여겼다) 도와주는 사람에게 포상을 하겠다고 공표했다. 그러자 샤모니 출신의 젊은 의사 미셸-가브리엘 파카르Michel-Gabriel Paccard와 수정 채취자 자크 발마Jacques Balmat가 이 지역을 탐험하고자 하는 무리에 합류했다. 1786년 8월 7일, 알펜스톡과 담요, 식량과 보온병, 나침판과 기압계를 가지고 출발한 그들은 다음 날 몽타뉴 드 라 코트Montagne de la Côte의 야영지를 떠나 그랑 플라토Grand Plateau와 에인션트 파사주Ancient Passage를 거쳐 정상에 올랐다.

1787년 7월 5일, 발마는 장 미셸 카샤Jean Michel Cachât와 알렉시 투르니에Alexis Tournier와 함께 다시 한번 정상을 밟았는데, 이번에는 소쉬르의 도전을 준비하기 위해서였다. 1787년 8월 3일, 소쉬르는 하인 프랑수와 테튀François Têtu와 자크 발마를 비롯한 18명의 가이드를 대동하고 마침내 자신의 꿈을 이루었다. 소쉬르는 이렇게 기록했다. "산군 전체와 뾰족한 봉우리들, 그리고 오랫동안 동경해온 이곳의 구조를 선명하게 볼 수 있었다. 서로의 위치와 연결과 형

태가 이제는 너무나 분명해, 수년 동안 작업을 하면서 생긴 의구심이 한 번 바라본 것으로 모두 사라졌다." 정상에서 소쉬르는 고도, 습도, 기압, 전하, 그리고 심지어는 하늘의 색깔까지 측정하고 관찰했다. 그는 그 색깔을 '진청색'이라고 표현했다. 역사적으로 이 등정은, 그 이후 200년도 안 되어 세계적 현상이 된, 알피니즘의 탄생으로 기록되었다. 서로의 몸을 로프로 묶은 그들은 18시간 동안 피로에 지치고 갈증에 시달리며, 위험한 빙하와 넓고 깊고 불규칙한 크레바스를 건너 하늘을 향해 조금씩 올라갔다. "공기가 너무 희박해 조금씩 또 조금씩 힘이 빠져나갔다."

마터호른이 초등된 1865년에 몽블랑도 브렌바Brenva 쪽에서의 첫 정복이 있었으며, 그 후 많은 등정이 뒤따랐다. 그리고 제2차 세계대전 이후에는 몽블랑 산군에서 발터 보나티Walter Bonatti의 위업이 시작되었다. 그는 1951년에 그랑 카퓌생Grand Capucin 동벽을 초등했고, 1955년에 프티 드류Petit Dru의 남서벽을 6일 만에 올랐으며, 1957년에는 그랑 필리에 당글Grand Pilier d'Angle 등반에 성공했다.

몽블랑에 남아 있던 최후의 대과제는 얼음으로 뒤덮인 700미터 높이의 프레네이Frêney 중앙 필라 정복이었다. 그곳은 폭풍설이 몰아치면 피뢰침 역할을 하는 곳이었다. 실패로 끝난 1961년의 드라마틱한 등반은 그의 경력 중 최악의 악몽이었다. 그 모험은 햇빛이 나는 가운데 시작되었으나 하루 종일 폭풍설이 몰아치자 재앙으로 끝이 났다. 이런 현상은 이름에 걸맞은 하얀 설원만큼 높은 고원지대에서는 흔히 있는 일이었다. 번개의 공격을 끊임없이 받은 산악인들이 하강을 시작하자, 이번에는 쏟아지는 눈과 얼어붙은 로프가 문제를 일으켰다. 완전히 탈진한 그들은 죽을힘을 다해 그루버 록스Gruber Rocks와 프레네이 빙하의 깊은 크레바스를 건너, 이노미나타Innominata 콜 아래로 내려갔다. 이곳에서는, 보나티가 미리 요청한 구조작업 덕분에, 넋이 나간 채 로프에 매달려 있던 마조Mazeaud가 목숨을 구했다. 하지만 안타깝게도 보나티는 6명의 동료 중 2명만 구할 수 있었다. 그리하여 결국 이 모험은 7명 중 4명이 사망하는 비극으로 끝났다. 프레네이 중앙 필라에서 참사가 일어난 지 얼마 지나지 않아, 영국 산악인 크리스 보닝턴Chris Bonington과 이안 클로Ian Clough, 돈 월런스Don Whillans가 보나티가 끝내 이루지 못한 이 등반을 성공적으로 완수했다.

30, 31 | 북쪽에서 바라본 몽블랑. 보송 빙하 위로 몽블랑 뒤 타퀼, 그 오른쪽에 몽모디와 몽블랑. 그 500미터 아래에 돔 뒤 구테가 보인다.
32 | 브루야르와 프레네이 빙하. 몽블랑 정상 아래의 프레네이 중앙 필라로 이어지는 콜 드 리노미나타를 하나로 잡은 장면

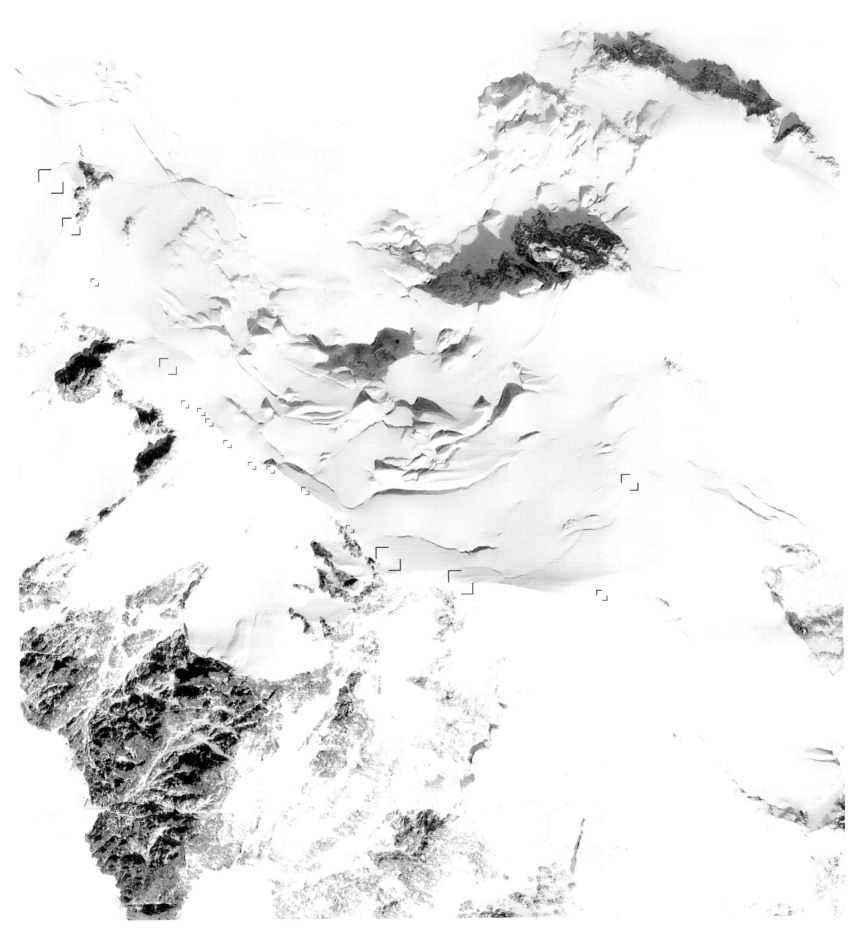

2013년 8월 10일의 이 위성 이미지들은 몽블랑 정상으로 올라가는 가장 일반적인 루트 둘을 보여준다.

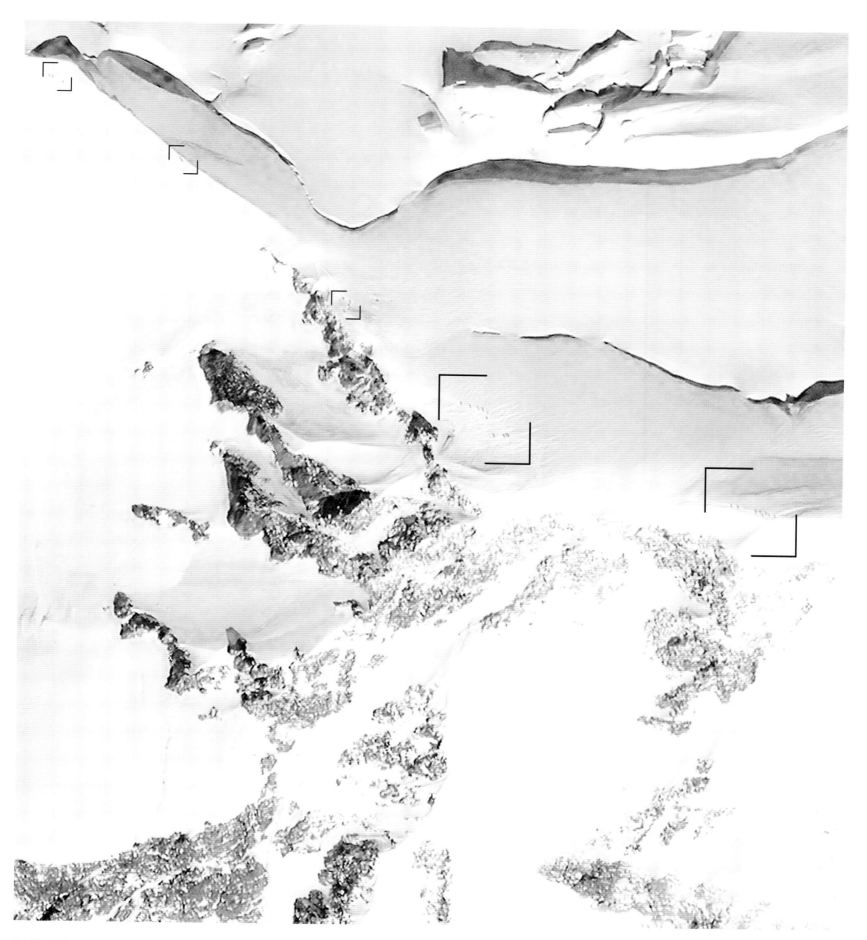

770킬로미터 상공에서 찍었는데도 이 확대 이미지에 산악인들이 보인다.

가상 카메라 위치

카메라	페이지	촬영고도/미터	초점거리/밀리미터	정상으로부터의 거리/미터	촬영방향
1	30 ┊ 31	3,240	40	9,180	북
2	32	14,730	10	21,700	남
3	38 ┊ 39	5,572	15	950	북북서

하얀 고원

알프스의 '하얀 산' 몽블랑은 몽블랑 산군의 일부이며, 그 기반은 극히 일부의 중생대 퇴적암을 비롯해 대부분 화강암과 편마암으로 이루어져 있다. 이곳은 암석의 풍화작용이 산의 형상에 미친 영향이 고스란히 드러나, 풍화된 화강암은 몽블랑에 균열과 틈과 급경사의 단절을 남겼다. 그리하여 놀랍도록 거칠고 뾰족한 형상이 되면서 산악인들의 보물창고가 되었다.

해발고도(4,810m)와 서부 알프스의 끝자락에서 사방에 노출된 위치로 인해 몽블랑은, 특히 그 북서쪽 사면은 기온이 급격히 떨어지고 눈이 많이 오는 경향이 있다. 따라서 이 산군의 3분의 2 이상은 눈으로 덮여 있으며, 깊은 빙하가 사방에 널려 있다. 빙하가 이동하는 속도로 인해 이곳에는 얼음 표면이 갈라진 곳이 많고, 이렇게 형성된 크랙과 세락은 산악인들에게 언제나 위험스러울 수 있다. 기후적인 측면에서 보면 몽블랑은 개성이 넘쳐흐른다. 푄 현상은 계곡과 산비탈이 햇빛에 빛나는 동안 정상 부근에 강풍과 폭풍설을 몰고 온다.

몽블랑이 과연 유럽에서 가장 높은 산일까? 중앙부가 수정으로, 산군의 가장자리가 퇴적암으로 된 다양한 유형의 암석은 이 산을 분명 알프스 최고봉으로 만든다. 더구나 이 '하얀 산'은 여전히 높아지고 있다. 하지만 유럽에서 가장 높은 산인지 아닌지는 유라시아에서 유럽의 경계가 어디까지냐에 따라 다르다. '코카서스의 왕'인 엘브루스는 5,642미터로 확실히 더 높다. 그러나 지질학적 관점에서 보면 이런 논쟁은 별 의미가 없다. 몽블랑과 엘브루스는 — 파미르와 천산산맥과 마찬가지로 — 유라시아판에 위치해 있기 때문에 우리가 말할 수 있는 것은 중앙아시아의 거대한 팽창이 분명 더 큰 도전을 불러일으킨다는 점이다.

변하는 산

2003년	**4,808**미터
2007년	**4,811**미터
2013년	**4,810**미터

몽블랑 정상은 두꺼운 만년설(단단한 눈)과 얼음으로 덮여 있다. 풍식작용, 눈과 얼음의 해빙, 강설로 인해 고도가 다양하게 나타난다. 정상 그 자체는 4,800미터에 조금 못 미치는 4,792미터이다.

출처: www.lefigaro.fr

피에르 마조와 발터 보나티의 1961년 루트. 그들은 오른쪽의 콜 드 라 푸르쉬에서 프레네이 중앙 필라로 접근했지만, 악천후로 등반을 포기하고 프레네이 빙하를 거쳐 콜 드 리노미나타로 탈출했다.

34.35 770킬로미터 상공에서 내려다본 몽블랑. 이 산군에는 많은 빙하가 있다. 적설량이 많아 이 빙하들은 계곡으로 깊이 파고든다.
38.39 몽블랑 정상에서 왼쪽으로 바라본 몽블랑 드 쿠르마예와 아오스타 계곡으로 이어지는 이노미나타 능선. 오른쪽이 브렌바 빙하이다.

1961년 7월

출발지점:
몽블랑
콜 드 라 푸르쉬

팀:
발터 보나티, 로베르토 갈리에니,
로베르 기욤, 피에르 콜망,
피에르 마조, 안드레아 오지오니,
앙트완 비에이유

몽블랑에서 겪은 시련

몽블랑의 남쪽에 있는 700미터의 프레네이 중앙 필라는 알프스에서 가장 높은 산군인 이 지역에 미등으로 남은 마지막 대과제였다. 1961년 7월 8일, 프랑스인 피에르 '피에로' 콜망Pierrre 'Pierrot' Kohlmann과 로베르 기욤Robert Guillaume, 앙트완 비에이유Antoine Vieille와 피에르 마조Pierre Mazeaud가 콜 드 라 푸르쉬Col de la Fourche에서 비박을 했다. 악천후로 인해, 그들은 콜 드 푸트레이Col de Peuterey를 넘어 그 필라 밑으로 접근하려던 계획을 포기했다. 7월 9일 밤늦게 역시 같은 목표를 갖고 그곳으로 향하던 이탈리아인 발터 보나티Walter Bonatti와 로베르토 갈리에니Roberto Gallieni 그리고 안드레아 오지오니Andrea Oggioni가 그들과 합류했다. 그들은 서로 힘을 합치기로 했다. 7월 10일, 그들은 길고 어려운 어프로치를 끝내는 데 성공했다. 7월 11일, 그들은 마지막 80미터 등반에 나섰다. 선등으로 나선 피에르 마조가 가능한 한 높이 올라가 두 번째 비박을 하려고 했지만, 안타깝게도 그로 인해 5일간의 비극이 시작되었다.

등반용 슬링에 걸터앉아 피톤을 박고 있었다. 그때 갑자기 찌르릉 하고 전화벨이 울리는 듯한 소리가 들렸다. 40미터 아래에 있는 동료들 역시 귀를 기울이고 있었다. 나는 곧 손가락 끝이 찌릿 하는 것을 느꼈다. 이어 혓바닥 같은 불꽃이 해머를 타고 흘러내렸고, 상단 하네스에 걸린 카라비너가 손가락에 달라붙었다.

폭풍설이 다가오고 있다고 보나티가 소리쳤다. 나는 깜짝 놀랐다. 하늘이 바람 한 줄기 없을 정도로 이토록 청명한데? 하지만 나는 모든 장비를 그곳에 매달아놓은 다음 로프를 타고 미끄러지듯 아래로 내려갔다. 짧은 하강을 하는 동안 구름이 몰려들었다. 그리고 순식간에 강풍이 불고 우박이 쏟아졌다. 나는 로프를 흔들어 그네를 타듯 콜망에게 넘어갔다. 그 순간 눈부시게 밝은 번갯불이 그의 얼굴을, 실제로는 그의 귀를 내리쳤다. 그러자 그의 보청기가 검게 변했다. 그는 내 팔에 뻣뻣하게 쓰러져 기력이 다한 듯 아무런 반응도 보이지 않았다. 드라마는 이런 공포로 시작되었다. 우리는 죽음의 덫에 걸리고 말았다. 우리가 기다리기 시작한 '샹델Chandelle'이 우리의 고뇌의 산증인이다. 번갯불이 연신 번쩍거렸다. 완벽한 고요에 이어 천둥소리가 사방을 뒤흔들고 공기가 숨

을 턱턱 막았다. 정확히 오후 5시였다. 우리는 공포에 질렸다. 지녁이 영원히 계속되는 것 같았다. 하지만 밤은 그보다도 훨씬 더 길었다. 끝없는 공포가 일정하게 이어졌다. 아주 조심스럽게 움직여, 모든 금속 장비를 될 수 있는 한 멀리 떨어뜨려놓은 다음, 우리는 이 지옥의 한가운데서 피난처를 찾아 나섰다. 천둥소리가 더욱 커졌다. 우리는 공중으로 내던져졌다. 너무나 끔찍했다. 우리가 600미터 아래에 있는 깊은 틈바구니로 내던져지지 않은 것은 순전히 로프 덕분이었다. 우리 중 분명 최악의 영향을 받은 콜망에게 내가 첫 번째 코라민 주사를 놓아주었다. 잠재적으로 치명적인 모든 번개는 이제 전기가 통하는 벽으로 우리를 몰아붙였다. 몽블랑의 아주 높은 필라는 어느덧 고압전선이 되어 있었다. 한밤중이었지만 용광로 속처럼 환히 밝았다. 우리는 약해서가 아니라 완전한 절망에 빠져 눈물을 흘렸다. 이것은 그냥 비인간적이었다. 다시 번개에 맞은 콜망이 내 무릎 위에 쓰러지더니 바위를 따라 미끄러졌다. 나는 그를 멈추기 위해 로프를 움켜잡았다. 그리고 말을 걸었지만 그는 대답이 없었다. 사실 그는 두 번 다시 대답하지 않았다. 그의 보청기는 이미 잿더미가 되어 있었다. 그는 전혀 듣지 못했다. 그는 나를 똑바로 쳐다보며 나직이 흐느꼈다. 나는 그를 팔로 감싸 안았다. 이 세상에 우정보다 더 강한 것은 없다. 그때 우리는 무슨 생각을 하고 있었을까? 죽음…. 죽음이 바로 눈앞에 있었다.

7월 12일(수요일) 자정

생지옥이 계속되었다. 눈이 펑펑 내렸다. 비록 지치고 뼛속까지 흠뻑 젖어 있었지만, 우리가 이토록 놀라운 평화를 즐기고 있다는 것은 대단한 안도감이었다. 공포에도 불구하고, 우리는 모두 아주 이상한 자세로 몇 시간 동안 잠을 잘 수 있었다. 10시가 되자 하늘이 밝아졌다. 우리는 기쁨에 겨워 눈물을 흘렸다. 북풍! 우리는 안도했다. 우리에게는 따뜻한 음식이 조금 있었다. 눈을 치우고 금속 장비를 옮겼다. 무엇보다 중요한 것은 우리가 기다리자는 데 만장일치로 동의했다는 것이다. 우리의 장비는 여전히 상태가 좋았다. 우리는 목표에 아주 가까이 있었다. 나는 속으로 생각했다. '기껏해야 80미터가 남았어. 우린 필라의 꼭대기에 도착할 수 있을 거야. 7월이면 악천후가 24시간 이상 지속되진 않

프레네이 중앙 필라의 첫 피치. 거대한 오버행 바윗덩어리들이 끊임없이 길을 가로막았다.

아.' 하지만 우리는 영국해협에서 알프스에 이르기까지 프랑스 전역에 폭풍우가 몰아쳐 많은 선원들이 항구로 돌아오지 못했다는 사실을 전혀 모르고 있었다. 저녁이 다가오자 우리의 희망도 가라앉았다. 우리는 각자가 자신만의 생각에 너무 사로잡힌 나머지 서로 거의 말을 하지 않았다. 두 번째 저녁은 첫날보다 훨씬 더 드라마틱했다. 6시가 다 되어갈 때쯤 천둥소리가 다시 들렸다. 그리하여 우리는 한 번 더 두려움에 휩싸였다. 우리는 그곳에 남아 무기력하게 움츠러들면서 영혼마저 산산조각이 났다. 천둥소리를 들을 수 없는 콜망이 내 어깨를 두드렸다. 그때 번개가 번쩍하더니 우리를 눈부신 백색광으로 둘러쌌다. 쾅 하는 소리와 함께 우리는 공포에 떨었다. 그리고 절망적인 공포의 상태로, 이 지옥의 밝은 불빛 속에 우리의 운명을 말없이 맡기고 두 번째 밤이 어서 지나가기를 기다렸다.

7월 13일(목요일) 자정

구름 한 점 없이 매서운 추위가 몰아닥쳤다. 옷이 나무토막처럼 뻣뻣했다. 우리는 얼어붙었다. 하늘에서는 별이 빛나고, 깊은 계곡의 먼 아래쪽에서는 쿠르마예Courmayeur의 불빛이 빛났다. 기적이 일어났다! 순간 우리는 모두 잠에서 깨어났다. 희망이 밝게 빛났다! "오늘 해가 떠오르면 승리와 기쁨이 찾아오고, 모든 고통이 끝나겠지. 그리고 내일 우린 평화를 찾을 거야." 나는 혼잣말을 했다. 노래를 흥얼거리고, 기쁨으로 소리를 지르고, 스토브에 불을 붙였다. 우리는 헤드램프 불빛으로 쿠르마예를 향해 희망의 신호를 보냈다. 알아차리는 사람이 아무도 없을지라도…. 나는 내 물건들을 챙겼다. 콜망은 근육경련으로 몸서리를 치면서도 몸을 일으켰다. 그는 행복해 보였다. 그리고 바위에 곧장 달라붙어 등반을 계속하고 싶어 하는 것처럼도 보였다. 희망은 결코 더 커지지 않았다. 하지만 내 동료들은 내일 아침까지만 기다려보자고 주장했다. 그런 다음 최종 결정을 내리자는 것이었다. 그 순간 보나티와 내가 책임을 떠맡았다. 나는 만약 내일 날씨가 좋으면 올라가든지, 아니면 내려가든지 결정하는 것이 좋겠다는 생각을 분명히 했다. 우리는 하강이 무척 힘들다는 사실을 잘 알고 있었다. 몹시 춥고, 바람이 불고, 눈이 펑펑 쏟아지는데도 우리는 꾸벅꾸벅 졸고 있었다. 번개는 더 이상 치지 않았다. 몸을 무겁게 붙잡는 피로에도 불구하고, 우리는 어느 정도 상태가 좋았다.

7월 14일(금요일) 새벽 4시

내가 보나티에게 말했다. 날씨가 어떻든 머리가 깨지더라도 계속 가겠다고. 그리고 결단코 내 몸을 오버행 위로 끌어올리겠다고. 그러면 그가, 보나티가 몽블랑 정상으로 능선을 따라 우리를 이끌면 될 것 같았다. 나는 출발준비를 했

다. 밖은 모든 것이 꽁꽁 얼어붙어 있었다. 눈이 내렸다. 하지만 나는 두렵지 않았다. 나는 주위에 흩어진 카라비너 몇 개를 손으로 잡고 로프를 챙겼다. 두려웠다. 피에르 콜망과 다른 사람들이 로프를 함께 묶었다. 그렇게 움직이자 몸이 따뜻해지는 것 같았다. 내심으로는 등반이 불가능하다는 것을 알면서도 모두 계속해나가기를 바라고 있었다.

나는 계속해나갈 수 없었다. 희망이 보이지 않았다. 보나티는 이해했다. 나는 모두가 이해하고 있다고 생각했다. 발터 보나티가 능숙하게 하강을 시작했다. 이어 모두가 말없이 그의 뒤를 따랐다. 비정상적으로 폭력적인 폭풍설의 힘에 직면한 이 지옥 같은 하강을 하는 동안 우리는 모두 단 한마디도 하지 않았다. 바로 눈앞도 볼 수 없었다. 그래도 웃음을 잃지 않은 안드레아 오지오니가 마지막으로 내려왔다. 하강을 하자 점차 고도가 낮아졌다. 곧 움직임을 더 이상 통제할 수 없게 된 우리는 각자가 스스로를 지켜야만 했다. 하지만 보나티는 계속해서 침착하라고 말했다. 한번은 내가 눈 속에 깊이 빠지는 바람에 모두가 2시간 동안 옴짝달싹하지 못했다. 오른발을 찍자 극심한 통증이 느껴졌다. 다시 왼발을 찍자 아무런 감각도 없었다. 동상. 무감각. 콜망의 손을 보았다. 동상. 검푸른 색. 이미 너무 늦어서 우리는 콜에서 비박하기로 결정했다. 5일째의 밤이 찾아왔다. 우리는 크램폰을 신은 채 거위 털을 채운 침낭 안으로 기어들어갔다. 얼음처럼 찬 물로 목욕을 하는 느낌이었다. 우리가 보낸 밤 중 최악이었다.

7월 15일(토요일) 새벽 3시

침낭에서 빠져나와 폭풍설 속에 섰다. 나는 미쳐가고 있었다. 우리 모두가 걱정이 되었다. 우리는 계속 내려가야만 했다. 그것도 빨리. 나는 정신없이 친구들을 깨웠다. 그들의 표정도 마찬가지였다. 우리는 의식과 무의식을 오락가락하며 — 어느 쪽이든 별 차이가 없지만 — 탈출을 준비했다. 우리는 로프 하나에 모두 묶었다. 인간의 띠. 우정의 상징. 운명에 맞선 일곱 명의 사나이. 우리의 비아 돌로로사Via Dolorosa!

발터 보나티가 우리 로프 팀의 리더였다. 그는 눈이 잔뜩 쌓인 가파른 사면을 가로질러 크루버 록스Cruber Rocks 쪽으로 갔다. 모두 입을 굳게 다물었다. 다음으로 안드레아 오지오니, 그리고 로베르토 갈리에니에 이어, 우리의 마지막은 앙트완 비에이유였다. 그 측면은 무척 가팔라서 어떤 실수라도 일어나면 최악의 결과로 이어질 수 있기 때문에 우리는 극도로 조심해야 했다. 아주 어려운 트래버스 끝에 보나티는 마침내 바위가 있는 하강루트의 꼭대기에 도착했다. 그는 다음 사람이 오기를 기다린 후 하강을 시작했다. 그들이 안전하게 내려가서, 이제는 내가 오지오니를 데리고 트래버스 해야 할 차례였다. 내가

비에이유에게 따라오라고 하자, 그는 이 거대한 틈을 자신이 어떻게 빠져나갈 것인지 조용히 이야기했다. 그러다 갑자기 말을 더듬더니 자신이 앉아 있던 바닥으로 쓰러졌다. 위를 처다본 보니티가 상황을 눈치 채고, 우리 모두를 쓸어갈지 모르니 눈사태를 일으키지 않도록 매우 조심하라고 소리쳤다. 나는 비에이유에게 일어나서 나에게 오라고 말했다. 하지만 그는 대답하지 않았다. 그는 떨고 있었다. 기욤과 함께, 나는 그를 우리 쪽으로 힘껏 잡아당겼다. 로프에 묶인 그는 깊은 고랑을 따라 힘없이 끌려왔다. 그는 이미 죽어 있었다.

우리 팀의 막내 앙트완 비에이유. 나의 앙트완. 나의 친구. 너는 이제 이곳에 남아야 하는구나. 너의 비아 돌로로사에. 내가 너를 처음 산으로 데리고 갔는데. 내가 너를 이 놀라운 세상으로 이끌었는데. 스물둘의 나이로 무릎을 꿇다니…. 그의 로프 파트너였던 로베르 기욤이 내 옆에 섰다. 무슨 일이 일어났는지 알아차린 그는 울었다. 나는 그에게 계속 하강하라고 요구했다. 나는 그곳에 혼자 남았다. 상황을 파악한 보나티가 나에게 올라왔다. 우리는 텐트 주머니(그의 수의)로 그를 싼 다음 시신을 매달아 놓을 피톤을 하나 박았다. 젠장, 필라의 아래쪽에 있는 그곳은 멋진 무덤이었다. 발터와 나는 눈물을 흘리면서 서로를 처다봤다. 우리는 남아 있는 친구들과 우리 자신의 목숨을 구하기 위해 할 수 있는 모든 것을 다해야 했다. 그래서 우리는 하강을, 고통스러운 여정을 계속해나갔다.

우리는 보나티의 그림자가 된 것처럼 자동적으로 그의 뒤를 따라 하강을 계속해나갔다. 그는 우리의 구세주였다. 확보가 없었다면 이미 오래전에 우리는 모두 저 아래의 프레네이 빙하에서 죽음을 맞이했을 것이다. 안개가 짙게 꼈다. 이제 우리는 기력이 너무 빠져, 감바Gamba 산장까지 가는 데 필요한 피톤과 카라비너 몇 개를 제외하고 모든 장비를 그곳에 남겨두기로 했다. 오후 4시가 다 되어갈 즈음 반대편 능선에서 사람들의 목소리가 들렸다. 우리는 소리쳤다. 하지만 폭풍과 바람과 눈이 모든 소리를 삼켜버렸다. 여하튼 구조대원들은 우리를 놓치고 말았다. 왜 그랬을까? 그들과 더 낮은 곳에서 만날지 모른다는 희망에 부푼 우리는 그들에게 의지했다. 마지막 하강. 그곳에 희망이 있었다. 우리는 그 장소를 잘 알고 있어서, 이제 곧 콜 드 리노미나타Col de l'Innominata에 도착할 수 있다는 기대를 품었다. 그다음에 이어진 끔찍한 실망. 보나티의 확보를 받으며 눈으로 가자 어깨까지 빠졌다. 미쳐서 정신착란에 빠진 우리는 모두 빙하 위에 모여 흐느꼈다. 우리는 목표지점에 결코 도달할 수 없다는 사실을 깨달았다. 보나티가 나에게 팀을 이끌라고 요구했다. 하지만 이제 우리는 팀이랄 것도 없었다. 빙하를 반쯤 건넜을 때부터 이미 제정신이 아니었기 때문이다. 이제 우리는 천천히 우리 자신의 죽음을 향해 다가가고 있었다. 그때 내가 깊은 눈 속으로 고꾸라졌다. 눈이 너무 깊어 파묻혀버릴 수도 있어서, 나는

사진의 뒤쪽에 있는 사람이 피에르 콜망이다.

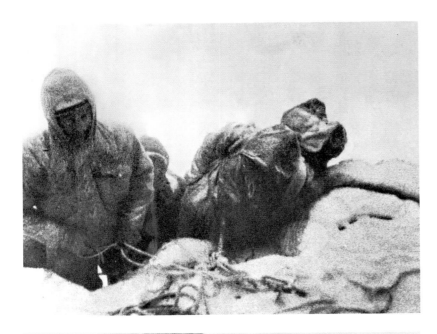

위 비극이 시작된 필라의 상단부 '샹델'에서
아래 나를 둘러싼 쿠르마예 출신의 가이드 친구들. 나는 끝내 살아남았다.

나를 위로 잡아당겨줄 친구가 필요했다. 콜망이 나를 도와주려 했지만 그 역시 넘어지고 말았다. 그리하여 내가 오히려 그를 일으켜 세웠다.

모든 것이 고문이었다. 그럼에도 나는 계속 싸워나갔다. 우리는 빙하의 나머지 반을 한 사람씩 건넌 후 모두 지쳐 쓰러졌다. 점점 더 탈진해가는 우리에게 그것은 중대한 시련이었다. 보나티가 더 빨리 움직였다. 기욤과 콜망이 그의 뒤를 따랐다. 우리는 모두 반쯤 미쳐서 맹목적으로 그를 따라갔다. 보나티가 나를 불렀다. 콜 드 리노미나타로 가는 길을 뚫는 데 나의 도움이 필요했던 것이다. 그곳에만 가면 우리는 안전할 터였다. 우리 모두는 알고 있었다. 100미터만 더 가면 된다는 것을. 나는 두 친구를 눈 속에 남겨두었는데 그들도 좋아했다. 다시 돌아와 그들을 데리고 갈 작정이었다. 그러면 우리는 죽음과의 이 싸움에서 마침내 승리하게 될 터였다. 나는 기욤과 갈리에니에게 갔다. 보나티는 폭풍설 속에서 참착하게 등반하며 피톤을 박고 있었다. 그는 자신의 맡은 바 임무를 끝낼 터였다. 나는 친구들을 데리러 돌아갔다. 비아 돌로로사를 거꾸로. 나는 몇 미터를 추락했지만 겨우 멈추어서 힘이 어디에서 나오는지 알지도 못한 채 계속 갔다.

안드레아 오지오니는 내 도움이 필요했다. 그는 남은 힘을 다해 소리를 지르며 울고 있었다. "로베르! 로베르! 로베르!" 나는 서둘러 그를 향해 갔다. 내가 그들을 뒤에 남겨놓은 그 장소는 텅 비어 있었다. 폭풍설 속에서 나는 네 발로 기다시피 하면서 로베르 기욤을 향해 손을 뻗었지만 그를 찾을 수 없었다. 폭풍설로 아무것도 보이지 않았다. 소리를 쳤지만… 아무 대답도 없었다. 로베르, 나는 네가 안전하다고 생각했는데, 내 앞의 몇 미터 떨어진 크레바스 속에서… 너는 죽었구나. 너는 죽었어. 훗날에도 너는 여전히 눈 속에 있을 거야. 고통의 흔적 대신 기쁨이 서려 있는 표정으로. 이제 모든 것이 끝났다. 엄청난 충격을 받아 미쳐버린 나는 콜망과 갈리에니와 오지오니에게로 갔다. 이제 우리는 다섯뿐이었다. 나는 공포에 질린 내 마음을 보니티에게 털어놓았다.

보나티가 갈리에니에게 로프를 던졌다. 우리는 고개에 있는 감바 산장으로 서둘러 가야 했다. 빨리 감바로… 안전하게… 갈리에니가 보이지 않았다. 그때 나의 친구이며 형제인 콜망이 나를 쳐다봤다. 잊히지 않는 얼굴. 사랑이 가득한 눈빛. 사랑이 무엇인지 말할 수 있을 만큼 어느 누구보다도 사랑한 그가 저 멀리 가고 있었다. 가장 강인한 사나이 콜망이 로프를 잡고 한마디 말도 없이 보나티 뒤를 따라 40미터를 올라가고 있었다. 확보도 없이 혼자서. 그를 두 번 다시 볼 수 없을 것이라고는 상상도 하지 못했기 때문에 나는 별 생각을 하지 않았다.

우리는 형제였어.

너는 최고였지. 우리 중 가장 위대한 사람. 너는 우리 중 하나였어. 네가 어떻게 죽었는지 나는 알아. 구원에서 두 걸음 떨어진 곳에서, 산장에서 겨우 몇 미터 떨어진 곳에서, 너는 눈에 쓰러져 기도하며 죽었지…. 오지오니와 나는 그 자리에서 구조를 기다리기로 했다. 보나티가 갈리에니와 콜망을 데리고 감바 산장으로 가서 구조를 요청할 테니까. 자정이었다. 폭풍설이 더욱 난폭해지고, 인간의 흔적은 어디에도 없고, 죽음만이 사방에 널려 있었다.

7월 16일(일요일) 자정

몇 미터를 가는 데 1시간이 걸렸다. 아무것도 보이지 않았다. 피톤에 도달했지만 카라비너에서 로프를 풀 수 없었다. 그리하여 오지오니에게 올라오라고 한 다음 기다렸다. 나는 그를 내가 있는 곳으로 끌어당겼다. 그는 마치 어린아이처럼 나에게 끌려와 나의 팔에 머리를 묻었다. 우리가 고정시킨 로프는 폭풍설에 사방으로 휘날렸다. 우리는 기다렸다. 우리 둘은 누구라고 할 것도 없이 무감각·무기력한 채 죽음에 취해 있었다. 새벽 2시. 오지오니가 움직이더니 무슨 말인가를 중얼거리며 나를 팔로 껴안았다. 이탈리아어를 하나도 알지 못했지만, 의식이 반쯤 남아 있는 상태에서, 나는 그가 밀라노 근처의 아름다운 도시인 자신의 고향 몬차Monza에 대해 말하고 있다는 것을 이해할 수 있었다. 그는 나를 쳐다보고 있었다. 죽은 상태로. 안드레아 오지오니. 너의 이름은 상징이었어. 너의 이름. 브렌바 스퍼. 몽블랑 남벽. 안드레아, 너무나 강인하면서도 친절한 모습의 작은 남자. 난 네가 잠드는 것을 보았지. 넌 나에게 죽음이 아무것도 아니라는 것을 보여주었어…. 추억과 몇 번의 기도만 남긴 채. 그리고 불이 꺼졌어.

이제 나는 혼자였다. 어떤 반사작용 때문이었는지는 몰라도, 어느 순간 나는 보나티가 남겨놓은 고정로프를 타고 올라가려고 했다. 그렇게 했던 콜망이 생각났다. 몇 미터를 올라갔지만, 나는 그만 오지오니가 매달려 있는 피톤 사이로 떨어져, 죽은 자와 산 자가 함께 매달린 운명이 되고 말았다. 추락의 충격으로 우리 둘은 콜 드 리노미나타 아래의 사면으로 굴러 떨어졌다. 곧 나는 콱 하는 움직임과 함께 멈추어 매달렸다. 후에 나는 카라비너에 걸린 매듭이 나의 생명을 구했다는 사실을 알게 되었다. 여전히 꽁꽁 얼어 있는 오지오니는 계속 떨어졌고, 그의 시신은 저 아래에서 영원의 안식처를 찾을 때까지 바위에 부딪치며 사라졌다. 깜빡 잠이 들었나? 날이 밝아왔다. 나는 기다렸다. 혹시라도 보나티가 산장에 도착하지 못했다면 나는 이곳에서 죽을 수밖에 없었다. 이제 나는 나에게 주어진 이 행운을 생각했다. 죽음 앞에서 기도를 올리며 나 혼자 살아남은….

30미터 위쪽의 콜 드 리노미나타 끝 쪽에 몇 사람이 보였다. 그들에게 빨리 오라고 소리치자 마침내 그들이 내 앞에 나타났다.

피에르 마조

피에르 마조Pierre Mazeaud(1929년생)는 프랑스의 변호사이자 정치인이며 산악인으로, 스포츠 장관과 최고행정법원 자문위원, 프랑스헌법위원회 위원장을 역임했다. 1950년대부터 그는 유럽에서 가장 훌륭한 산악인 중 하나로 인정받아왔다. 그는 몽블랑 북벽의 프랑스 루트를 포함해 많은 초등을 해냈다. 1961년의 프레네이Frêney 비극으로 인해 그는 꼬박 1년 동안 동상을 치료받아야 했다.

그 후 그는 아이슬란드와 카라코람 등으로 다양한 등반 여행과 원정을 떠났다. 1971년에는 노먼 다이렌퍼스의 에베레스트 원정에 참가했고, 1978년에는 프랑스인으로서는 최초로 세계 최고봉의 정상에 올랐다.

발터 보나티

발터 보나티Walter Bonatti(1930~2011)는 역사상 가장 위대한 산악인이자 모험가였다. 그는 1954년에 K2를 정복한 전설적인 이탈리아 원정대의 대원이었다. 그의 가장 놀라운 산악 업적으로는 그랑 카퓌생Grand Capucin 동벽 정복(1954), 그랑드조라스Grandes Jorasses 워커 스퍼Walker Spur 동계등반(1963), 프티 드류Petit Dru 남서벽 단독등반(1955)과 마터호른Matterhorn 북벽 단독등반(1965)이 있다.

그는 외딴 나라의 탐험과 그 문화에 빠져 서른다섯에 등반을 그만두고, 여행을 다니며 사진 에세이를 펴냈다. 2000년 그는 등산 부문 최고 영예인 황금피켈상 평생공로상을 수상했다.

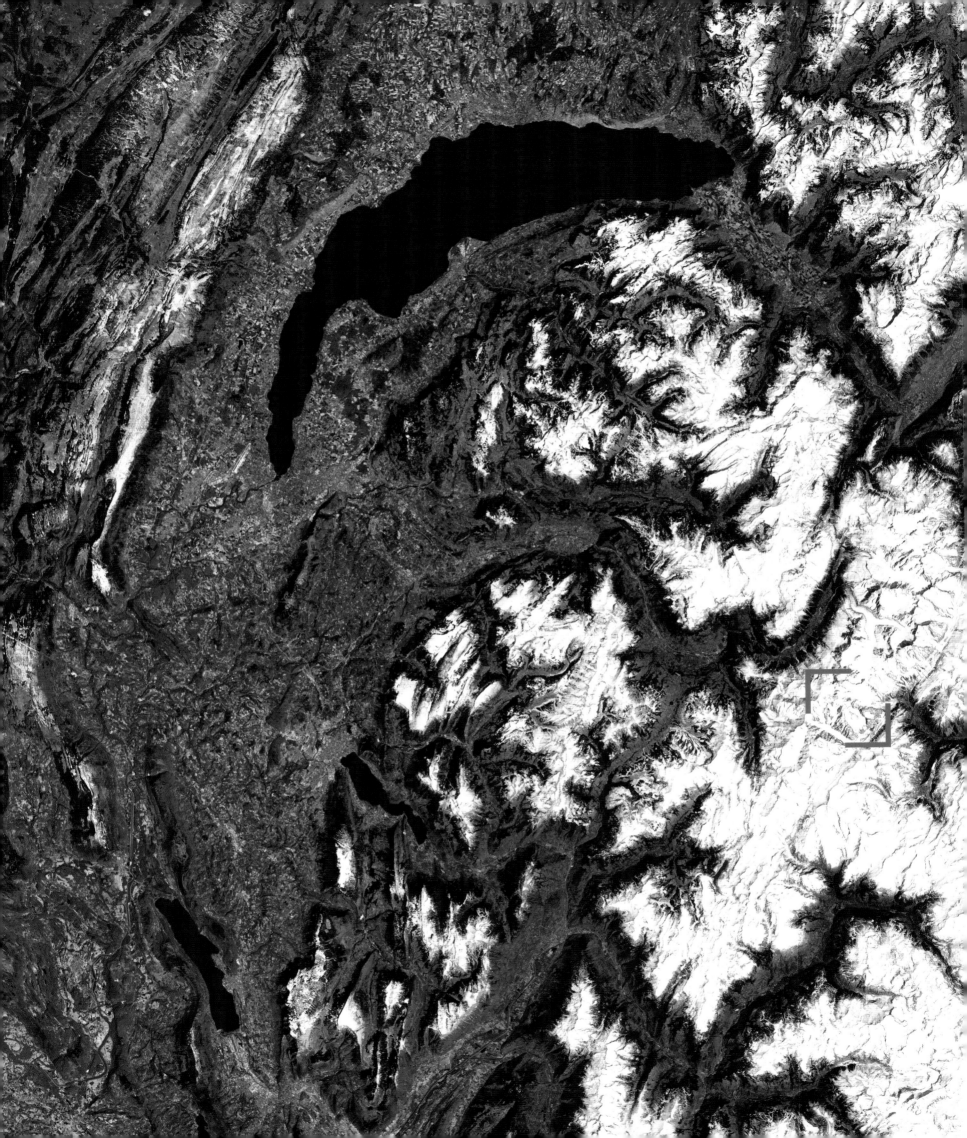

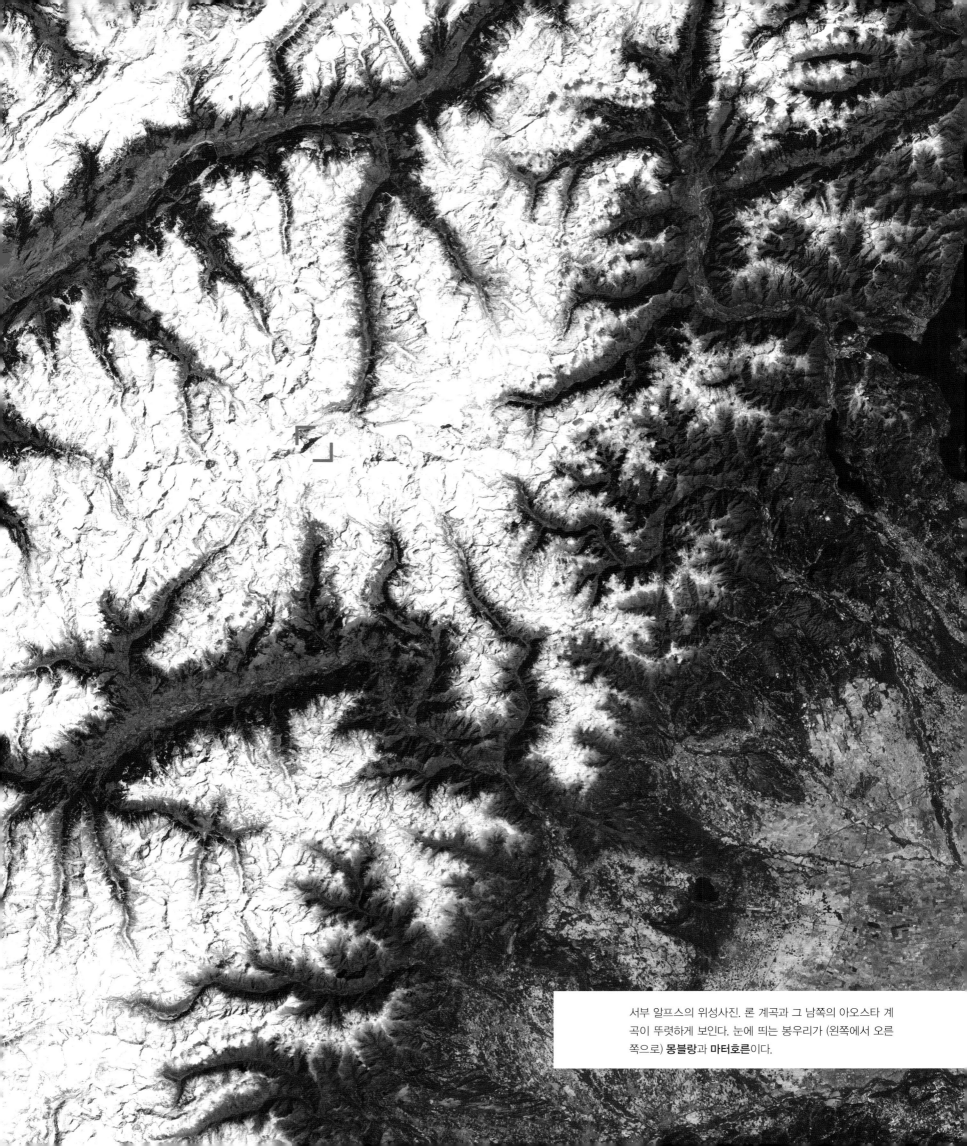

서부 알프스의 위성사진. 론 계곡과 그 남쪽의 아오스타 계곡이 뚜렷하게 보인다. 눈에 띄는 봉우리가 (왼쪽에서 오른쪽으로) **몽블랑**과 **마터호른**이다.

마터호른 Matterhorn

스위스/이탈리아
4,478m

1865년 7월 14일

초등:
에드워드 윔퍼, 미셸 크로, 프랜시스 더글러스 경.
더글러스 로버트 해도우, 찰스 허드슨,
아버지 페터 타우그발더, 아들 페터 타우그발더

1865년   1879년   1931년   1965년   2011년

고결함의 끝

1865년의 마터호른Matterhorn 초등은 등산이 정복의 단계에서 난이도의 단계로 바뀌는 일대 전환점이었다. 여기에 경쟁과 국가주의 요소가 더해지면서 등산은 새로운 시대를 맞이했다.

책임, 죄의식, 진술과 관련해 논란을 불러일으킨 이 등반의 실제 상황에 대해 추측이 난무했다. 하지만 추락 사망한 4명에 관한 충격적인 보고서는 사실보다는 허구적인 버전에 흥미를 더 갖는 대중들의 구미를 당겼다. 만약 정상에 오른 7명 모두가 사망했다면, 하산을 하는 동안 실제로 어떤 일이 벌어졌는지는 아무도 알지 못했을 것이다. 그랬다면 에드워드 윔퍼Edward Whymper의 사실적 보고서나 어떤 허위진술 등도 나오지 않았을 것이다. 비극의 맥락에서, 그의 생존은 새로운 종류의 등반을 예고하는 행운의 한 수였다. 그것은 위험과 매력 그리고 모순이라는 전통적 등반의 특징을 분명하게 보여주었다.

제임스 쿡James Cook은 세계 일주를 하던 중 하와이 원주민들에게 살해당했고, 알렉산더 폰 훔볼트Alexander von Humboldt는 안데스의 침보라소Chimborazo에서 풍토병에 걸려 쓰러졌으며, 아돌프 슐라긴바이트Adolf Schlagintweit는 카라코람 산군을 넘다 카슈가르에서 참수당했다. 그와 거의 비슷한 시기인 19세기 중반에 영국인들은 접근이 쉬운 유럽의 한가운데서 지도의 '공백'을 새롭게 찾아냈다. 그곳은 바로 서부 알프스였다. 아일랜드 출신의 식물학자로 영국산악회 초대회장을 맡은 존 볼John Ball이 1859년『봉우리들과 고개들과 빙하들Peaks, Passes and Glaciers』제1권을 출간했다. 그리고 E. S. 케네디Kennedy와 공저한 1862년의 제2권에는 자신의 초등 이야기들을 실었다. 그로부터 얼마 후 케네디는 마터호른 등반에 도전했지만 실패했다. 찰스 허드슨Charles Hudson의 몽블랑에 관한 책『뜻이 있는 곳에 길이 있다Where There's a Will There's a Way』는 이보다 앞서 발행되었다. 산에 관한 작품으로 가장 중요하다고 할 수 있는 프랜시스 폭스 투켓Francis Fox Tuckett의『고지대 연구High Alp Studies』에 이어, 1871년에는 존 틴들John Tyndall의『알프스에서 보낸 시간Hours of Exercise in the Alps』이 나왔다. 그리고 같은 해에 레슬리 스티븐Leslie Stephen의 유명한 작품『유럽의 놀이터The Playground of Europe』가 발간되었다. 등산이 영국에서 유행하면서 다른 산악 국가들로 퍼져나갔다.

1865년 7월 14일, 4명의 영국인인 프랜시스 더글러스Francis Douglas 경, 찰스 허드슨, 더글러스 로버트 해도우Douglas Robert Hadow 그리고 에드워드 윔퍼가 가이드인 미셸 크로Michel Croz를 비롯해 타우그발더Taugwalder 부자와 함께 마터호른 정상에 처음으로 발을 디뎠다. 그들은 체르마트에서 출발해 회른리 능선을 따라 올라갔다. 그리고 사흘 뒤에는 장-앙투안 카렐Jean-Antoine Carrel과 그의 동향 출신 동료인 장-밥티스트 비히Jean-Baptiste Bich 역시 브로일에서 출발해 그 봉우리의 이탈리아 쪽 사면을 오른 후 더 어려운 리옹 능선을 통해 정상에 도달했다. 그들은 반대쪽 능선에서 하산하던 영국인 3명이 추락 사망했다는 사실을 전혀 알지 못하고 있었다. 살아남은 자는 오직 윔퍼와 타우그발더 부자뿐이었다. 이 비극으로 등산은 고결함을 잃어버리고 말았다. 영국의『더 타임스The Times』는 등산이라는 행위 전체에 의문을 제기한 반면, 이탈리아에서는 산이 국가적 상징이 되었다.

1865년, 마터호른 정상은 모든 산악인들에게 가능성이 있는 가장 대단한 도전 대상이었다. 그리고 윔퍼의 등정은 자신의 경쟁자인 카렐과 자연에 대한 승리처럼 보였다. 그로부터 14년 후에 앨버트 F. 머메리Albert F.Mummery가 마터호른의 가장 어려운 능선을 올라 현대등산의 새로운 시작을 알렸다. 1931년에는 뮌헨 출신의 슈미트Schmid 형제가 알프스 3대 북벽 중 하나인 이곳의 북벽을 처음으로 오르는 데 성공했다. 그리고 1965년 발터 보나티Walter Bonatti는 한겨울에 북벽의 가장 가파른 곳을 단독으로 오르는 모험을 감행해, 마터호른의 전통적 업적에 한 획을 그었다.

2011년 4월, 헤르베 바르마세Hervé Barmasse는 마터호른 남벽에서 피코 무치오Picco Muzio 오버행 바위 능선을 혼자서 등반했다. 알파인 스타일로 등반에 나선 그는 얼음이 낀 가파른 쿨르와르를 횡단하고 마터호른의 부서지기 쉬운 바위 700미터를 오르는 동안 폭풍설과 냉혹한 추위를 이겨내며 끝내 살아남았다. 5일에 걸쳐 이루어진 이 단독등반은 그의 3부작 중 첫 번째 작품이었다. 그는 매번 다른 스타일로 알프스의 가장 높은 봉우리 3개에 새로운 루트 3개를 개척했는데, 이것은 전통적인 이 산악인의 모험 정신을 보여주는 것이었다.

50,51 | 스위스 체르마트에서 본 마터호른의 눈에 익은 모습. 뒤쪽에 있는 봉우리가 당데랑이다.
53 | 북서쪽에서 본 마터호른. 그 앞쪽으로 당데랑, 푼타 마리아 크리스티나, 테스타 델 레오네가 스위스와 이탈리아의 국경을 가르는 능선 위에 있다.

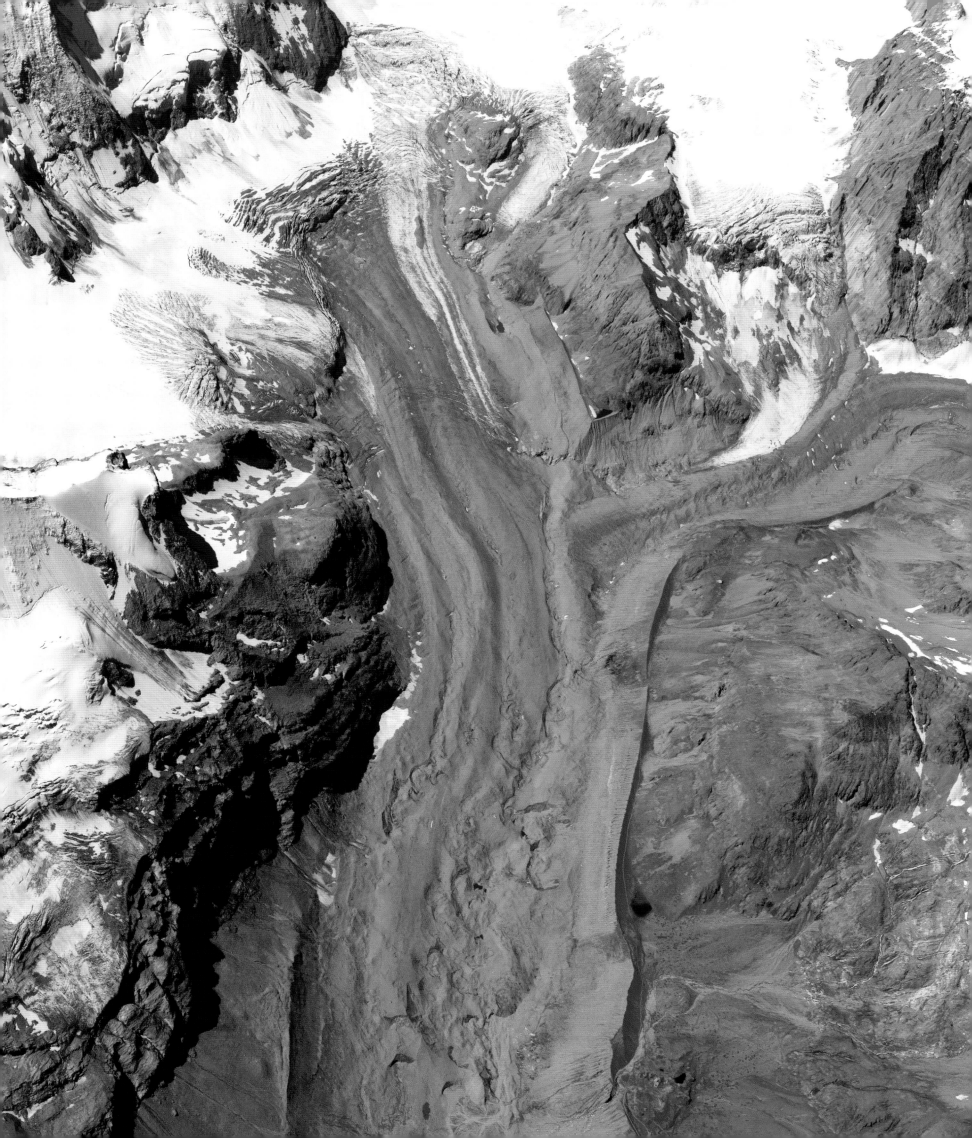

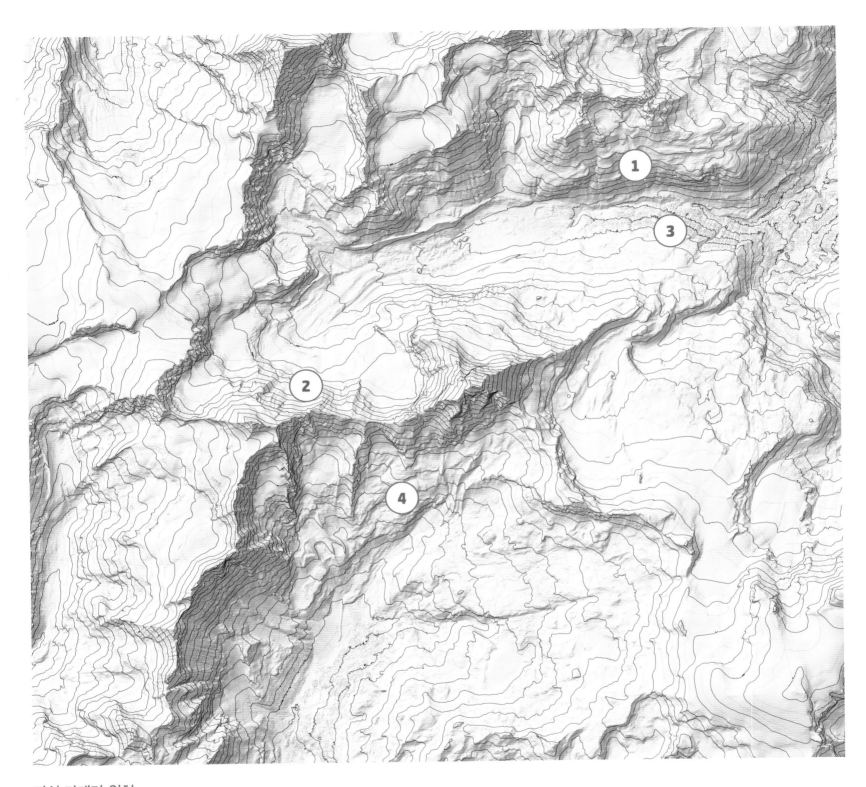

가상 카메라 위치

카메라	페이지	촬영고도/미터	초점거리/밀리미터	정상으로부터의 거리/미터	촬영방향
1	50 ┊ 51	3,286	28	5,593	북북동
2	53	4,551	27	3,585	서남서
3	54 ┊ 55	9,913	45	7,568	북동
4	56 ┊ 57	5,718	35	3,500	남서

두 세계 사이

마터호른은 유럽의 두 나라인 스위스와 이탈리아 국경에 걸쳐 있다. 하지만 지질학적으로 훨씬 더 중요한 것은 마터호른이 두 대륙을 하나로 연결한다는 사실이다. 이 봉우리는 9천만 년 전에 유럽과 아프리카의 충돌로 유라시아판을 타고 오르면서 북쪽으로 밀린 아프리카판의 일부분인 당블랑쉬 납베Dent Blanche nappe에서 나온 편마암으로 이루어져 있다. 마터호른의 기슭은 오피오라이트로 알려진 대양지각의 파편과 대략 1억 년 전에 유럽과 아프리카 대륙을 갈라놓은 고대 테티스 대양의 해저 상황을 보여주는 심해 화석의 침전물이다. 그리하여 마터호른을 등반한다는 것은 서로 다른 두 지각 표층의 경계선을 넘나든다는 의미이다.

하지만 산이 사람의 이목을 잡아끄는 가장 중요한 요소는 감탄을 자아내는 외형이다. 피라미드 모양의 이 봉우리는 얼음과 바위와 온도 변화에 따른 침식의 결과라는 것을 보여주는데, 이 모든 것이 바위의 형상에 영향을 끼쳤다. 얼음이 가장 크게 팽창한 시점에, 알프스에서는 4천 미터급 봉우리들만이 빙하의 얼음 밖으로 튀어나와, 그린란드의 내륙빙원 위로 솟아오른 누나타크nunatak 같은 것을 형성했을 가능성이 크다. 오늘날 이렇게 뾰족한 '호른(뿔)'들은 계곡 쪽으로 작용한 얼음 침식으로 인해 움푹 파인 권곡분지에 둘러싸여 있다. 그리고 침식이 진행되면서 이런 현상들이 교차로 일어나, 마터호른 같은 매력적인 능선들과 봉우리들이 생겨났다.

이 산의 미래는 어떻게 될까? 중부 알프스에서의 유럽과 아프리카의 충돌이 지금은 어느 정도 끝이 났지만, 이런 봉우리들은 계속 높아지고 있다. 측지학적 및 지구화학적 조사에 따르면, 중부 알프스는 매년 1.5밀리미터씩 상승하고 있고, 침식작용 역시 매우 빠른 속도로 진행되고 있다. 하지만 바위의 이런 손실에도 불구하고, 봉우리들은 여전히 계속 높아지고 있다. 이것이 역설일까? 꼭 그렇지만은 않다. 지역적 기후와 지구의 지각 및 맨틀의 역동성 사이의 상호작용이 — 산 자체는 침식되고 있음에도 불구하고 — 지속적인 융기를 이끌어내고 있기 때문이다.

54, 55 회른리 능선은 마터호른의 북쪽과 동쪽을 가르는 날카로운 경계선이다. 뒤쪽에 보이는 마을이 아오스타 계곡에 있는 브로일–체르비나 스키 리조트이다.
56, 57 마터호른의 이탈리아 쪽 남벽. 동쪽의 푸르겐 능선과 정상 300미터 아래의 봉우리 피코 무치오가 푸른색의 마터 계곡과 대비되어 보인다.

치명적인 유혹

| 기간 | **150**년 |
| 사망자 수 | **+500**명 |

마터호른

150년의 등산역사 기간 동안 마터호른에서는 500명 이상이 사망했다. 그에 비해 에베레스트에서는 이 기간 동안 200명 이상이 사망했다.

출처: www.nzz.cy 및 www.bbc.co.uk

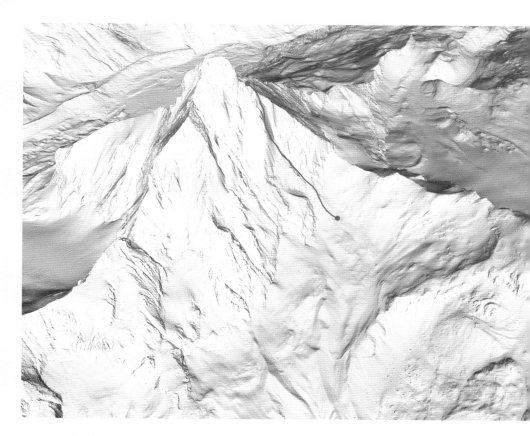

마터호른에 딸린 봉우리인 피코 무치오의 남동쪽 바위 능선을 올라가는 헤르베 바르마세의 2011년 루트

2011년 4월

출발지점:
브로일-체르비나

팀:
헤르베 바르마세

혼자서 마터호른에

"진정한 산악인은 새로운 등반을 시도하는 사람이다.
더불어 그는, 성공하든 실패하든,
힘겹게 나아갈 때 느끼는 재미와 기쁨을 추구한다."
—알프레드 F. 머메리

산을 올라가면 자신의 한계를 알아차리는 것이 항상 어렵다. 자신의 경계를 넓힐 수 있는 용기가 필요하기는 하지만, 동시에 너무 지나칠 때를 확실히 자각해야 한다. 죽으러 산의 정상으로 향하는 사람은 아무도 없다. 그렇다 해도 위험은 감수해야 한다. 또한 사전 경험 없이 정말로 위험한 원정등반을 떠나는 사람도 없다. 나는 이런 식으로 마터호른에 도전했다. 수년 동안, 나는 이 봉우리에 새로운 루트를 개척하려는 사람들을 도와주었다. 한겨울에도, 혼자서 많은 루트를 오르는 데 성공하기도 했지만, 나만의 새로운 루트 개척을 시도한 적은 결코 없었다. 그렇게 한 유일한 사람은 1965년의 발터 보나티Walter Bonatti 였다.

이런 종류의 프로젝트는 아주 어렵다. 왜냐하면 마터호른에는, 알프스에서는 자주 그런 것처럼, 거의 150년의 등반 역사가 흘러 루트들과 그 변형들이 넘쳐서 나 자신의 꿈을 이룰 기회가 거의 없다. 그럼에도 많은 크레바스와 크랙과 오버행과 미끄러운 사면에는 가능성이 여전히 존재한다. 그리하여 나는 마터호른의 이탈리아와 스위스 사이 벽에 있는 피코 무치오Picco Muzio의 남동쪽 바위 능선 초등에 도전했다. 이곳은 유명한 츠무트Zmutt 능선보다도 더 높고 오버행도 더 많다. 매우 어렵고, 특히 50년도 넘게 사태가 반복적으로 발생해 너무나 위험해서, 이 벽을 곧장 오르겠다고 나선 사람은 이제껏 아무도 없었다. 특별한 기회이면서도 분명 대단한 모험이었다. 하지만 그런 위험을 감수할 결심과 용기가 과연 나에게 있을까? 다른 때와 달리, 이 등반은 단지 산악인으로서의 기술에만 달려 있지 않았다. 기술이 장애물을 돌파하는 데는 도움이 되겠지만 성공의 핵심적인 요소는 아니었다. 열쇠는 나 자신을 노출시킬 극도의 위험을 인지할 때 어떻게 대응하느냐에 달려 있을 것 같았다. 단독등반을 할 때 이것은 결코 쉬운 일이 아니다. 모든 결정을 혼자서 내려야 하기 때문이다. 도움을 받을 사람도, 의논할 상대도, 감정을 공유할 파트너도 없다. 혼자서 고통받고, 혼자서 헤쳐 나가고, 혼자서 두려움에 떨어야 한다. 그리고 만약 성공을 거둔다면, 행운과 승리만이 다른 사람이 알고 이해할 수 있는 유일한 것이 될 것이다.

등반 첫날은 마치 술에 취한 듯 긴장도 되고 흥분도 되었다. 벽으로 이어지는 가파른 걸리를 따라 올라갈 때 위에서 낙석이 발생했다. 운이 좋게 어느 것에도 얻어맞지는 않았지만 기분이 몹시 좋지 않았다. 결심이 흔들렸고, 이성과 본능은 더욱 더 조심하라고 경고했다. 스스로에 대한 자신감이 더 이상 생기지 않았다. 등반을 시작하자 이 도전이 너무 지나치다는 느낌이 사라지지 않았다. 그럼에도 나는 계속해서 등반을 해나갔다. 초반부는 어려웠고, 추락의 위험성이 높아 전진이 느렸다. 이것은 분명한 죽음을 의미했다. 손으로 잡은 것의 절반이 부서지고, 발로 디딘 곳은 내 무게를 지탱하지 못했다. 등반을 하면서 나는 누군가가 내 관자놀이에 총을 겨누고 있다는 느낌이 들었다. 그럼에도 고집스럽게 계속 나아가고 있을 때 예상치 못한 일이 일어났다. 바위에 고정되어 있어야 할 카라비너 하나가 갑자기 열리면서 다음 며칠 동안 필요한 장비가 든 배낭이 먼 아래쪽의 바닥으로 굴러떨어진 것이다. 나에게는 그것이 전부였다. 위험에 빠졌다는 것은 알았지만 미처 예상하지 못한 일이었다. 내가 이 등반을 과소평가했고, 행운이 내 편이 아니라는 사실이 분명해졌다. 나는

62 | 모험이 끝나는 지점의 100미터 아래. 그러나 집중력이 떨어진 데다 마터호른의 바위들이 훨씬 더 쉽게 굴러떨어져 마지막 피치는 너무나 위험했다.

63 | 등반 둘째 날. 로프가 끝나는 바람에 나는 노란색 백이 있는 곳으로 내려가 그곳에서 밤을 보냈다. 비록 눈에 흙이 섞여 있기는 했지만 별 수 없이 그것으로 저녁을 해 먹었다.

포기했다. 선택의 여지가 없었다. 내려가야 할 것 같았다. 마터호른에 등을 돌렸을 때 나는 이 벽으로 언제 돌아올지, 또는 돌아올 수 있을지 없을지도 알지 못했다.

"모든 게 엉망이야." 나는 이렇게 혼잣말을 했다. "제대로 된 게 하나도 없잖아." 결과가 성공도 실패도 승리도 패배도 아닌, 가능 대 불가능의 문제인 이런 상황에 직면한 것은 이번이 처음이었다. 이것은 그냥 생사의 문제였다.

경험을 곱씹고, 새로운 시도에 필요한 힘을 축적하는 데 3주가 걸렸다. 그 시간 동안, 나는 불운과 예상치 못한 사건들과 위험에서 어떤 의미를 찾으려고 애썼다. 만약 내가 나만의 새로운 루트를 개척하려는 또 다른 시도를 정말로 할 작정이라면, 나는 정복자의 기세로 자신만만하게 마터호른의 기슭에 도착해야만 할 것 같았다. 더욱 집중하고, 더욱 굳게 결심하고, 더욱 의욕이 넘치는 상태로. 그리고 우리는 모두 경험과 기대와 반영된 생각에 따라 위험을 다르게 평가하지 않느냐고 나 자신을 납득시켜야만 했다. 등산의 역사를 통해, 그리고 사실 일반적으로 사회의 역사를 통해, 미개척 분야는 언제나 변해왔다. 한때의 육체적·정신적 경계가 오늘날에는 더 이상 장애물이 아니다. 이전에 아무도 본 적이 없는 방식으로 벽을 바라보고, 내가 계획한 대로 루트를 시각화하고, 바로 얼마 전에 내가 겪었던 부정적이고 위험한 경험의 기억을 모두 지운다면, 성공의 좋은 기회가 나에게 찾아올 것 같았다. 생각의 경계는 행동의 경계이다. 그리고 그것이 나의 새로운 시작이었다.

자신감으로 가득 찬 나는 마치 도끼로 쪼아낸 것처럼 보이는 이 장엄한 벽으로 다시 한번 출발했다. 이제는 해낼 수 있다는 느낌이 들었다. 산은 이전과 같았지만 나는 변해 있었다. 그러나 예상치 못한 사건이 계속 일어날 수 있으며, 지난번에 경험한 것과 똑같은 상황이 이전보다 까다롭고 훨씬 더 위험한 것으로 드러날지도 모르는 일이었다. 500미터쯤 위에서 바윗덩어리 하나가 나를 향해 곧장 떨어지는 모습이 보였다. 그것이 내 배낭을 찢어놓는 바람에 나는 한 번 더 장비의 일부를 잃어버리고 말았다. 전에는 깨닫지 못했었지만, 지금의 나는 이전과 똑같은 운명이 나를 덮칠지 모른다는 사실을 분명하게 인지하고 있었다. 그리하여 비이성적으로, 아마도 먼 목표를 향해 나아가는 한 사나이의 의지에 힘입어, 나는 한순간의 망설임도 없이 계속 나아갔다. 낙석과, 정상과 나 사이에 놓인 거리와 위험에도 불구하고 나는 할 수 있다는 자신감으로 무장되어 있었다.

몇 시간 후, 나는 갈라진 지형과 얼어붙은 흙이 채워진 오버행 크랙에 발이 묶이고 말았다. 이것은 최근에 사태가 있었다는 표시였고, 동시에 내가 어떻게 넘어가야 할지도 모르는 장애물이었다. 촉스톤이나 피톤을 사용할 수 있는 방법도 없었다. 내가 울분을 식히려고 등반이 불가능한 그 바위를 해머로

얼굴의 주름과 마찬가지로 손 역시 시간을 통한 인간의 여행을 증명한다. 3일간의 등반과 추위가 고스란히 나타난 내 손이 이제 막 끝난 마터호른 단독등반의 모든 것을 보여준다.

몇 번 내리쳤는데, 그 순간 해결책이 떠올랐다. 얼어붙은 흙에 해머로 구멍을 낸 다음 슬링을 통과시켜 확보용으로 쓰면 어떨까? 그런데 이것이 먹혀들었다. 3시간 정도 등반을 한 후 어스름이 질 무렵 마침내 나는 첫 번째 비박지에 도착했다. 그곳은 아주 나쁘지는 않은 작은 피난처로, 기분은 어느 호화스러운 호텔 방 못지않았다. 나는 해먹을 치고, 1시간 동안 눈을 녹여 수분 섭취의 균형을 맞춘 다음, 또 1시간 동안 파스타 한 봉지를 요리해 먹고, 거의 곧바로 잠에 빠졌다. 아래로는 허공 그리고 위로는 별들이 펼쳐졌다. 계곡의 불빛이 멀리서 반짝거리는 모습이 보이자 마음이 더욱 편안해졌다. 부러운 사람도 없었고, 있고 싶은 곳도 없었다. 오직 이곳의 위쪽만 빼면….

다음 날의 등반도 만만치 않았다. 불량한 암질에서의 기술적인 등반 문제로 전진이 느려졌고, 자유롭게 움직일 수 있을 때쯤에는 이미 한계에 부딪혀

있었다. 용기를 내어 굳건한 마음으로 위로 향했으나, 그것만으로는 정상에 도달할 수 없었다. 지친 나는 벽에서 하루를 더 보내기로 한 다음, 비박을 할 수 있는 바위 턱 하나를 찾아냈다. 전날 밤처럼 나는 5성급 호텔의 저녁(파스타)을 먹었다. 하지만 이번에는 눈에 보이지 않는 재료, 흙이 들어가 있었다. 내가 찾을 수 있는 눈이라고는 재처럼 회색을 띤 것뿐이었기 때문이다. 그리하여 이빨 사이가 지글거렸고, 파스타를 삼킬 때마다 목이 껄끄러웠다. 그럼에도 이것은 수준 높은 요리였다. 그때 갑자기 강풍이 불어와 나는 제때 침낭에 들어가지 못했다. 후에 알고 보니, 플라토 로사Plateau Rosa에 있는 기상관측소의 이때 풍속이 시속 100킬로미터에 달했다고 한다. 다행히도 바람은 나에게 이르기 전에 대부분의 에너지를 바위벽에 소진했다. 그리하여 꿈의 신인 모르페우스가 나에게 몇 시간의 휴식을 부여해주었다.

모닝콜은 붉은 오렌지색 일출이었다. 나는 뜨거운 차 한 잔에 얼음처럼 차가운 초콜릿 바 하나를 먹고 나서 출발했다. 정상은 이제 가까이에 있었다. 마지막 날도 이전처럼 불확실과 장애물과 위험 사이를 지나갔다. 가능성의 경계선을 향한 등반? 아마도…. 의심할 여지없이 이것은 아주 독특한 경험이었다. 건전한 인간의 이성과 상식이 나에게 경고했지만, 그럼에도 본능이 나에게 허락한 도전. 3일간의 등반과 벽에서 지낸 두 번의 비박 끝에 나는 마침내 새로운 루트를 완성했다.

정상에서 나는 깜짝 놀랐다. 밤을 알리는 희미한 빛 속에서 아버지의 모습이 신기루처럼 보였기 때문이다. 내가 벽을 오르는 모습을 브로일에서 지켜보던 아버지는 몹시 초조해했고, 나를 말리지 못했다는 생각에 화가 났다. 시속 100킬로미터의 강풍이 무색할 정도로. 아들을 너무 걱정한 아버지는 나를 만나러 푸르겐 능선을 따라 정상으로 올라왔다. 그리하여 우리 부자는 함께 하산했다.

등반에서, 더 넓은 사회에서도 마찬가지이지만, 무엇인가를 새롭게 시작하는 것보다는 뒤따라 하는 것이 더 쉽다. 이것이 바로, 기술적인 제약에 연연하지 않고 위험에 노출되는 것을 즐긴다는 조건하에서, 새로운 것을 찾아나서는 것이 언제나 가장 대단한 도전인 이유이다. 이것이 과거의 위대한 산악인들이 우리에게 물려준 이상이다. 기술과 체력에 상상력과 창의력을 결합해 자신의 모험을 성공적으로 이끈 이런 사람들이야말로 등반의 선구자들이며 미래지향적인 자들이다.

헤르베 바르마세

산악인이며 영화 제작자인 헤르베 바르마세Hervé Barmasse는 1977년 12월 21일 이탈리아 아오스타Aosta에서 태어났다. 그의 집안은 등산을 오랫동안 열정적으로 사랑해온 사람들로, 그는 4세대 마터호른 가이드이다.

그는 전 세계에서 중요한 등반을 펼쳤는데, 그중에는 마터호른에서 새로운 루트를 개척한 단독등반, 세로 피에르지오르지오Cerro Piergiorgio 북동벽 초등, 파타고니아의 세로 산 로렌초Cerro San Lorenzo를 오른 개척 등반, 파키스탄의 베카 브라카이 코크Beka Brakai Chhok 초등이 포함되어 있다. 그는 이탈리아산악회로부터 파올로 콘실리오Paolo Consiglio 상을 네 차례나 받았다.

바르마세는 산을 단순한 영웅적 배경이 아니라 강렬한 감정과 커다란 모험을 경험하는 장소로 여긴다. 2010년 그는 마터호른에서 새로운 루트를 개척하는 내용을 담은 자신의 첫 영화 「리네아 콘티누아Linea Continua(이어지는 선)」를 제작했다. 그리고 2012년에는 알프스 프로젝트 탐험 기록인 다큐멘터리 「그리 멀지 않은 곳Not So Far」을 개봉했는데, 이것은 바르마세가 알프스의 몽블랑, 몬테로사, 마터호른에서 새로운 루트를 개척하는 영상이다.

우슈바Ushba

조지아
4,737m

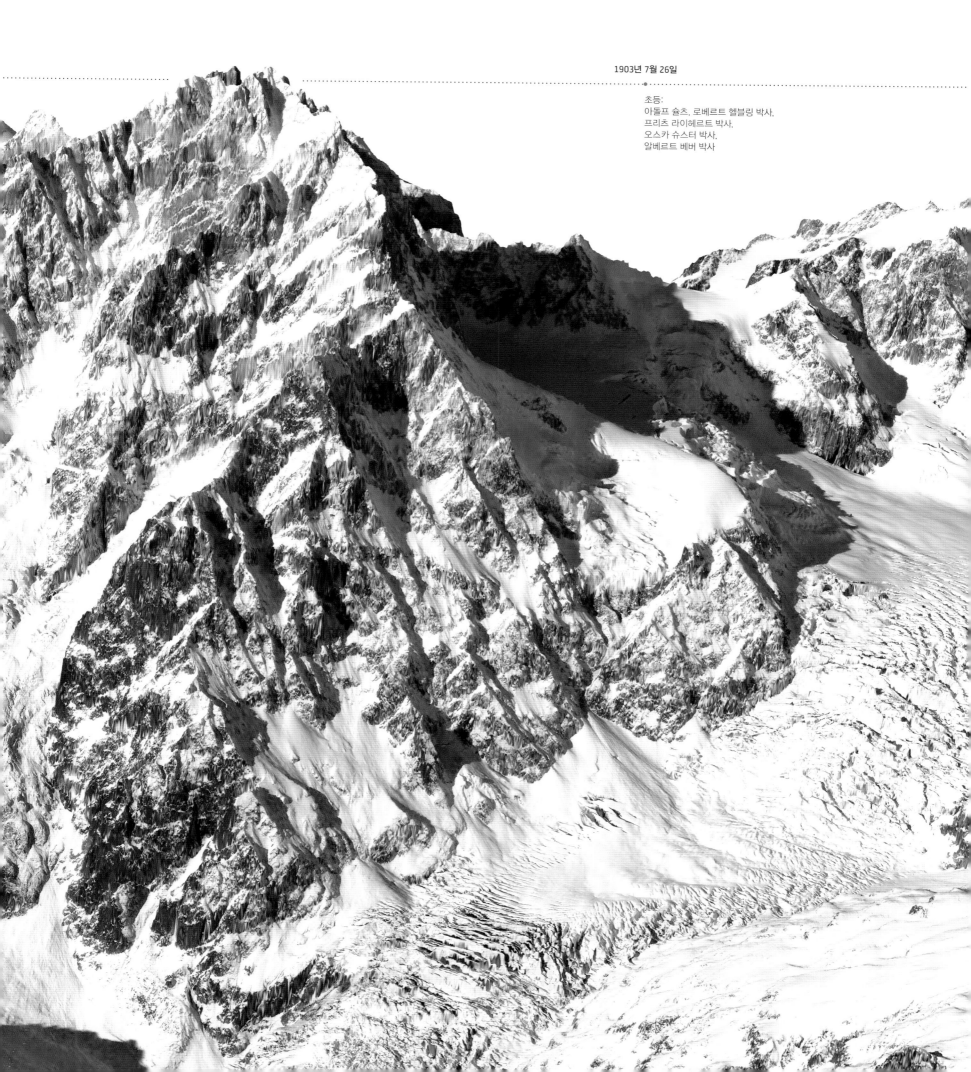

1903년 7월 26일

초등:
아돌프 슐츠, 로베르트 헬블링 박사,
프리츠 라이헤르트 박사,
오스카 슈스터 박사,
알베르트 베버 박사

두 번의 도전

중부 코카서스에 있는 우슈바Ushba는 세계적으로 가장 잘 알려진 산 중 하나이다. 우슈바 쌍봉의 서쪽에는 슈켈다타우Shkhelda-Tau(일명 슈켈다봉)가 있고, 남쪽에는 우슈바에 의해 만들어진 빙하 고원이 있으며, 동쪽에는 차틴타우Chatyn-Tau, 그리고 북쪽에는 슈추로브스키봉Shchurovsky Peak이 있다. 2,000미터 높이의 인상적인 남벽은 오랫동안 등반이 불가능한 것으로 여겨졌다. 그리하여 니스부터 비엔나까지 알프스의 전장과 대략 같은 거리로, 케르치반도부터 바쿠까지, 북서쪽에서 남동쪽으로, 흑해부터 카스피해까지 직선으로 1,200킬로미터나 뻗은 코카서스산맥에서 가장 대단한 도전 대상이었다. 이 산맥의 최고봉인 엘브루스Elbrus(5,642m)는 다소 특징이 없지만, 우슈바 쌍봉의 형태는 진정한 랜드마크이다.

엘브루스에서 보면 우슈바는 사방이 가팔라 마치 얼음의 갑옷으로 무장한 요새처럼 매우 인상적이다. 이 봉우리는 전형적인 바위 구조이지만 독특한 개성을 지니고 있다. 1900년경 독일어를 구사하는 걸출한 산악인들의 꿈과 계획을 사로잡은 것은 그 남봉이었다. 그리고 오늘날까지도 어느 루트로든 우슈바의 등반은 전통적인 원정등반으로 간주된다. 두 봉우리 중 더 낮은 북봉은 1888년 9월 8일 영국인 존 가포드 코킨John Garford Cockin과 스위스 가이드 울리히 알머Ulrich Almer에 의해 초등되었다. 그들은 세 번째 시도 끝에 정상 등정에 성공했다. 그러나 약간 더 높은 남봉은 상당히 어려워서 초등 이야기도 매우 드라마틱하다. 그들이 선택한 루트는 많은 걸리와 날카로운 바위능선과 낙석으로 극도로 어렵고 위험한 곳이었다. 그곳은 1888년 실패로 끝난 윌리엄 던킨William Donkin과 헨리 폭스Henry Fox와 그들의 스위스 가이드들에 이어, 1982년 빌리 리크머 리크머스Willi Rickmer Rickmers와 아에밀리우스 해커Aemilius Hacker가 이미 시도한 루트였다. 결정적인 공격은 1903년에 있었다. 그러나 처음에 리크머스와 센치 폰 피커Cenzi von Ficker, 아돌프 슐츠Adolf Schulze, 그리고 게오르그 로이크스Georg Leuchs는 또다시 실패했다. 슐츠가 정상 직전에서 추락했기 때문이다. 바위에서 이리저리 흔들린 그는 한참을 추락해 시야에서 사라졌다. 그

는 의식을 잃은 채 매달리게 되었다. 그가 로프 파트너인 하인리히 폰 피커를 함께 끌고 떨어지지 않은 것은 기적이었고, 두 사람이 1,800미터 아래의 우슈바 빙하 바닥으로 떨어지지 않은 것은 순전히 행운이었다. 이 모든 것이, 넘어야 할 장애물이 훨씬 더 많이 있을지도 모르는, 마지막 설원을 몇 미터 남겨둔 곳에서 일어났다. 그러나 당대 최고의 산악인들은 언제나 가장 큰 위험에 대비했다. 이때는 대중들이 상당히 높은 기대를 하던 시대였다. 그들은 의구심이나 공포나 실패 따위에는 귀를 기울이지 않고, 오직 영웅주의와 영광의 이야기만 좇았다. 슐츠가 의식을 되찾자, 그는 오늘날의 구조대원들이 사용하는 현대적 장비도 없는 상황에서 산 아래로 후송되었다. 단결은 등산문화에서 항상 필수적인 요소였다. 눈 덮인 사면을 내려가는 것은 비박과 천둥, 번개, 비, 안개, 질척거리는 눈과 얼음으로 인해 어지간한 산악인이라도 견디기 어려운 최악의 경험이었다.

마터호른이 초등됨에 따라 우슈바는 1888년과 1903년 사이에 있었던 일련의 도전에서 너무나 명백히 드러난 바와 같이 이제 경쟁의 진원이 되었다. 포기를 모르는 슐츠는 비참했던 첫 번째 도전 후 며칠 만에 감행한 두 번째 시도에서 마침내 성공을 거두었다. 등산의 역사는 야망과 경쟁을 애써 외면하지만, 사실 이것은 중요한 추진 요인이다. 산을 오르고 정상과 벽을 정복하고자 하는 계속적인 노력이 이를 증명한다. 야망은 항상 행동에 대한 열정적 동기였다. 단체와 도시와 지역과 국가가 명예와 성공을 위해 서로 경쟁하는 것처럼, 한 산악인이 다른 산악인을 능가하고자 한 노력은 1900년경에 흔한 일이었다. 따라서 등반에서의 경쟁은 결코 부끄러운 일이 아니었다. 뛰어나고자 하는 욕구는 배우, 관객, 비평가 모두에게 똑같이 적용된다.

이런 경쟁 정신의 또 다른 결과는 1903년 한스 판Hans Pfann, 게오르그 로이크스, 루드비히 디스텔Ludwig Distel에 의한 북쪽에서 남쪽으로의 우슈바 쌍봉 종주등반으로 나타났다. 그들의 이야기는 제1차 세계대전 직전까지 많은 산악인들이 보인 영웅주의에 대한 발 빠른 증거였다.

66,67 | 북동쪽에서 바라본 우슈바 쌍봉. 뒤쪽의 남봉이 조금 더 높다. 사진의 오른쪽에 있는 봉우리가 300미터 더 낮은 차틴타우이다.
68 | 가파른 벽이 보이는 앞쪽 봉우리가 우슈바 남봉이며, 북봉 뒤로 보이는 봉우리가 말라야 우슈바(작은 우슈바)이다.

우슈바의 그림자 가장자리에 우슈바 플라토로 이어지는 우슈바 빙하가 보인다.

가상 카메라가 우슈바로 이어지는 걸스키 바위 능선을 잡았다. 우슈바는 '소름끼치는 산'이라는 의미이다.

가상 카메라 위치

카메라	페이지	촬영고도/미터	초점거리/밀리미터	정상으로부터의 거리/미터	촬영방향
1	66 | 67	4,497	28	6,300	동
2	68	6,800	38	2,900	남
3	70 | 71	12,830	64	12,400	북
4	72	8,237	40	4,650	서북서
5	73	6,684	40	3,380	동

경계와 경계선

4,737미터의 우슈바는 코카서스에서 해발고도 10위 이내에도 들지 못한다. 하지만 이곳을 오르는 등반은 여전히 이 지역 내에서 가장 어려운 것으로 간주된다. 많은 산악인들은 뾰족한 쌍봉으로 인해 '코카서스의 마터호른'으로 알려진 이곳의 등반이 자신들의 한계를 넘어선다는 사실을 인정해왔다.

조지아 북쪽에 위치한 우슈바의 그림 같은 쌍봉은 러시아와 조지아·아제르바이잔을 분리하고, 유럽과 아시아를 가르는 코카서스산맥의 일부이다. 따라서 코카서스는 이 두 대륙 사이의 지리적 경계라고 할 수 있다. 지질학적 관점에서, 이곳은 유라시아와 한때 곤드와나 초대륙이었던 곳의 일부 사이에 놓인 판의 경계이기도 하다. 이 지역의 현재 모습은 보다 최근의 지질학적 역사에 의해 형성되었다. 약 3천만 년 전에, 아라비아판과 유라시아판이 충돌하면서 우슈바와 이곳의 최고봉인 엘브루스를 포함한 코카서스산맥의 넓은 지역이 밀어 올려졌다. 그리하여 이 과정에서 생겨난 화산 활동의 증거가 여전히 나타난다. 아라비아판과 유라시아판의 충돌은 퇴적암 층을 서로 밀어냈다. 이런 구조적 지층은 일반적으로 점토암, 탄산염 및 사암으로 구성된다. 즉, 해양 기원의 퇴적물이 우슈바의 일부이기도 한 오래된 기반암의 지층과 번갈아 나타난다. 이런 암석의 높은 내후성은 오늘날 우리가 볼 수 있는 가파른 사면을 만드는 데 실질적인 역할을 했으며, 피톤과 등반의 다른 보조 장비를 사용해야 하는 산악인들에게 지속적인 도전을 요구하고 있다.

우슈바를 등반할 때는 지리학도 중요한 역할을 한다. 북벽의 등반 금지로 이 매혹적인 산은 접근이 매우 어렵게 되었다. 지금은 남쪽에서 길게 어프로치를 해야 하기 때문이다. 우슈바 아이스폴은 또 다른 장애물이다. 많은 눈은 빙하의 크레바스를 건너는 것을 보다 쉽게 하지만, 이렇게 되면 정상 능선에 쌓이는 눈으로 인해 지나가는 것이 사실상 불가능하다. 그러나 이런 모든 장애물을 극복할 수 있는 대담한 산악인들이 있다면, 그들은 어느 곳과도 비교할 수 없는 환상적인 산의 품에 안길 수 있을 것이다.

매혹의 원천

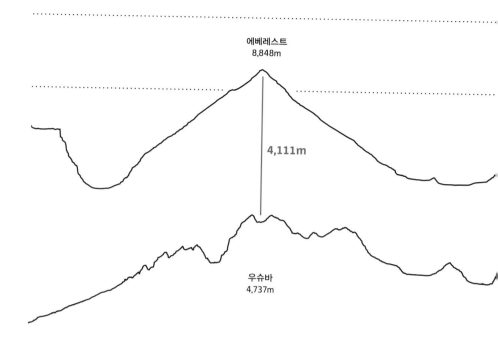

우슈바 정상을 두 개 포개면 거대한 피라미드의 에베레스트와 맞먹을 것이다. 에베레스트는 코카서스의 쌍봉보다 4,000미터 이상 더 높다. 하지만 우슈바의 벽들은 거의 비할 데가 없을 정도로 도전적이다.

출처: DLR

남봉 정상으로 이어지는 아돌프 슐츠의 1903년 루트.
출처: 1904년 에른스트 플라츠의 드로잉을 기초로 알프레드 슈타이니처가 펴낸 『알파인 지거Alpine Sieger』
(뮌헨: 게오르그 뮐러 출판사, 1917)

1903년 7월 26일

출발지점: 팀:
굴 빙하   아돌프 슐츠, 로베르트 헬블링 박사,
                  프리츠 라이헤르트 박사, 오스카 슈스터 박사,
                  알베르트 베버 박사

위험한 만큼

우슈바는 더글러스 W. 프레쉬필드Douglas W.Freshfield의 코카서스 원정에 뒤이어 고트프리드 메르츠바허Gottfried Merzbacher와 빌리 리크머 리크머스Willi Rickmer Rickmers가 이곳을 탐험함에 따라 '독일의 산'으로 알려지게 되었다. 비토리오 셀라Vittorio Sella가 찍은 사진은 이런 도전을 곧 현실로 만들었다. 우슈바는 독일의 젊은 산악인 세대의 목표가 되었다. 1903년 7월 26일 아돌프 슐츠가 이끄는 4명의 박사인 프리츠 라이헤르트Fritz Reichert, 로베르트 헬블링Robert Helbling, 오스카 슈스터Oscar Schuster와 알베르트 베버Albert Weber에 의해 처음으로 정복된 남봉은 세기가 바뀌는 시점에서야 등반할 수 있을 것으로 간주된 한계선상에 있었다.

아돌프 슐츠는 독일 남부의 알고이Allgäu 지역 출신이었다. 그는 1899년 트레타흐슈피체Trettachspitze의 남벽을 오르고, 1900년 볼페브네르슈피체Wolfebnerspitze의 남면에 있는 남쪽 침니를 끝냈을 정도로 뛰어난 암벽 등반가였다. 1908년에는 서부 돌로미테에 있는 크로촌 디 브렌타Crozzon di Brenta의 북쪽 바위 능선도 등반했다. 하지만 그의 경력의 하이라이트는 의심할 여지없이 우슈바 남봉 초등이었다. 이 지역의 스반족들이 이 봉우리를 '소름 끼치는 산'이라고 부르는 데는 그럴 만한 이유가 있었다. 아돌프 슐츠는 1917년 알프레드 슈타이니처Alfred Steinitzer의 『알파인 지거Alpine Seiger(산악 정복자들)』에 초창기 등산의 성격이 잘 드러난 특유의 감성적인 언어로 자신의 초등 기록을 남겼다.

"성공이었어, 아니면 실패였어?" 내 친구 피커는 우리의 첫 번째 도전에 대해 이렇게 물었다. 하지만 그는 그 판단을 우리의 후계자들에게 맡겼다. 이제 나는 그 질문에 대한 답을 할 수 있다고 생각한다. 그것은 성공이었다. 그것도 아주 굉장한! 철옹성 같은 요새에서 우리가 공격을 포기해야만 했던 것은 사실이다. 그러나 그 시도는 우리가 등정의 열쇠를 찾았기 때문에 이전의 경우들과는 달랐다. 국가 간의 전쟁에서 패배한 전투가 교훈을 얻을 수 있어서 중요한 것처럼, 나는 실패한 시도가 실제적인 정복보다도 더 이득이 되었다고 생각한다. 며칠 후 굴 빙하Gul Glacier를 다시 올라가고 있을 때 내 안에 솟구친 감정을 통해 나는 이 견해를 정당화할 수 있다. 첫 번째처럼, "할 수 있을까?"라는 의구심에

나는 더 이상 사로잡히지 않았다. 우리는 강대한 산의 신비를 풀기 위해 올바른 루트를 찾아냈다. 그러자 공포가 사그라져, 오직 목성의 플루비우스만 우리의 궁극적인 승리를 막을 수 있었다.

사실은, 그 성난 비의 신이 우리의 다른 문제들과 정말 힘을 합친 것 같았다. 7월 26일 텐트 밖을 내다보자, 바람을 동반한 축축한 폭풍우가 우리의 귀주위를 윙윙거렸고, 희미한 달빛을 받은 마운트 라일라Mount Layla의 능선마루 너머에서 검은 구름이 몰려들었다. 그러나 우리 위로는 별이 빛나는 하늘이 펼쳐졌다. 날씨가 그렇게 불확실하면 할 수 있는 것이 아무것도 없기 때문에 그것은 우리가 인내심을 가지고 기다려야 한다는 메시지였다. 잠을 다시 청한 사람은 나뿐인 것 같았다. 비록 우리가 늦게 출발해도 상단부에 있는 비박지에는 도착할 수 있다는 사실을 나는 알고 있었다. 그것이 그날 우리의 목표였다. 그리고 조금 우회할지는 모르지만, 눈사태의 위험이 있는 대부분의 지점을 우리는 여전히 피할 수도 있었다. 나만이 말을 계속했기 때문에 내 동료들은 훨씬 더 많이 불안하게 생각했다.

이제 존경하는 독자들에게 나의 동료들을 소개해야겠다. 4명의 박사인 그들은 바로 헬블링, 라이헤르트, 슈스터, 베버이다. 내가 베초Becho로 돌아가자 그들은 우슈바를 오르려는 자신들의 계획을 나에게 들려주었다. 그리하여 알람이 다시 울렸다. 만약 그토록 유명한 산악인 넷이 뭉친다면 당연히 좋은 결과가 나오지 않을까? 나는 그 팀에서 내가 들어갈 위치를 결정했다. 부상당한 내 두개골이 견뎌주기만 한다면, 나는 우슈바의 남봉 정상에 가장 먼저 발을 디디리라고 다짐했다. 잠깐 잠이 들었는데 45분쯤 지나 그들이 나를 깨웠다. 우리는 새벽 3시에 출발했다. 태양이 떠오르기 전의 숨 막힐 듯한 고요에 압도된 채 길을 나서는 다섯 명의 사나이 위로 별빛이 반짝이는 검푸른 하늘이 끝없이 펼쳐졌다.

우리는 눈이 쌓인 사면에 도달했다. 조건이 아주 좋은 데다 잘 보존된 발판 덕분에, 특히 좁은 쿨르와르를 올라갈 때는 적당히 속도를 낼 수 있었다. 7시경 우리는 바람이 만든 작은 틈새에 서 있었다. 그곳에서 8시까지 머물렀지만, 그것이 우리의 가장 큰 즐거움은 아니었다! 10시 조금 못 미쳐 우리는 비

에제리 마을 위로 우뚝 솟은 우슈바를 이탈리아 산악인 비토리아 셀라가 1889년에 찍은 모습. 그가 찍은 사진들은 이 지역에 대한 최초의 체계적이고 시각적인 기록이 되었다.

박지에 도착했다. 여기서 밤을 보내리라고 기대한 사람은 아무도 없었다. 정상에 가까이 다가갈수록 밤을 어디서 보내느냐 하는 문제는 점점 더 중요하지 않았다. 얼음 밑에서 바위가 사라지는 지점의 소위 '팔콘Falcon'에 다다르자, 내가 경험한 최악의 밤에 대한 기억이 떠올랐다. 그곳에서부터 우리는 정상 사면에 널린 바위들을 따라가는 위험한 횡단을 피하기 위해 '레드 코너Red Corner'로 향할 작정이었다. 피켈이 꾸준히 움직이면서 얼음덩어리들이 가파른 사면에서 딸그락거리며 떨어져 어두운 선 아래로 조용히 사라졌다. 그곳에는 죽음과 파괴, 그리고 1,000미터의 아찔한 낙하가 있었다. 우리 위로 거대한 고드름이 반짝이는 침니가 하나 나타났다. 우리 중 어느 누가 혹시라도 그것을 깨뜨리지는 않을까 하는 두려움에 떨며, 우리는 위를 올려다봤다.

10시 10분경 레드 코너에 도착했다. 서벽에 붙어 있는 만년설이 그날따라 사뭇 다르게 보였다. 부분적으로 노출되어 밝게 빛나는 파란 얼음 위에 얇은 눈의 층이 불안하게 붙어 있었다. 11시 10분 우리는 정상으로 이어지는 바위벽을 오르기 시작했다. 비록 지난번의 로프가 여전히 그곳에 걸려 있었지만,

우리가 사고 현장에 도착하는 데는 3시간이나 걸렸다.

나와 내 동료의 목숨을 거의 앗아갈 뻔한 바로 그 자리에 섰을 때 어떤 감회가 들었는지 아마 궁금할 것이다. 글쎄, 나는 그 이야기가 해피엔딩으로 끝나서 기뻤고, 내 동료들이 그 벽의 아래로 무의식 상태의 나를 옮긴 놀라운 작업에 놀랐다. 하지만 이제 나는 그 기억이 대각선 크랙을 시도한 나에게 어떤 영향도 주지 않았다고 말할 수 있다. 내 마음이 완벽하게 진정되었지만 표면이 매끄러워 나의 모든 노력은 물거품이 되고 말았다. 그리하여 나는 왼쪽으로 가야만 했다. 상당히 주저하면서 나는 걸리의 비교적 안전한 곳을 떠나 무서울 정도로 가파른 바위벽을 오르기 시작했다. 그토록 노출이 심한 곳은 처음이었다. 100미터를 오른 후, 나는 우리가 쉽게 올랐던 얼음이 덮인 급사면을 힐끗 내려다봤다. 1,500미터 허공의 아래쪽에는 우슈바 빙하가 하얀 수의처럼 펼쳐져 있었다. 나는 3미터쯤 이동한 후 내 주위를 둘러봤다. 계속 올라가는 것은 불가능했다. 다시 3미터쯤 내려가자 작은 바위 턱이 나왔다. 그곳이라면 벽의 위쪽으로 더 올라갈 수 있을 것 같았다. 피톤을 하나 간신히 박고 나서, 나

아돌프 슐츠

는 바위 턱으로 미끄러지듯 내려갔다. 그런 다음 위로 다시 왼쪽으로 가자 커다란 오버행이 나왔다. 이제 오른쪽으로 조금 무리하게 나아가면 대각선 크랙의 꼭대기에 올라설 수 있을 것 같았다. 그러면 성공이 보장되는 셈이었다. 안전을 위해 나는 피톤을 하나 더 박았다.

마침내 나는 지쳐 헐떡거리며 정상에 섰다. 성공이었다. 하지만 나는 그 장소가 가장 어렵고 위험하다는 사실을 항상 염두에 두어야 할 것 같았다. 다른 사람들이 내 뒤를 따라 올라왔다. 우리는 짧은 구간인 8미터 높이의 대각선 크랙을 최고 속도로 움직였지만, 그래도 2시간이 넘게 걸렸다. 그러나 이제 우리는 마침내 그곳을 넘어섰다!

17시간의 고된 등반 끝에, 저녁 8시 우리는 그토록 많은 사람이 시도한 정상에 도착했다. 어느새 어둠이 내려앉고 있었다. 여유를 부릴 시간이 없었다. 비박할 만한 장소를 빨리 찾아야 했다. 밑으로 내려갈 때 안개가 몰려들고 있었지만, 우리는 미처 눈치 채지 못했다. 바위 능선을 벗어나는 곳에 이르렀을 때 갑자기 안개가 우리를 덮치며 동시에 피켈 소리가 기이한 음악으로 변했다. 우리는 전기 폭풍의 한가운데에 있었다. 믿을 수 없다는 듯 우리는 서로를 쳐다봤다. 머리카락 끝에서 아주 작은 파란 불꽃이 춤을 추더니 사라졌다가는 다시 나타나 놀고 뛰고를 반복하고 있었다. 로프는 깜박거리는 파란 불빛의 사슬이 되었다. 그리고 우리의 피부가 이상한 바늘로 찔리듯 따끔거렸다. 현혹적인 섬광이 우리의 감각을 일깨울 때까지 우리는 그 멋진 광경에 최면이 걸린 듯 그곳에 서 있었다. 피켈이 눈 속으로 날아갔다. 하지만 안 돼! 그것은 우리에게 꼭 필요했다. 그곳에서 가능하면 빨리 벗어나야만 했다. 우리는 피켈을 다시 집어 들고 얼어붙은 측면을 빠른 속도로 내려갔다. 우리는 바위 능선에서 탈출해야 했다. 그 순간 어디로 가느냐 하는 문제는 그리 중요하지 않았다. 그쯤에서 바위가 보였는데, 그곳에는 몸을 숨길만한 곳이 있을 것 같았다. 그러나 전혀 아니었다. 잠시 동안 우리는 바위 사이에 있는 차가운 얼음 위에 옹기종기 모여 앉았다. 그때 매서운 바람이 우리 쪽으로 불어왔다. 사방이 칠흑같이 어두워 다음의 적당한 장소에서는 무조건 멈춰야 할 것 같았다. 궁하면 통한다고 했던가? 가파른 사면의 움푹 들어간 곳이 최소한 바람은 막아줄 것 같았다. 헬블링과 라이헤르트와 베버는 바위에 기댄 채 눈에 서서 밤을 보냈다. 슈스터와 나는 얼음이 낀 작은 바위 능선을 발견하고, 필요하면 그곳에 기대어 서로를 껴안기로 했다. 그렇게 우리는 아침을 기다리며, 이가 덜덜 떨리는 몹시 추운 밤의 길고 긴 시간을 보냈다.

다음 날 우리는 계곡으로 내려왔다. 간밤의 불행은 모두 잊은 채. 우리는 마침내 우슈바를 정복했다. 그리하여 우리는 승리로 부풀어 오른 가슴을 활짝 펴고 베초로 의기양양하게 걸어갔다.

아돌프 슐츠Adolf Schulze(1880~1971)는 제1차 세계대전 이전 독일 최고의 산악인 중 하나였다. 독일인 부모를 둔 그는 멕시코에서 태어났으며, 바바리아로 돌아온 이후 뮌헨의 산악학술협회 회원이 되었다. 1900년 여름 그는 알고이Allgäu 지역에서 12개의 초등을 해냈다. 이후 그는 북부 석회암 알프스, 스위스의 발레 알프스와 몽블랑 산군으로 진출했다.

슐츠는 1903년 빌리 리크머 리크머스Willi Rickmer Rickmers가 조직한 원정대의 초기 대원으로 우슈바 남봉을 초등해 유명해졌다. 그 당시 우슈바는 세계에서 가장 어려운 산으로 여겨졌다. 20미터의 추락으로 머리에 부상을 입은 상태에서도 그는 그 봉우리의 정상에 처음으로 올라 '우슈바 슐츠'라는 별명을 얻었다. 1912년 부인과 함께 볼리비아로 이주해, 그곳에서 광산 기술자로 일했지만, 진정으로 등반을 사랑했던 그는 단독등반을 포함해 볼리비아의 산을 여러 차례 올랐다. 그는 1971년 페루의 쿠스코에서 사망했다.

앵커리지는 알래스카만 안의 더 작은 쿡만 끝자락에 위치해 있다. 그곳으로부터 북서쪽으로 220킬로미터 지점에 있는 해발 6,190미터의 **데날리**가 그림자로 인해 쉽게 구별된다.

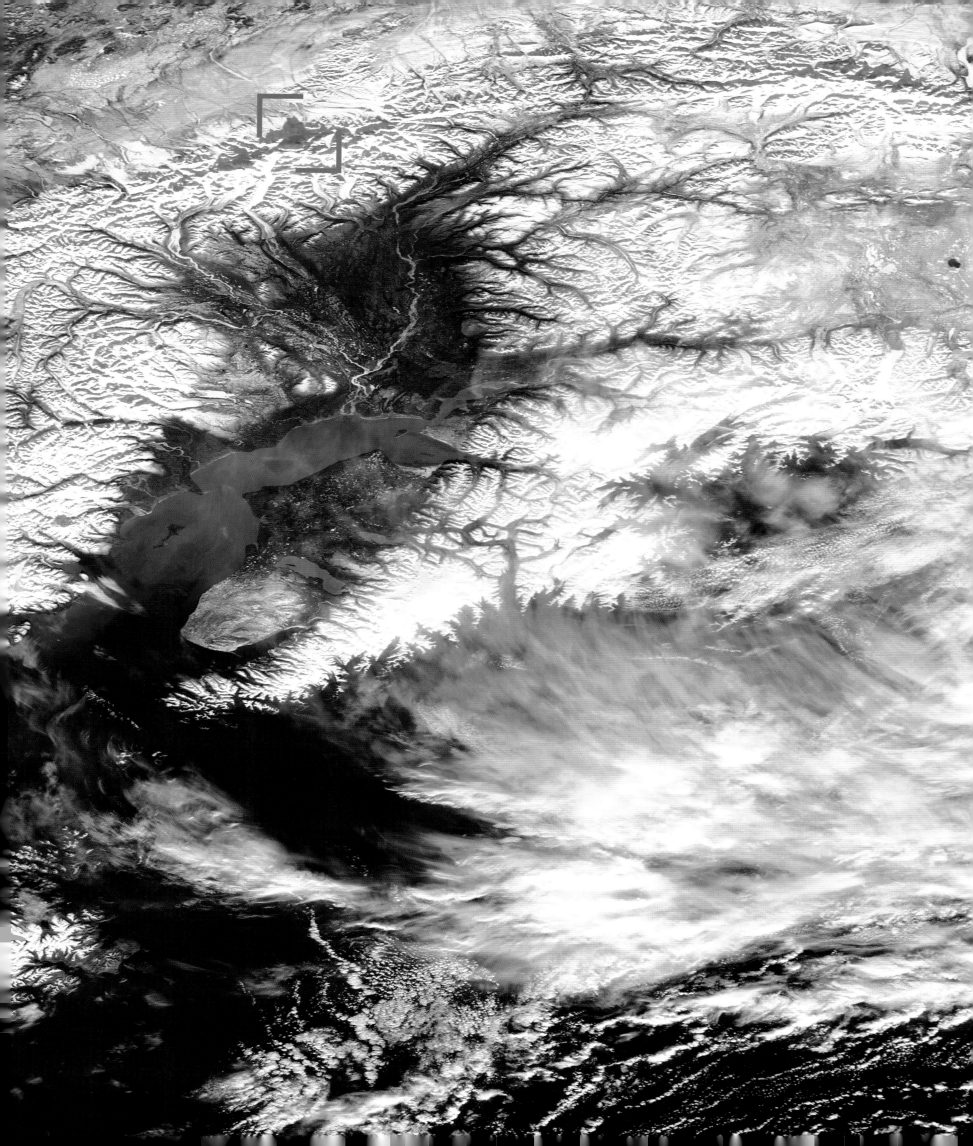

데날리 Denali

미국
6,190m

1913년 6월 7일

초등:
허드슨 스턱, 월터 하퍼,
로버트 테이텀, 헨리 피터 카스텐스

1903년   1913년   1947년   1961년   1976년

한밤중에도 환히 빛나는 벽

아사바스칸 원주민 언어로 '높은'을 의미하는 데날리Denali는 북미 최고봉으로, 거의 100년(1917~2015) 동안 매킨리McKinley로 알려져 왔다. 해발 6,190미터의 이 산은 클라크 호수Lake Clark에서 유콘자치령Yukon Territory까지 650킬로미터를 뻗어나간 알래스카산맥에서 압도적 위용을 자랑한다. 그리고 멀드로 빙하Muldrow Glacier, 카힐트나Kahiltna, 러스Ruth, 엘드리지Eldridge 토코시트나 빙하들Tokositna Glaciers 같은 거대한 얼음의 강들이 화강암 봉우리에서 계곡으로 흘러내린다. 수목한계선이 해발 600미터이지만, 1년 내내 눈이 내려도 햇빛이 비치는 남쪽 사면의 1,650미터까지는 이끼가 자란다.

1917년에 선포된 데날리국립공원 안에 위치한 데날리는 에베레스트보다 위도가 35도 더 높아 극지에 가까운 산이다. 일반적으로 영하 30도에 대개 남서쪽이나 북동쪽에서 부는 바람의 풍속이 시속 160킬로미터까지 올라가는 기후로 인해, 이 산은 날씨가 매우 좋지 않다. 그리고 겨울에는 기온이 영하 50도까지 떨어지기도 한다. 이곳의 여러 봉우리들은 남쪽의 러스 빙하Ruth Glacier와 북쪽의 피터스 빙하Peters Glacier를 낀 평탄한 지대와 모레인 지대 위에 4,500미터 높이로 솟아 있다. 만약 경비행기를 이용하지 않는다면, 고도와 규모와 지세로 인해 이 산은 여전히 세계에서 가장 접근하기 어려운 곳 중 하나일 것이다.

1903년, 1906년, 1910년 그리고 1912년에 걸친 몇 번의 시도 끝에 이 산의 주봉은 1917년 6월 7일 부주교 허드슨 스턱Hudson Stuck이 이끄는 원정대에 의해 초등되었다. 대원은 헨리 피터 카스텐스Henry Peter Karstens, 월터 하퍼Walter Harper와 로버트 테이텀Robert Tatum이었다. 그로부터 19년이 지나고 나서 제2등이 이루어졌는데, 1947년 봄 바버라 워시번Barbara Washburn이 여성 최초로 이 위업을 달성했다.

데날리 등반에 가장 좋은 시기는 5월과 7월 하순 사이이다. 현대적인 장비 덕분에 등반이 점점 더 쉬워졌다. 그리고 경비행기나 헬기로도 접근이 가능하다. 그럼에도 조건이 좋지 않으면 힘들고 위험할 수 있다. 비록 노멀 루트는 기술적으로 아주 어렵지는 않지만, 그렇다고 해서 경험이 부족한 산악인이 도전할 수 있다는 의미는 아니다.

북미 유일의 6천 미터급 산인 이곳에는 남벽이나 북벽에 있는 4,500미터의 위커샴 벽Wickersham Wall 또는 얼음이 덮인 동벽 등을 통하는 더 어려운 루트들이 수십 개 있다. 특히 동벽에는 미완의 등반선들이 남아 있어 새로운 루트를 찾을 수 있는 가능성이 여전하다. 이 산은 서반구에 있는 다른 어떤 산보다도 벽 등반이 더 어렵다. 많은 정상급 산악인들이 이 대단한 벽들을 정복하는 것을 평생의 야망으로 삼아왔기 때문에 물론 언젠가는 해결이 될 것이다. 그러나 히말라야뿐 아니라 새로운 세계에도 신세대 개척자들이 독특한 산악등반의 모험과 은둔을 즐길 수 있는 기회는 여전히 많다.

데날리의 대단한 남벽은 1961년 '캐신 리지Cassin Ridge'로 유명해졌다. 훨씬 더 어려운 곳은 '아메리칸 루트'(1967)와 '체코 다이렉트'(1984)이다. 비록 정상에 이르는 모든 루트가 길이와 추위와 고립으로 인해 만만치 않지만, 적어도 등반의 관점에서 보면 캐신 루트는 최고이다. 그곳은 끊임없이 가파르고, 장애물이 널려 있으며, 난폭한 남서풍에 노출되어 있다. 이탈리아 북부의 등반 조합인 레코의 거미Ragni di Lecco는 리카르도 캐신Riccardo Cassin이 이끈 이 등반을 통해 자신들의 뛰어난 기량을 입증했다.

1976년 5월 나는 친구인 오스월드 욀츠Oswald Oelz를 앵커리지에서 만났다. 매킨리를 오르기 위해, 그는 미국 테네시에서 달려왔고, 나는 일본에서 도착했다. 우리는 남들에게 의지하지 않고 오롯이 우리 자신의 힘만으로 윈디 코너Windy Corner까지 올라갔다. 하지만 갑자기 기온이 떨어져 눈 속에 피난처를 만들어 들어앉은 다음 남서벽을 곧장 올라갔는데, 정상에 도착하니 자정이었다. 그때 막 태양이 지평선 너머로 사라져서 계속 움직여야만 추위를 이겨낼 수 있었다. 구름은 보랏빛이었다. 마치 우리 둘이 다른 행성에 있는 것 같은 느낌이 들었다. 우리는 우리의 루트와 우리의 모험을 언제까지나 기억할 것이다. 한밤중에도 환히 빛나는 그 벽을….

82.83 북동쪽에서 바라본 데날리. 이미지의 오른쪽이 데날리 패스이다. 하퍼 빙하가 이곳에서 시작되며, 산의 아래쪽이 세이어 분지이다.
84 데날리 패스(아래 오른쪽)에서 노멀 루트가 아치디콘 타워(중앙 오른쪽)를 거쳐 데날리 정상으로 이어진다. 이미지의 위쪽에 보이는 것이 사우스 버트레스의 북면이다.

1951년 브래드포드 워시번에 의해 개척된 루트는 웨스트 버트레스의 능선마루를 넘어, 사진 중앙에서 왼쪽 대각선 방향인 데날리 패스로, 그곳에서 오른쪽 위의 정상으로 이어진다.
1947년 원정대는 웨스트 버트레스 오른쪽의 멀드로 빙하를 건너는 루트를 선택했다.

Profile 프로필

가상 카메라 위치

카메라	페이지	촬영고도/미터	초점거리/밀리미터	정상으로부터의 거리/미터	촬영방향
1	82 ¦ 83	5,397	50	8,967	동북동
2	84	11,833	97	8,900	북북서
3	86 ¦ 87	56,562	300	72,350	서
4	88 ¦ 89	12,173	159	30,729	서

극한에 노출된 곳

6,190미터의 데날리는 7대륙 최고봉을 말하는 '세븐 서미츠Seven Summits' 중 하나이다. 북미를 종단하는 대산맥의 최고봉인 이 산은 북쪽의 베링해와 남쪽의 알래스카만 사이의 경계선 일부를 형성한다. 이 산은 북미판과 태평양 판이 수백만 년에 걸쳐 서서히 충돌하면서 생겨난 데날리 단층에 의해 만들어졌다. 2,000킬로미터 이상 뻗은 데날리 단층은 서부 알래스카의 풍경을 만드는 데 중요한 역할을 했는데, 이것은 알래스카산맥의 북쪽 끝에서 특히 분명하게 드러난다. 두 판이 서로 부딪치면서 강한 측면 추력이 일어났고, 단층이 상부 및 중간 지각에서 화강암과 편마암을 밀어 올려 알래스카산맥이 형성되었다. 대략 600만 년 전에 데날리가 점차적으로 솟아오르면서 북미의 방하작용으로 강화되었으며, 이런 현상은 오늘날에도 매년 약 1밀리미터 정도로 진행되고 있다. 단층이나 빙하 활동으로 인해 부분적으로 발생하는 계곡의 깊은 틈은 거대하고 가파른 바위벽과 번갈아 나타난다. 이것이 화강암 산군의 역사이며, 데날리의 고도차를 세계에서 가장 큰 것 중 하나로 만든 원인이다. 서리와 온갖 날씨를 견디는 바위는 풍경 위로 솟아오른 4,000미터의 벽들을 주변 환경으로부터 확연히 눈에 띄게 만든다. 사방에 노출된 위치 또한 허리케인의 힘을 가진 바람과 살을 에는 듯한 추위, 그리고 영하 50도까지 떨어지는 기온을 만드는 극한의 기후를 설명해준다.

데날리 단층의 계속되는 활동과 그에 따른 알래스카산맥의 지형적 상승을 상기시키는 현상은 주요 지진의 형태로 자주 나타난다. 2002년 11월, 진도 7.9의 지진이 발생해 대규모 사태와 낙석과 붕괴가 일어났는데, 그 여파는 3,000킬로미터나 떨어진 옐로스톤국립공원에서도 느껴졌다.

체감온도

11월	**2003**년
기온	**-59**°C
풍속	**28**km/h
동상에 걸리기 시작하는 시간(분)	**<2**분

2003년 11월 데날리에서는 기온 영하 59도와 시속 28킬로미터의 풍속을 기록했다. 차가운 바람은 피부 주위의 따뜻한 공기를 잘 분산시키고 열 손실을 가속한다. 데날리에서 측정된 극한의 기온은 보호되지 않은 피부에 2분 이내에 동상을 입힐 수 있다.

출처: www.alaskamountainweather.com

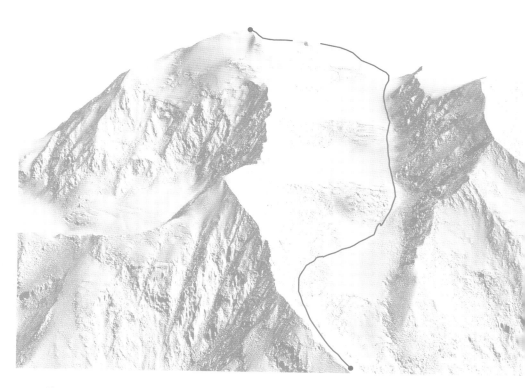

멀드로 빙하를 건너는 바버라 워시번의 1947년 루트.
출처: 루 프리드먼과 공저한 바버라 워시번의 『우연히 모험에 나선 사람』The Accidental Adventurer
(워싱턴주 켄모어: 에피센터프레스, 2001)

86,87 | 서쪽에서 내려다본 데날리의 북봉과 남봉. 높이가 거의 같게 보인다. (사진을 넷으로 나눴을 때 첫 번째 칸의 왼쪽) 그 사이에 하퍼 빙하가 있다.

1947년 4월

출발지점:
앵커리지-맥고나골 패스-멀드로 빙하

팀:
조지 브라우니, 봅 크레이그, 빌 디케, 짐 게일, 빌 해켓,
쇼티 랭, 그랜트 피어슨, 바버라 워시번, 브래드포드 워시번

북미의 지붕에 서다

1946년 크리스마스 직전의 어느 날, 브래드(워시번)가 매일 저녁 6시면 늘 그러 듯 현관문을 열면서 "페니Penny!" 하고 소리쳤다. 이 말은 어린 두 아이에게 어 서 달려와 아빠의 주머니에서 잔돈을 꺼내가라는 일종의 신호였다. 그가 주방 에 들어섰을 때 나는 평소와 다른 표정을 느꼈다. "오늘 정말 이상한 전화를 받 았어. RKO 라디오픽처스의 폴 홀리스터Paul Hollister가 리츠에서 점심을 같이 먹자는 거야. 그래서 뭐 좋다고 했지. 당신은 그 친구가 무슨 말을 했는지 상상 도 하지 못할 거야." 브래드가 말했다. "에베레스트 원정대를 이끌어 달래. 미 국 내에서 등반에 대한 관심을 높일 단편영화를 찍을 목적인가 봐." (…)

네팔과 티베트의 국경 사이에 있는 에베레스트는 여전히 미등이었다. 브 래드는 에베레스트 등반을 좋아한다고 했다. 하지만 네팔도 티베트도 서양인 에게는 입국이 금지되어 있었다. 대신, 브래드는 영화를 찍을 수 있는 매킨리 로 원정등반을 가자고 제안했다. 매킨리 지도를 제작하려고 애써온 자신에게 도 기회가 될 것 같았다. 홀리스터는 동의하면서 RKO가 25,000달러를 대겠 다고 말했다. 오늘날에는 큰돈이 아닌 것처럼 들릴지 모르지만, 그 당시에는 브래드가 원정대에 수준 높은 산악인들을 초청할 수 있는 거금이었다. (…)

거의 곧바로 브래드는 나 보고 그 원정등반에 함께 가자고 말했다. 매킨 리 등반은 매력적이지 않았다. 6,190미터의 그 산은 마운트 버사Mount Bertha나 마운트 헤이스Mount Hayes보다 훨씬 더 높았다. 그리고 몹시 춥기까지 했다. (…) 내 생각은 '내겐 벅찬데.'라는 것이었다. 그러나 브래드는 내가 할 수 있다고 믿 었다. 그는 해낼 수 있다고 나를 계속 설득했다. 그럼 아이들을 두고 떠나야 하 는 문제는 어떻게 하지? 그것이 나에게 예민한 문제는 아니었다. 비록 아이들 이 셋이나 있어도 마찬가지였다. 우리는 소아과 의사와 상담했는데, 그는 원정 으로 그렇게 오랫동안 부모가 멀리 있어도 아이들에게는 큰 문제가 되지는 않 을 것이라고 조언해주었다. 이제 영화사가 움직였다. 내가 알래스카에서 이미 등반을 좀 했다는 사실을 안 그들은 영화에 여성이 나오면 더 좋을 것이라고 말했다. RKO는 우리 집에 머물며 아이들을 돌볼 보모의 비용을 지불해주겠 다고 제안했다. 그들은 나에게 엄청난 압력을 가했다. 나는 나 자신에 대해 고 민을 많이 한 후 결국 두 손을 들고 말았다. (…)

1947년 3월 23일은 아이들과 보낸 행복한 하루였다. 우리 모두는 평소와 같이 브래드의 부모님과 함께 일요일 점심을 먹었다. 나는 일기장에 이렇게 적 었다. "아이들에게 저녁을 주고, 마치 내일이 그냥 또 하루인 것처럼 침대에 눕 혔다. 한동안 볼 수 없다는 생각이 들자 몹시 힘들었다. 이것은 내가 내려야 할 가장 어려운 결정이 될 것 같았다. 그러나 브래드는 자신의 경험을 나와 꼭 함 께 나누고 싶어 하는 것 같았고, 나도 그렇게 해야 한다고 느꼈다. 나는 내가 아이들을 떠나도 별 탈 없을 것이라고 믿었다. 근처에 아이들의 할아버지와 할 머니가 사신다는 것은 큰 위안이었다." (…)

마침내 4월 9일, 세부적인 일을 모두 끝내고, 브래드와 나는 멀드로 빙하 의 맥고나골 패스McGonagall Pass에 있는 1,740미터의 베이스캠프에 도착했다. 우리가 텐트로 들어가 자리를 잡기 전 기온은 영하 11도였다. 그러나 밤사이 에 영하 34도까지 떨어졌다. 그날 밤 나는 추위와 고도로 인해 잠을 이룰 수 없 었다. 우리가 해발 1,500미터 이상에 있기는 해도, 매킨리의 아주 높은 곳으로 는 올라가지 못할 것 같았다. 나는 결국 고소에 적응을 하겠지만, 추위가 지속 되지 않기를 간절히 바랐다. (…)

우리는, 카르텐스 능선을 통해 루트의 상단부로 가기 전에, 맥고나골 고 개에서 빙하의 끝까지 멀드로 빙하에 캠프를 4개 설치했다. (…)

이제 브래드와 게일Gale이 해발 5,500미터를 향해 힘겨운 싸움을 벌였다. 경험이 가장 많은 그들은 데날리 패스Denali Pass에 텐트를 설치해 나머지 사람 들이 합류하도록 할 작정이었다. 데날리 패스는 바람이 오래 머물며 방향을 바 꾸는 곳으로 알려져 있었다. 그들은 힘든 작업을 하기 위해 출발했고, 우리는 이삼일 내에 그들과 합류하기로 했다.

그때 난폭한 폭풍이 오래도록 끼어들어 우리는 예상보다 훨씬 후에까지 그들과 합류할 수 없었다. 우리는 갇히고 말았다. 9일 동안의 맹렬한 눈보라가 나를 꼼짝하지 못하게 만들었다. 휴고Hugo와 해켓Hackett은 4,450미터의 고소 캠프에서, 브래드와 게일은 산의 더 높은 곳에서 발이 묶였다. 쪼그리고 앉아 버티는 것 외에는 할 일이 없었다. (…)

처음에 우리는 폭풍이 오래가지 않을 것이라고 느꼈다. 하지만 우리가 틀

94　멀드로 빙하의 해발 2,600미터에 친 3캠프. 텐트 가까이에 이글루 2개를 만들었는데 강풍과 폭풍설 속에서 그곳은 훨씬 더 좋은 피난처가 되었다.
95　1940년 6월 30일 알래스카의 마운트 버사 정상에서 찍은 사진. 성공적인 초등을 한 후 바버라 워시번이 밝은 미소를 지어 보이고 있다.

렸다. 처음 이틀이 지난 후 우리는 매일의 생활을 위한 패턴을 만들었다. 그러자 조금은 덜 미쳐갈 수 있었다. (…) 폭풍이 시작되고 나서 7일째가 되던 날 나는 일기에 이렇게 적었다. "우리들의 용기가 약해지기 시작했다. 강풍과 눈보라가 몰아친 끔찍한 또 하루였다." (…)

5월 30일 폭풍이 물러가고 하늘이 맑아지며 해가 났다. (…) 이제 휴고와 해켓과 내가 데날리 패스로 수직고도 1,000미터에 등반길이 5킬로미터를 올라가 브래드와 게일과 합류할 시간이었다. 우리는 작은 이글루와 텐트 하나에 거의 2주 동안 갇혀 있었다. 근육이 굳어지면서 몸 상태가 썩 좋지는 않았다. 우리의 식량인 C-레이션은 별로여서 식욕이 떨어졌다. 이런 상태에서 우리는 데날리 패스로 올라가, 그곳에서 매킨리 정상에 도전하려고 했다.

브래드는 우리에게 4캠프에서 몇 가지를 가져오라고 요구했다. (…) 나의 평균 짐무게가 15킬로그램이어서 하중이 더해지자 균형이 깨졌다. 나는 곧 내 도움에 대한 대가를 치렀다. (…) 캠프 바로 위의 아주 미끄러운 측면을 건너가고 있을 때 갑자기 어색한 짐이 한쪽으로 쏠렸다. 나는 균형을 잃었고, 무슨 일이 일어났는지 알아차리기도 전에 먼 아래쪽에 있는 하퍼 빙하로 미끄러지고

있었다. 하지만 3미터쯤 미끄러졌을 때 로프가 팽팽해졌다. 나의 가벼운 무게가 우리 모두에게 도움이 되었다. (…)

나는 충격을 받았다. 해켓과 휴고가 있는 곳으로 다시 올라가는 것은 대단한 노력과 의지가 필요했다. 나는 아무 일도 없었다는 듯 좋은 운동으로 받아들이려고 애썼다. 하지만 놀라기도 하고 지치기도 해서 난파선이 되었다. 이때가 내 인생에서 최악의 날이라고 할 만큼 결정적인 순간이었다. (…)

더 위로 계속 올라가는 것은 정말 힘겨운 싸움이었다. (…) 마지막 힘을 내고 있을 때 수평선에서 마치 브래드처럼 생긴 물체가 우리를 향해 다가오는 모습이 보였다. 그것이 진짜 브래드라는 사실을 깨달았을 때 나는 그의 팔에 풀썩 안겼다. 그러자 눈물이 뺨을 타고 흘러내렸다. 나는 속삭였다. "신이시여 고맙습니다. 당신이 여기에 있군요." (…)

보급품을 실은 경비행기가 오후 3시 30분에 떠올라 4개를 낙하산으로, 17개를 자유낙하로 떨어뜨렸다. (…) 우리에게 필요한 물자들이었다. 시간을 엄격히 관리하며, 모든 것을 스스로 옮기는 현대의 원정대와 달리, 우리는 재보급이 반복적으로 이루어지도록 원정등반을 계획했다. 우리는 대규모에 과

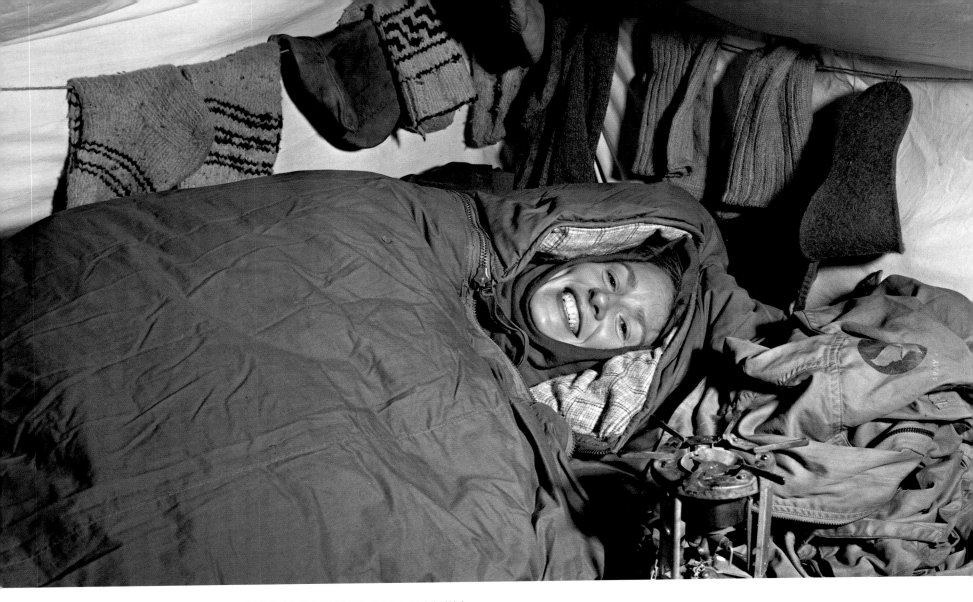

매킨리의 5,500미터에 친 고소캠프에서의 바버라 워시번. 이제 정상이 도달할 수 있는 거리에 있었다.

학적인 작업도 수행하고 있어서. 산에서 얼마를 머물러야 할지 전혀 알지 못하고 있었다. 이런 보급품이 있으면 정상까지 서두를 필요가 없었다. 우리에게는 시간이 넉넉했다. 따라서 좋지 않은 날씨에 정상으로 향할 이유가 전혀 없었다. 폭풍이 몰아치면 얼마든지 머물 수 있었다. 그것이 바로 우리의 장점이었다. (…)

고소캠프에서의 생활은 결코 편치 않았다. 우리는 수면제를 복용했지만, 그래도 마른기침이 계속 나오는 것은 어쩔 수 없었고, 때로는 한밤중에 숨이 가빠지기도 했다. 바람은 거의 언제나 불어오고 기온은 늘 영하를 유지했다. 한번은 브래드가 격려의 말을 건넸다. "너무 낙심하지 마. 고소적응이 되면 기분이 훨씬 좋아질 거야." (…) 그 캠프에서 며칠을 보내니 원기가 회복되면서 두통이 사라졌다. (…)

6월 6일 새벽이 되자 하늘은 맑고 바람도 불지 않았다. 정상 등정에는 좋은 날인 것 같았다. 기분이 한결 나아진 나는 걱정보다는 기쁨으로 정상에 오를 수 있을 것으로 기대했다. 우리는 천천히 출발했다. 브래드는 나에게 디케Deeke, 피어슨Pearson, 브라우니Brownie와 함께 로프를 묶으라고 지시했다. 실제로 전진은 매우 쉬웠다. 나는 고소적응이 잘되어 있었다. 5,500미터의 고소캠프에서 5,900미터로 올라가자 정상까지의 수직고도는 300미터에 불과했다. (…)

그렇게 높이 올라가니 한 걸음을 내딛는 데도 힘이 더 들었다. 하지만 그때 두 번째 바람과 맞닥뜨린 나는 정상까지 갈 수 있겠다는 확신이 들었다. 우리가 위로 꾸준히 올라가자 손에 잡힐 듯한 거리에 정상이 보였다. 그리고 갑자기 우리는 그곳 해발고도 6,190미터인 북미의 지붕에 서 있었다. 우리 밑으로 알래스카의 환상적인 파노라마가 펼쳐지면서 거의 250,000평방킬로미터가 한눈에 들어왔다.

정상에서, 바람은 시속 30킬로미터 이상으로 돌풍이 불었고, 기온은 영하 30도로 떨어졌다. 나는 체온을 유지하기 위해 위아래로 깡충깡충 뛰었다. 정상에서 1시간을 머물렀는데, 그런 조건에서는 꽤 긴 시간이었다. 보통 정상에 오른 산악인들은 주위를 한 번 획 둘러보고, 사진을 몇 장 찍고, 가능하면 빨리

하산을 시작한다. 하지만 브래드는 언제나 과학적인 작업에 관여하고 있어서 해야 할 일들이 있었다. 따라서 우리가 돌아가며 그를 도와주었다.

브래드가 측량을 마쳤을 때 그의 손가락이 추위로 완전히 마비되었다. 우리가 로프를 함께 묶고 하산을 시작하자 다른 사람들이 우리를 뒤따랐다. 아래로 내려갈수록 숨을 쉬기가 훨씬 더 쉬웠다. (…) 내가 주위 풍경을 감상할 수 있도록 우리는 천천히 내려갔다. 솜털 같은 흰백의 눈이 춤을 추듯 너울거리며 위로 올라오고 있었다. 속도를 늦추자 나에게는 우리의 성취를 생각할 여유까지 생겼다. 우리 모두에게 승리의 하루였다. 방금 전 나는 매킨리 정상에 오른 최초의 여성이 되었다. 하지만 그런 성취는 그 순간 나에게 정말 큰 의미로 다가오지는 않았다. 그것이 나만의 특별한 목표가 아니기 때문일 수도 있었다. 하지만 내가 해낸 것을 브래드가 자랑스럽게 여기는 것을 보자 기분이 좋았다.

다음 날인 6월 7일은 브래드의 서른일곱 번째 생일이었다. (…) 내가 편안하게 들어앉아 책도 읽고 편지도 쓰고 있을 때 브래드가 텐트 문을 열고 소리쳤다. "북봉에 올라가자! 이렇게 완벽한 날씨는 두 번 다시 없을 거야!" 북봉이라고? 매킨리의 남봉이 이 산의 가장 높은 곳이라 모두가 그곳에 오르는데. (…) 북봉은 5,934미터로 진짜 정상에서 북쪽으로 3킬로미터 떨어져 있었다. 그것은 약간 돌아서 매킨리를 다시 오르는 것과 같을 터였다. 그 아이디어에 나는 약간 당황했다. 그러나 정상으로 향하기 전날 컨디션이 좋았다. 숨이 차지도 않았고 헐떡거리지도 않았다. 그래서 나는 비록 나의 주관된 선택은 아니었지만, 다시 할 수 있다고 느꼈다. (…)

이 등반은 진짜 정상을 오를 때보다 훨씬 더 즐거웠다. 바람도 없고, 공기도 수정처럼 맑고, 구름도 없어 아주 멀리까지 내려다보았다. (…)

그래서 우리는 이틀 연속으로 매킨리의 두 봉우리를 차례차례 올랐다. 우리는 RKO 사람들도 기뻐하리라고 생각했다. 등반과 측량이 끝났으니 언론에 그에 관한 이야기를 써야 했다. 우리는 등반에 대한 관심을 끌 RKO 영화를 위해 자금을 지원받았기 때문에 그렇게 해야 할 의무가 있었다. (…) 우리 전에는 오직 15명만이 정상을 밟았다. 그중 여성은 한 명도 없었다. 그래서 우리는 우리의 성취에 대해 야단법석을 떨 것이라는 사실을 알고 있어야 했다. 어떤 일이든. (…)

집으로 돌아가는 우리 여정의 마지막 바퀴에서 브래드와 나는 아이들을 볼 생각에 점점 더 흥분에 빠졌다. 공항에 친구들과 친척들과 기자들이 몰려들었지만, 나는 빨리 집으로 달려가고 싶었다. 현관에 가까이 이르자 심장이 뛰기 시작했고, 문이 열리자 아이들의 환호성이 들렸다. 나는 눈물이 나는 것을 참을 수 없었다. 그날 밤 아이들을 각자의 침대에 눕히면서 나는 우리 둘이 집으로 무사히 돌아온 것에 대해 짧은 감사의 기도를 올렸다.

바버라 워시번

바버라 워시번Barbara Washburn은 북미 최고봉인 데날리(1917년부터 2015년까지는 공식적으로 매킨리McKinley)를 오른 최초의 여성이다. 그녀는 등산을 우연히 시작했다고 한다. 1914년 매사추세츠에서 태어난 그녀는 하버드에서 일하던 중 젊은 과학자 브래드포드 워시번Bradford Washburn을 만났고, 결혼 후에는 그의 원정등반을 따라다녔다. 그리하여 이 커플은 마운트 버사Mount Bertha와 마운트 헤이스Mount Hayes를 초등했다. 그 후 바버라는 데날리의 역사적 등정으로 명성을 얻었다. 이때 이들에게는 아이들이 셋이나 있었다. 이들은 그랜드캐니언과 에베레스트의 지도 제작 탐험을 포함한 원정등반들을 계속해나갔다.

이 분야에서의 업적을 인정받아, 워시번 부부는 1980년 내셔널지오그래픽소사이어티National Geographic Society로부터 알렉산더 그레이엄 벨 메달Alexander Graham Bell Medal을 수상했다. 등산 외에도, 바버라 워시번은 특별한 도움이 필요한 아이들을 가르친 공로로 다양한 상을 받았다. 그녀는 2014년 9월 100번째 생일을 며칠 앞두고 유명을 달리했다.

1947년 6월 6일. 브래드와 바버라 워시번 부부가 북미의 지붕인 6,190미터의 매킨리 정상에 섰다.

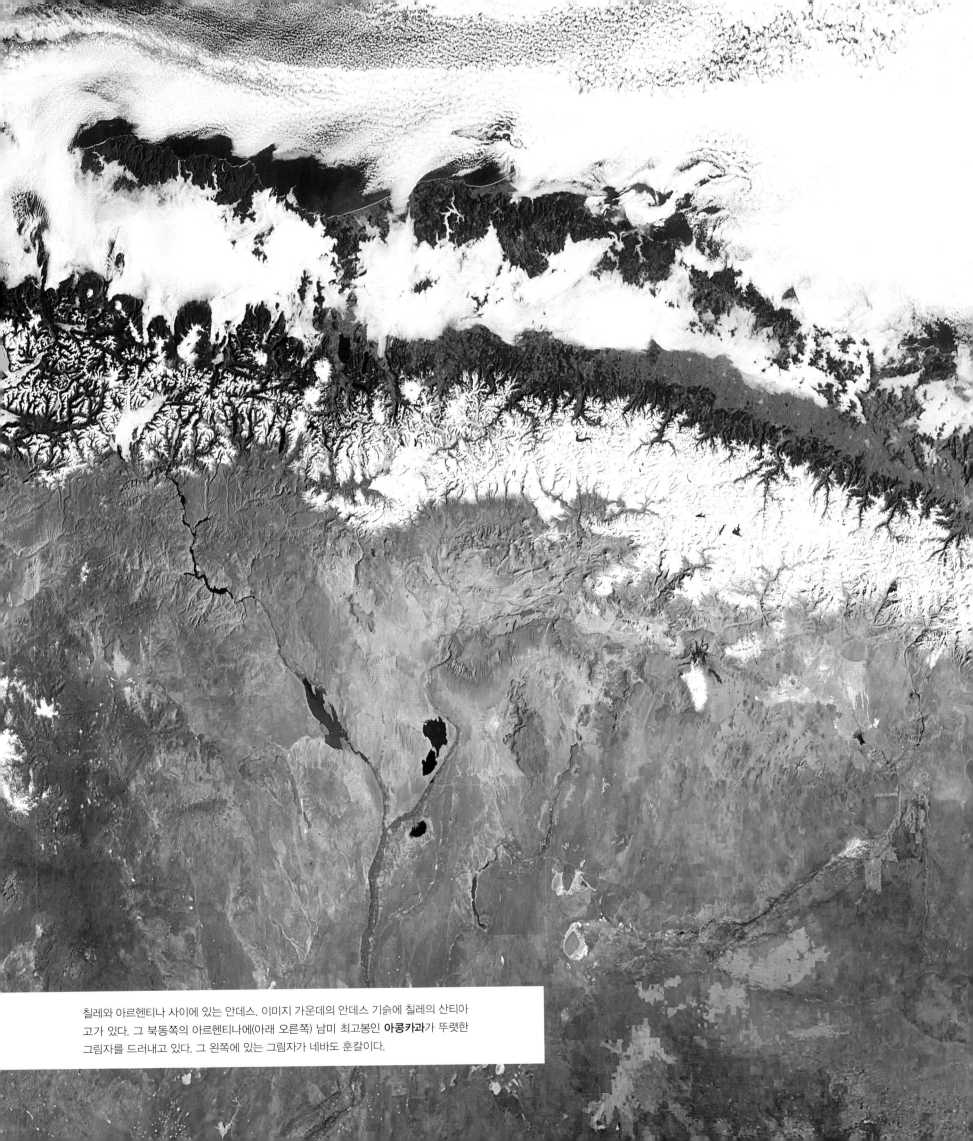

칠레와 아르헨티나 사이에 있는 안데스. 이미지 가운데의 안데스 기슭에 칠레의 산티아고가 있다. 그 북동쪽의 아르헨티나에(아래 오른쪽) 남미 최고봉인 **아콩카과**가 뚜렷한 그림자를 드러내고 있다. 그 왼쪽에 있는 그림자가 네바도 훈칼이다.

아콩카과 Aconcagua

아르헨티나
6,962m

1897년 1월 14일

초등:
마티아스 추브리겐

1897년   1934년   1954년

신세계의 거대한 벽

1897년 1월 4일. 불굴의 의지를 보인 스위스 산악 가이드 한 명이 아콩카과 Aconcagua 정상에 최초로 발을 디뎠다. 그의 이름은 마티아스 추브리겐Matthias Zurbriggen이었다. 알프스, 히말라야, 뉴질랜드에서 등반을 한 그는 당대에 경험이 가장 많은 산악인이었다. 그의 고객인 영국인 에드워드 피츠제럴드Edward FitzGerald는 정상을 600미터가량 남겨둔 지점에서 몸이 좋지 않았다. 그는 추브리겐에게 허가서를 주어, 독일의 지질학자이자 탐험가인 파울 귀스펠트 박사Dr. Paul Güssfeldt가 그보다 3년 전에 실패한 한 봉우리, 다시 말해 안데스에서 가장 높은 봉우리를 혼자서 계속 등반할 수 있게 했다.

아콩카과 정상은 돌이 널린 노멀 루트로 올라가면 기술적으로 아주 어려워지는 않는다. 하지만 악천후와 고소의 영향과 거대한 규모는 이런 조건에 익숙하지 않은 사람들의 희생을 불러일으켜왔다. 그리하여 1934년이 되어서야 폴란드 팀이 이 산의 동쪽 사면을 오르는 데 성공했다. 1934년은 알프스 최후의 대북벽들에 대한 등반 경쟁이 펼쳐지기 시작한 바로 그해였다. 폴란드인들은 전통적인 빙벽등반을 통해 올랐는데, 이곳은 정상에 꼭 오르지 않아도 되는 사람들에게는 여전히 이상적인 루트이다.

정상에서 하부 오르코네스 빙하Lower Horcones Glacier로 가파르게 떨어지는 아콩카과 남벽은 등반이 불가능한 것으로 오랫동안 여겨져 왔다. 끔찍한 빙하들과 어지럽게 널린 커다란 바윗덩어리들과 설원들의 황폐한 풍경이 발밑으로 펼쳐지는 3,000미터 높이의 그곳은 특히 눈사태로 끊임없이 폭격을 당하기 때문에 위협적인 분위기다. 이 거대한 벽에는, 바위 턱에서 오버행까지, 완만한 설원에서 거대한 수직 고드름까지, 다양한 종류의 등반 매개체들이 있다. 벽의 중간에 있는 사암지대와 정상에 이르는 가파른 얼음지대가 다이렉트 루트의 열쇠이다.

이 벽의 높이와 난이도와 위험은 마터호른과 아이거 북벽의 그것들을 능가한다. 더구나 해발고도가 거의 7,000미터대여서 산소 부족이 너무나 분명하게 나타나기 때문에 산악인들에게는 큰 부담이 된다. 알프스에서 이미 일어난 것처럼, 이 산에서는 언제 난이도가 단순한 정상 정복을 대체할까? 제2차 세계대전 이후 유럽의 선도적 산악인들에게는 이런 의문이 자주 들었다. 알프스에서 이미 끝난 '대북벽'의 단계가 안데스에서도 반복될 수 있을까?

남벽이 얼마나 어려운지는 1952년이 되어서야 밝혀졌다. 그리고 1954년 몇 주간의 준비 끝에 극적인 상황에서 리오넬 테레이Lionel Terray와 귀도 마뇽Guido Magnone이 초등에 성공했다. 르네 페를레René Ferlet가 이끄는 프랑스 팀은 거대하지만 불안정한 이 벽에서 눈사태의 위험을 피해 중앙 부분에 뚜렷하게 드러난 늑골 모양의 바위 능선을 따라 오르기로 결정했다. 대략 5,000미터에서 그들은 거의 끝없이 이어지는 일련의 장애물들, 즉 얼음의 절벽과 푸석한 바위, 중앙을 가로지르는 사암지대와 눈이 쌓인 플라토 그리고 엑시트 램프exit ramp와 마주쳤다. 등반을 한 지 7일이 지나 벽을 많이 올랐을 때 기온이 갑자기 뚝 떨어져 6명의 팀으로서는 무리라는 것이 드러났다. 하지만 후퇴할 방법이 없었다. 그리하여 뤼시앙 베라르디니Lucien Bérardini, 에드몽 드니Edmond Denis, 피에르 르쉬에르Pierre Lesueur, 로베르 파라고Robert Paragot, 기 풀레Guy Poulet와 아드리앙 다고리Adrien Dagory는 심각한 동상에도 불구하고, 할 수 없이 정상을 향해 계속 올라갔다. 그리고 마침내 그들은 남북미에서 가장 높은 벽을 정복했다.

아콩카과 남벽은 여전히 기술과 경험과 인내를 요구하는 모험이다. 다른 루트들은 프랑스 팀이 뚫은 것보다 더 쉽다. 그러나 위험을 무릅쓰라고 하기에는 눈사태에 너무 취약하다. 이 벽의 왼쪽으로 올라가는 루트들은 거의 등반되지 않는다. 거대한 설원에서 정상으로 곧장 올라가는 등반선은 프랑스 루트의 이상적인 보완이며, 그쪽으로 등반해 노멀 루트로 하산하는 것이 이 황량한 산과 맞서 싸우는 고전적인 방법이다.

100,101 세로 피라미달 남벽(왼쪽)과 아콩카과의 북봉과 남봉. 벽의 오른쪽에 대각선으로 분리된 렐린초스 방하의 상부와 하부가 보인다.
102 북봉 밑의 가파른 벽은 등반이 아주 어려운 곳이다. 오른쪽 위에 라 카날레타에서 노멀 루트로 가는 엑시트 램프exit ramp가 있다.

정상 너머 북쪽 방향. 노멀 루트와 폴란드 빙하를 쉽게 분간할 수 있다.

정상 능선 아래에 퇴석들이 널려 있는 라 카날레타 걸리가 있고, 아콩카과 남쪽에 하부 오르코네스 빙하가 있다.

Profile 프로필

가상 카메라 위치

카메라	페이지	촬영고도/미터	초점거리/밀리미터	정상으로부터의 거리/미터	촬영방향
1	100 ¦ 101	6,755	20	5,930	남동
2	102	21,849	500	16,800	남동
3	104 ¦ 105	40,514	200	50,444	서
4	106	32,794	500	37,750	북
5	107	8,385	35	1,750	북서

자연의 힘

해발고도가 6,962미터에 불과하지만 아콩카과는 아시아 이외의 지역에서 가장 높은 산이며, 남북미의 최고봉이다. 아마도 그 정상은 세계에서 가장 과소평가된 곳일지 모른다. 당당한 높이와 별개로 이 산은 갑작스러운 폭풍설로 악명이 높다. '하얀 바람'인 비엔토 블랑코Viento Blanco가 태평양에서 불어닥치면 기온이 영하 35도까지 떨어져 사실상 등반이 거의 불가능하다. 온고Hongo로 알려진 버섯구름이 계곡에서는 인상적일 정도로 아름다운 자연현상으로 보이지만, 이 산의 높은 곳에 있는 산악인들에게는 폭풍과 위험과 얼어붙은 추위를 의미한다.

아콩카과는 화산일까? 중앙 안데스의 한가운데에 위치한 이 산의 정상은 안산암과 마이오세 후기(약 천2백만 년에서 8백만 년 전)에 분화하여 형성된 화산암으로 구성되어 있다. 하지만 대부분의 산악인들은 정상과 그 주변에 널려 있는 화산암이 기상 조건의 결과로 인해 빠르게 분해되어 너덜지대가 되기 때문에(이것은 등반을 점점 더 어렵게 만든다) 이 산의 지질을 제대로 알아차리지 못한다. 여러 루트의 더 낮은 지역, 예를 들면 바예 데 오르코네스Valle de Horcones나 푸엔테 델 잉카Puente del Inca 같은 곳에서는 녹색 또는 때때로 회색을 띤 파란색 탄산염, 오래된 화산 관입암 및 역암의 붉은 벽돌색과 혼합된 점토와 침적토가 서로 뒤섞여 있는 것을 볼 수 있다. 이런 화산의 역사와 더불어, 아콩카과는 태평양판과 남미판의 구조적 충돌로 고도가 높아졌다. 화산시대의 종말이 충돌하는 판의 기하학적 변화와 우연히 일치하면서, 남미판의 수평 압축으로 인해 퇴적암이 위로 밀어 올려졌다. 아콩카과는 이제 더 이상 화산이 아니다. 그러나 안데스산맥에서 일어난 길고 격렬한 화산활동의 역사를 고려하면, 이 산이 영원히 불화산으로 남지는 않을 수도 있을 것 같다.

영광의 고립

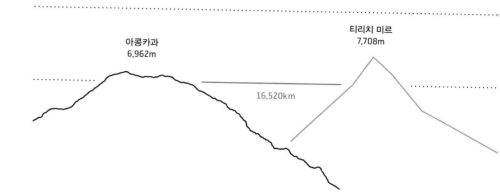

지리학에서 고도차에 의한 고립은 정상이나 산 또는 기타 지형학적 지대가 압도적으로 우세한 영역의 반경을 나타낸다. 이것은 또한 현저한 지형과 함께 정상을 독립적인 산으로 분류하는 가장 중요한 기준이 된다. 에베레스트에 이어 아콩카과는 고도차에 의한 고립이 두 번째로 심하다. 하지만 이곳에서 16,520 킬로미터 떨어진 힌두쿠시의 티리치 미르보다 고도에 대한 접근이 더 어려운 산은 없다.

출처: DLR

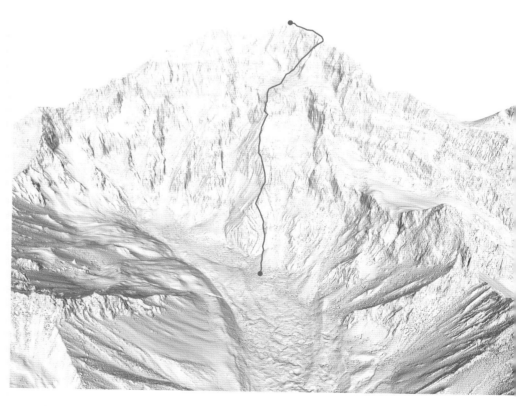

남벽을 따라 올라가는 로베르 파라고의 1954년 루트

104,105 | 노멀 루트는 북서쪽 사면을 따라 올라간다. 그림자의 끝자락이 뚜렷하게 드러난 곳 위쪽에 캄비오 데 펜디엔테 캠프가 있고, 그곳에서부터 바위지대를 지나는 루트가 정상 아래까지 보인다.

1954년 1월

출발지점:
푸엔테 델 잉카

팀:
뤼시앙 베라르디니, 아드리앙 다고리,
에드몽 드니, 피에르 르쉬에르,
로베르 파라고, 기 풀레

돌아설 수가 없어서

마침내 날이 밝아오고 있었다. 두렵다는 생각이 들었다. 하늘은 더 이상 파랗지 않았다. 대신 험악한 구름이 밀려들었다. 저녁때쯤 폭풍이 몰아칠 기세였다. 돌아서야 한다는 것은 의심할 여지가 없었다. 그러나 로프를 고정시키기 위한 피톤을 우리 아래의 암벽에 박을 수가 없었다. 이제 우리는 정상으로 올라가라고 '운명이 지워진' 것이나 마찬가지였다. 우리는 악천후가 덮칠 경우에 대비해 힘든 싸움을 준비해야 했다. 각자는 상황이 얼마나 심각한지 알고 있었다. 지금부터는 생존이 걸린 한판 싸움이었다.

이것이 우리 스포츠와 다른 스포츠의 중요한 차이점이다. 만약 10,000미터를 달리거나 르망 24시간 레이스에 참가하고 있다면 언제든지 빠져나갈 수 있다. 권투선수로서 엄청 많이 얻어맞았다면 수건을 던질 수도 있다. 하지만 그곳에서의 우리에게 탈출구는 하나뿐이었다. 우리는 북쪽 사면에 있는 더 쉬운 루트로 내려가기 위해 정상까지 내처 올라가야만 했다.

오늘 아침 우리의 리더는 기 풀레였다. 그는 이 장벽을 뚫고 나갈 길을 찾으면서 아주 가파른 얼음을 여러 피치 올라갔다. 우리는 마치 빙하의 갈라진 틈 속에서 밖으로 다시 빠져나가려고 하는 것만 같았다. 빙하의 끝에 닿고 싶었지만 갑자기 절대적 수직, 아니 거의 오버행에 가까운 벽이 불쑥 나타났다. 우리는 올라가야만 할 20미터의 벽을 앞에 둔 채 그곳에 서 있었다. 문제는 우리 중 어느 누구도 빙벽 등반에 대한 기술적 경험이 없다는 것이었다. 그것도 6,000미터의 고도에서 어설픈 장비만 가진 채. 우리는 아이스스크루를 꺼냈고, 베라르디니가 이중 로프의 끝을 잡아맸다. 얼음에 단단히 박히는 것이 아무것도 없는 상황에서 그는 최대한 조심스럽게 위로 올라가, 스크루를 하나 박은 다음 줄사다리를 걸었다. 그것이 버티자 그는 재빨리 하나를 새로 더 박았다. 마침내 그가 휘두른 피켈이 눈과 얼음이 섞여 있는 곳에서 훨씬 더 잘 먹혔다. 잠시 후 피켈과 스크루들이 더 이상 보이지 않았다. 그는 자신의 역할을 다하고 내려왔다. 내가 그를 대신해 결국 그가 도달한 곳까지 올라갔다. 나는 더 위로 올라가면서 같은 방법을 활용했다. 그러나 모든 것이 너무나 불안정했다. 피켈에 체중을 싣자 흔들린다는 느낌이 들었다. 그리하여 나는 재빨리 위로 올라갔다!

한 번 더 올라서자 상부 빙하가 나왔다. 나는 그제야 탈진과 산소 부족을 깨달았다. 이 마지막 사투는 몹시 힘이 들었다. 나는 설 수가 없어서 기었다. 숨이 너무나 가빠 호흡을 조절하기도 힘들었다. 마침내 나는 그럭저럭 내 주위를 둘러봤다. "야, 우리가 해냈어. 정상이 저기네!" 사실 나는 정상이 내 위로 아직도 먼 곳에, 여전히 1,000미터쯤 더 위에 있다는 것과 우선은 이 긴 빙하를 뚫고 나가야 한다는 사실을 분명하게 알고 있었다. 남쪽에서는 이것이 가장 큰일이었다. 아콩카과 남벽은 세 걸음마다 현수빙하가 나오는 거인의 계단이었다.

다른 사람들이 나와 합류하자 오전 한나절이 훌쩍 지나갔다. 이제 정상이 눈에 들어왔다. 우리는 그 광경에 조금 속아 넘어가기로 했다. 목표가 지척이라 일부 장비를 남겨두기로 결정했다. 우리는 짐을 조금 덜어내고 나서 각자 생각에 잠긴 채 다시 출발했다. '이젠 얼마 안 남았어.' 하지만 우리의 열정은 오래가지 않았다. 빙하가 두꺼운 눈으로 덮여 있었다. 차례차례 선두로 나서 길을 뚫었지만, 전진은 고통스럽게 느렸고, 시간은 엄청나게 많이 걸렸다. 정상으로 이어지는 첫 번째 바위지대에 도착하자 이미 어두워지고 있었다. 정상까지는 여전히 800미터가 남아 있었다.

이제 우리는 탈진으로 무감해지고 있었다. 아침과 저녁만 준비한 터라, 베이스캠프를 떠난 이래 하루 종일 아무것도 먹지 못했다. 하지만 무엇보다 최악의 상황이었던 것은 극한의 고도로 인한 탈수로 갈증이 너무나 심했다는 것이다. 스토브용 알코올 재고가 거의 다 바닥이 나 우리는 갈증을 해소할 수도 없었다. 단지 눈을 조금 녹이는 데 마지막 반 리터를 낭비할 수도 없었다. 그리하여 눈을 퍼먹자 갈증이 줄어들기는커녕 목구멍만 타들어갔다. 우리는 정상으로 이어지는 우리의 루트가 위쪽 바위 턱과 우리를 갈라놓은 크레바스의 바닥에서 비박에 들어갔다. 바람이 훨씬 더 강해지며 사방에서 눈보라가 소용돌이쳐 특히 더 어려운 비박이었다. 바람이 불어오는 쪽으로 등을 돌려도, 짐 무게를 줄이기 위해 긴 침낭 4개와 짧은 침낭 2개만 준비했기 때문에 힘들기는 매한가지였다. 그래서 우리 중 둘은 코를 내놓은 채 짧은 침낭을 교대로 써야 했다. 그날 밤이 마침 내 차례였는데 하필 몹시 추운 날이었다. 우리는 침낭 속

아르헨티나 군인들이 장비가 든 박스들을 풀고 있다. 후안 페론 대통령은 베이스캠프를 구축할 수 있도록 원정대를 지원해주었다.

으로 최대한 파고들었다. 그러자 발이 시리다는 다른 사람들의 볼멘소리가 들려왔다.

밤새 '하얀 바람'인 비엔토 블랑코가 불어와 우리를 눈으로 덮었고, 그 눈이 녹아 피부에 닿자 그곳에 얼음막이 생겼다. 그런데 어떤 의미에서 바람은 우리의 구세주이기도 했다. 하늘을 아주 깨끗하게 쓸어버렸기 때문이다. 하지만 밤은 정말 끔찍했다. 제대로 잠을 잘 희망이 전혀 보이지 않았다. 극심한 탈진으로 우리는 잠깐씩 꾸벅꾸벅 졸았다.

아침에, 일어나기 위해서는 침낭에 달라붙은 얼음을 깨뜨려 털어내야 했다. 등산화가 얼어붙어 나무토막처럼 뻣뻣했다. 준비하는 데 시간이 많이 걸리기는 했지만 마침내 베라르디니가 우리의 비박지 바로 위에 있는 크레바스에 주저 없이 달려들었다.

우리는 모두 그를 지켜봤다. 그만이 그곳을 통과할 수 있는 열쇠를 가지고 있어서, 위쪽 사면에 우리가 도달할 수 있는 길을 홀로 뚫어야 했다. 세심한 주의를 기울이며 그는 지그재그로 올라갔는데, 그곳에는 홀드를 단단히 붙잡기 위해서 실제로 장갑을 벗어야 하는 까다로운 부분이 있었다. 기온은 확실히 영하 25도여서 견딜 수 없을 정도로 추웠다. 장갑을 벗은 그는 마침내 그 부분을 성공적으로 넘어가고 나서 장갑을 다시 꼈다. 그리고 멈춰 서서 마치 복싱 선수처럼 바위를 두드려 피를 돌게 하려고 애썼다. 그는 고통으로 소리를 지르며 눈물을 흘렸다.

"됐어." 그가 말했다. "계속 갈게. 그렇지 않으면 난 여기서 끝장이 날 테니까!" 끔찍한 조건의 30미터를 더 오른 후 그는 눈이 단단한 곳에 도착했다. 우리 나머지에게는, 고정로프를 타고 올라갈 수 있는 그곳의 등반이 물론 훨씬 더 쉬웠다. 내가 고정로프에 매달리자마자 발밑의 스노브리지가 무너졌다. 그러자 스노브리지와 함께 잡아당겨지는 듯한 느낌이 들었고, 나는 엄청난 힘을 들여 로프를 붙잡고 나 자신을 끌어올렸다. 드디어 우리 모두가 베라르디니와 합류했다. 그의 손을 본 나는 가슴이 철렁 내려앉았다. 그의 상태는 정말 심각했다. 나는 애써 모른 척하고, 그것은 단지 피상적일 뿐이며, 우리의 악몽이 내일이면 분명 끝이 나고, 아주 빨리 치료를 받을 수 있다고 위로했다. 하지만 동료들의 반응에 나는 흠칫 놀랐다. 그들을 이해하는 것은 어려웠으나, 나 역시 그들과 같다는 것을 깨달았다. 우리는 말을 거의 하지 않았다. 우리는 세상과 단절되어 있었다. 목이 너무 마르자 부모님의 부엌에 있는 수도꼭지가 간절히 생각나기 시작했다. 우리는 모두 갈증으로 반쯤 미쳐 있었다! 여기 눈과 얼음이 있는 곳에서, 우리는 마치 사하라사막에서 갈증으로 죽어가는 사람들 같았다! 밤이 끝나지 않을 것 같았지만, 태양은 어김없이 떠올라 그 빛이 우리에게 일직선으로 뻗쳤다. 추위와 바람에도 불구하고 그 빛은 우리를, 특히 우리의 정신을 따뜻하게 어루만져주었다. 이제 우리는 6,500미터에 이르러 정상이 가까이에 있었다. 500미터만 더 올라가면 마침내 이 지옥에서 탈출할 수 있을 것 같았다. 이제는 서 있는 것조차 몹시 힘이 들었다. 드니는 발목을 거의 움직이지 못했다. 우리는 모두 인내의 절대적 한계에서 완전히 지쳐 있었다. 기본적으로, 우리는 본능에만 의지한 채 동물처럼 움직이고 있었다.

베라르디니의 손은 동상에 걸렸고, 자신의 발 역시 동상에 걸린 것이 틀림없다고 확신하고 있었던 드니의 손도 상태가 좋지 않았다. 그럼에도 우리의 강행을 이끄는 사람은 베라르디니였다. 그 전날과 마찬가지로 드니와 내가 로프를 함께 묶었다. 그리고 이런 상황에서도 우리는 꽤 잘 나아갔다. 크랙들이 있는 20미터 정도의 벽에 피톤 몇 개를 박고 넘어가자 지형이 완만해졌다. 오후 4시가 다될 때쯤 우리는 정상 200미터 아래의 능선에 올라섰다. 발만 이용해도 되는 쉬운 등반을 끝내면 그곳에 정상이 있을 것 같았다. 우리는 숨을 고르기 위해 스무 걸음마다 한 번씩 쉬면서 능선을 따라갔다. 로프가 팽팽해졌을 때도 나는 뒤를 돌아보지 않았다. 드니나 르쉬에르가 쉬고 싶어 하는 것 같아서 나 역시 걸음을 멈추었다.

로프가 한 번 더 팽팽해졌다. 내가 다시 멈추자, 잠시 후 드니가 나를 지나

얼음이 부서진 세락을 통과하는 모습. 이용 가능한 적절한 장비가 없어서 이것은 어느 정도 기술적인 임기응변이 필요했다.

위 2캠프 설치는 텐트를 세우기 전에 피켈로 울퉁불퉁한 땅을 평편하게 골라야 해서 생각보다 어려웠다.
아래 왼쪽 로베르 파라고가 베이스캠프에서 노래를 부르고 있다.
아래 오른쪽 멘도사의 육군병원에서. (왼쪽에서 오른쪽으로) 서 있는 사람: 르네 페를레, 미상, 뤼시앙 베라르디니, 로베르 파라고, 아드리앙 다고리. 앉아 있는 사람: 기 풀레, 피에르 르쉬에르, 에드몽 드니

말없이 걸어갔다. 이제부터는 더 쉬워서 우리 모두는 로프를 집어던졌다. 베라르디니와 풀레가 앞장섰다. 그들은 우리를 기다리지 않고 정상에 오른 후 400미터쯤 아래에 있는 '후안 페론Juan Perón' 대피소를 향해 곧장 내려가기 시작했다. 다고리가 정상에 남았는데, 그는 우리의 도착을 영상에 담을 정도로 여전히 힘이 남아 있었다. 마침내 우리는 우리 자신을 온갖 고난에 빠뜨린 이 봉우리를 정복했다. 그러나 깊은 안도감 외에 어떤 기쁨이나 별다른 감정이 들지 않았다. 1954년 2월 25일 오후 5시였다. 정상의 에바와 후안 페론 흉상 옆에서 아콩카과 정상 기록부가 들어 있는 깡통을 발견하고, 남벽을 통한 우리의 등정 기록을 내가 그 안에 집어넣었다. 그런 다음 우리는 서둘러 그곳을 떠나 대피소를 향해 차례차례 내려갔다. 갑자기 다고리도 르쉬에르도 보이지 않았다. 드니와 나는 대피소 직전에서 베라르디니와 풀레를 따라잡았다. 그런데 다고리와 르쉬에르의 흔적이 전혀 없었다. 내가 사방으로 소리를 쳐봤지만 대답이 없었다. 냉장고라는 말이 더 어울릴 듯한 대피소 안 벽에는 너무나 실망스럽게도 10센티미터의 서리가 껴 있었다. 우리는 페를레가 약간의 먹을 것과 특히 마실 것을 조금이라도 남겨두고 떠났기를 바랐다. 하지만 그곳에는 아무것도 없었다. 다행히, 우리는 눈을 녹여 물을 만들 수 있을 만큼의 알코올이 든 통 하나를 겨우 발견했다. 드디어 우리는 등산화를 벗을 수 있었다! 그토록 끔찍한 하루를 보내고 나서 드니의 발을 쳐다보는 것은 정말 참기 힘들었다. 그 모습은 참으로 끔찍했다. 양말의 무늬가 살에 그대로 새겨져 있었고, 양발이 대리석처럼 차고 희고 딱딱했다. 풀레와 나는 마사지를 하며 로프 끝으로 때려 따뜻하게 해주려고 노력했다. 그러나 아무 소용이 없었다. 마침내, 지친 우리는 모두 잠에 빠졌다.

우리가 북쪽에 있어서 대피소가 햇빛으로 갑자기 환하게 빛났다. 나는 등산화를 모두 밖으로 꺼내, 따뜻해질 수 있도록, 그리고 쇠처럼 단단해진 가죽이 조금이라도 부드러워질 수 있도록 했다. 나는 드니의 등산화를 칼로 잘라 다시 신을 수 있도록 했다. 그러고 나서 우리는 대피소를 떠났다. 몇 시간 후 플라타무라Platamura로 알려진 대피소에 도착했다. 그곳에서 노새를 가진 군인들을 만났는데 그들은 우리를 기꺼이 도와주었다. 커피를 약간 주고, 브랜디를 한 모금씩 마실 수 있도록 해주었으며, 우리 각자가 올라탈 수 있도록 노새를 제공해주었다. 우리는 이제 더 이상 걸을 필요가 없었다! 마지막 남은 알코올을 더 이상 아낄 필요도 없었다! 갑자기 모든 긴장이 풀리자 피로가 몰려왔다. 군인들은 다고리와 르쉬에르는 안전하며, 아콩카과 기슭에 있는 플라사 데 물라스Plaza de Mulas 대피소로 이미 내려갔다고 우리를 안심시켰다.

마침내 우리는 모두 다시 만났다. 하지만 우리의 상태란! 우리는 모두 발에 동상이 걸려 발가락이 파랗게 변해 있었다. 오직 나만 빼고서. "나만 어떻게

로베르 파라고

로베르 파라고Robert Paragot는 1927년 일르 드 프랑스Île de France 지역에 있는 불리옹Bullion에서 태어났다. 그는 수많은 초등 기록에 이름을 올렸다. 오늘날까지도 여전히 퐁텐블루Fontainebleau 숲으로 잘 알려진 곳에 다양한 암벽등반 루트를 개척한 것은 물론이고, 등반 파트너 뤼시앙 베라르디니Lucien Bérardini와 함께 몽블랑 산군에 있는 그랑 카퓌생Grand Capucin 동벽을 오른 최초의 프랑스인이 되었는데, 그곳은 알프스에서 가장 어려운 곳이었다. 1954년 아콩카과 남벽을 초등한 후 그는 파키스탄과 네팔, 페루 등에 있는 가장 힘든 봉우리들로 원정등반을 이어갔다. 파라고는 1965년부터 1975년까지 고령회Groupe de Haute Montagne(GHM) 회장을 지냈으며, 1997년부터 1999년까지 산과 등산 프랑스연맹Fédération Française de la Montagne et de l'Escalade(FFME) 회장을 역임했다. 2012년 그는 황금피켈상 평생공로상을 수상했다.

형벌을 면했지?" 푸엔테 델 잉카 마을로 돌아가는 길에, 우리가 실패해 이미 죽었다고 생각한 '대장' 페를레를 만났다. 그는 기쁨을 주체하지 못했지만, 그럼에도 우리가 살아 있다는 사실에 무척 흥분했다. 우리의 원정등반은 이렇게 끝이 났다.

그날 저녁 의사가 치료를 시작했다. 그는 우리에게 축배를 조금 들도록 허락했다. 그리하여 맥주가 우리의 주요 섭취물이 되었다. 그 시원한 맛이란! 우리는 그 유혹에서 도저히 벗어날 수 없었다. 다음 날 나의 동료 모두가 멘도사Mendoza에 있는 육군병원으로 후송되었다. 이제 나에게 남은 일은 2캠프로 다시 올라가 장비, 특히 우리가 초반에 찍은 필름을 회수하는 것이었다. 나는 산에 싫증이 났지만 이 일만큼은 어쩔 수가 없었다. 친구들이 모두 움직일 수 없어서 선택의 여지가 없었다. 그로부터 2주가 지난 후 그들을 다시 보게 된 나는 뛸 듯이 기뻤다.

카라코람이 넓은 흰색 띠를 형성하며 인근의 산맥보다 두드러지게 보인다. 이곳은 알프스
보다 면적이 더 작지만 8천 미터급 고봉이 4개나 있고, 7천 미터급 고봉이 60개도 넘게 있
다. (오른쪽에서 왼쪽으로) **낭가파르바트**, **K2**, **난다데비**, **카일라스**

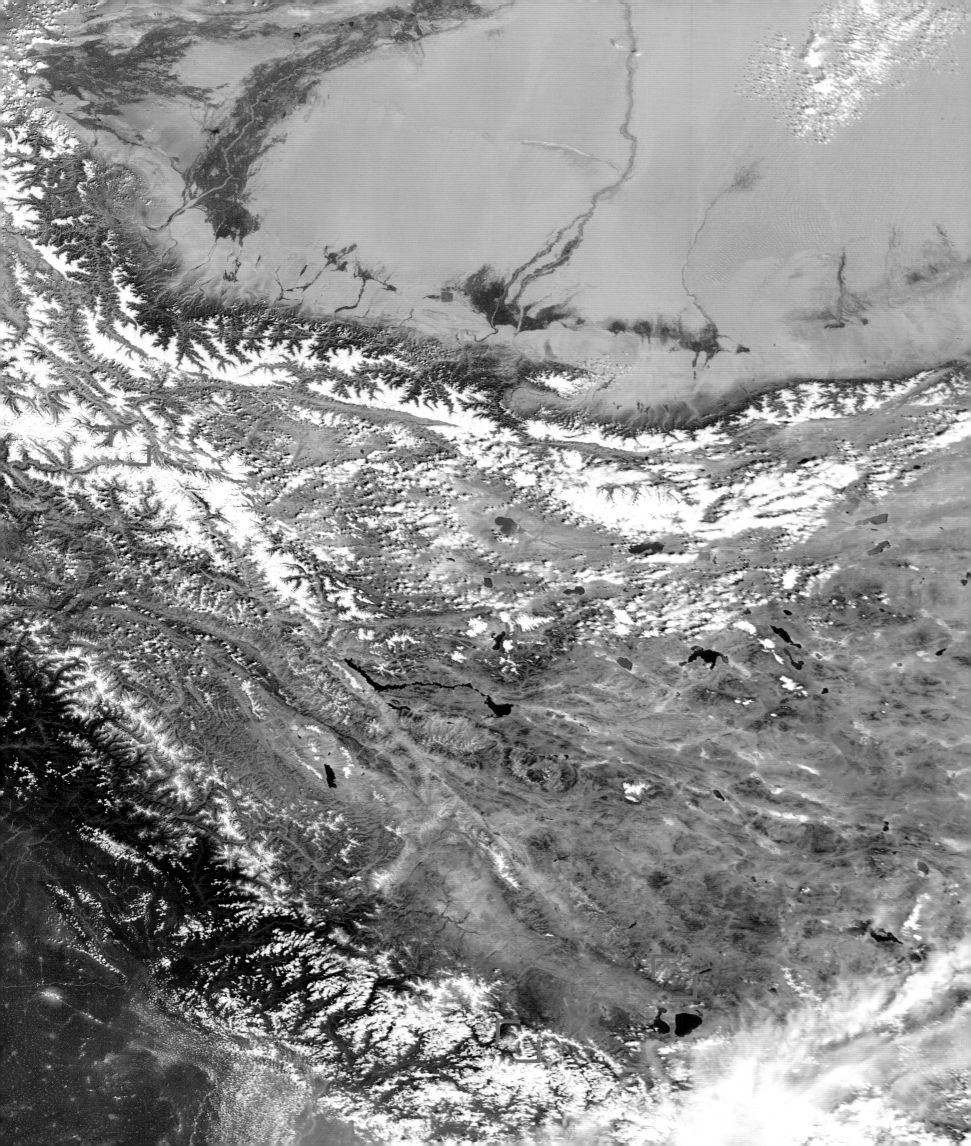

난다데비 Nanda Devi

인도
7,816m

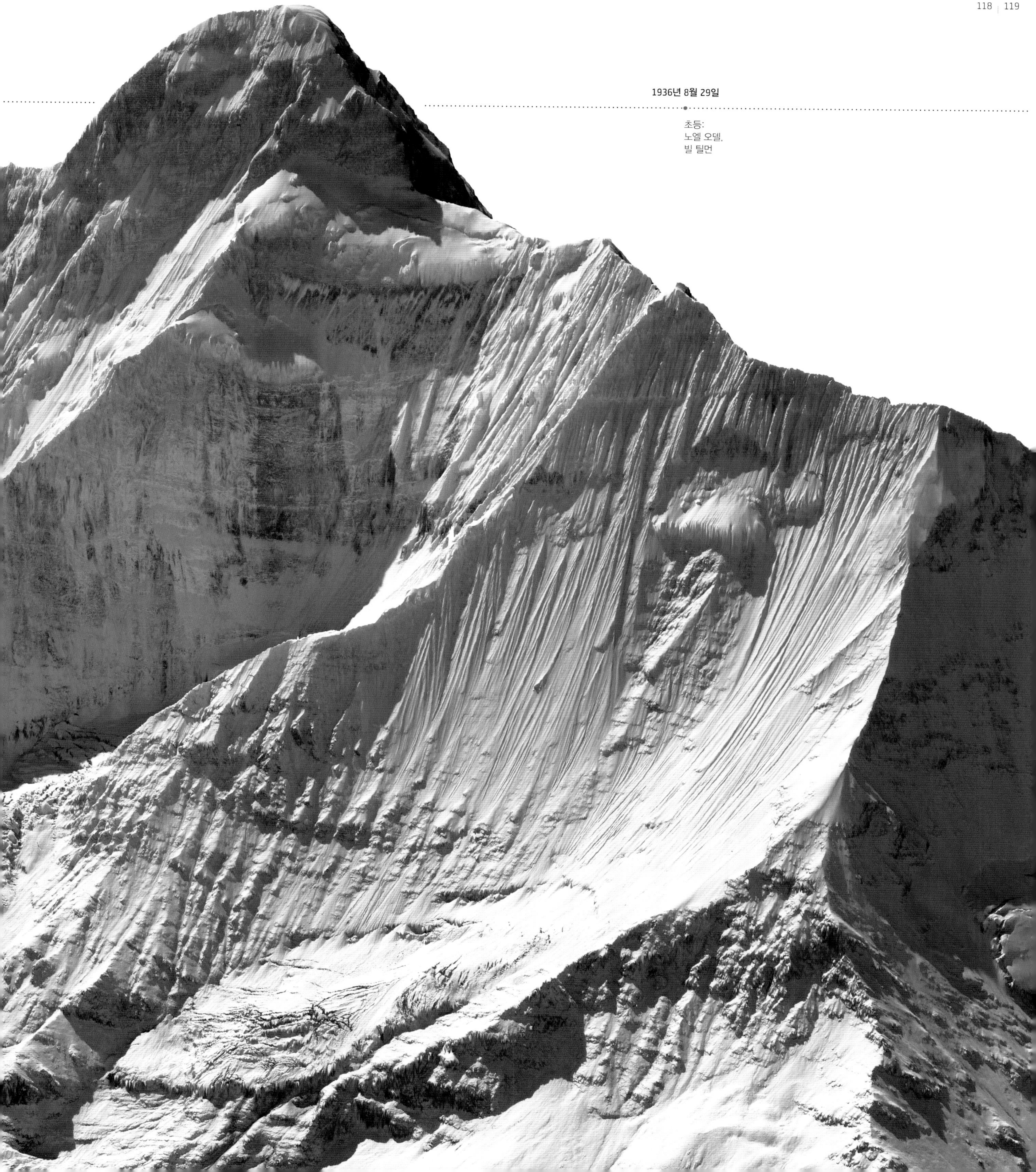

1936년 8월 29일

초등:
노엘 오델,
빌 틸먼

1934년   1976년

1936년

신성한 쌍봉

7,816미터의 난다데비Nanda Devi는 세계에서 가장 아름다운 산 중 하나이다. 마터호른, 우슈바, 마차푸차레, 에베레스트와 마찬가지로 이 산은 수십 년 동안 뛰어난 산악인들의 관심을 받아왔다. '여신 데비'라는 의미를 가진 난다데비는 8천 미터급 고봉은 아니지만 가르왈에서 가장 높은 산이어서 언제나 산악인들의 주요 목표가 되었다. 하지만 성역으로 알려진, 이 봉우리를 빙 둘러싸고 있는, 산들 안으로 리쉬 강가 협곡Rishi Ganga Gorge을 거슬러 올라가는 것이 문제였다. 그런데 이 어려운 문제가 히말라야의 유명한 선구자들인 해롤드 윌리엄 틸먼Harold William Tilman과 에릭 십턴Eric Shipton에 의해 1934년에 해결되었다. 그리하여 1936년 8월 29일 노엘 오델Noel Odel과 틸먼의 난다데비 주봉 초등은 영국 등반사에 위대한 기록을 남겼다.

100년 전의 히말라야 탐험은 무척 흥미로웠을 것 같다. 앨버트 F. 머메리Albert F. Mummery가 1895년 낭가파르바트에 도전했을 때처럼 협곡과 낮은 곳을 차례차례 답파하며 정상으로 올라갈 수 있는 다양한 루트를 탐색하는 장면을 상상해보라. 이런 산들에 특별한 아우라aura를 부여한 것이 바로 신비로운 분위기였다.

1930년의 히말라야는 탐험이 거의 되지 않은 곳이었다. 정치적인 이유로 많은 지역에 대한 접근이 금지되어 있었다. 영국인들은 인도아대륙에 대한 식민지배자로서 자연스럽게 이점을 얻었다. 1904년 프랜시스 영허스밴드Francis Younghusband가 달라이라마로부터 에베레스트 지역으로 여행할 수 있는 허가를 받았지만, 역시 전설적인 산들의 정상은 먼 꿈으로 남아 있었다. 그리하여 1921년 영국의 제1차 에베레스트 정찰등반이 시작되었다.

그 후 영국령 인도의 북부 국경지역이 커다란 매력으로 다가왔다. 1931년 프랭크 스마이드Frank Smythe는 새로운 고도기록을 세웠다. 그의 원정대가 7천 미터급 고봉인 카메트Kamet(7,753m)를 정복한 것이다. 그 대원 중 하나가 아프리카의 마운트 케냐Mount Kenya와 르웬조리Rwenzori를 오른 에릭 십턴이었다. 1934년 십턴은 빌 틸먼과 함께 3명의 셰르파를 대동하고 히말라야로 향했다. 그들은 예산이 빠듯해 현지에서 식량을 조달해야 했다. 그들의 목표는 난다데

비였다. 그러나 거대한 바위 능선으로 둘러싸인 그 산의 기슭으로 접근하는 것이 큰 문제였다. 유일한 접근로가 서쪽에 있는 30킬로미터의 험난한 리쉬 강가 협곡을 거슬러 올라가는 것이었다. 사실 협곡 안으로 들어가는 것조차 어려웠다. 돌기는 해도 가능성이 있는 루트를 찾아낸 십턴과 틸먼은 결국 세 번의 시도 끝에 1차 목표인 그 산 남벽을 등반할 수 있는 지점에 도달했다. 그래도 정상은 여전히 아주 멀리 떨어져 있었다. 후에 성역이라 이름 붙여진 그곳은 깊은 계곡과 믿을 수 없을 정도로 날카로운 봉우리들로 둘러싸인 거대한 원형극장이었다. 그리고 그 한가운데에 위대한 난다데비 쌍봉이 있었다. 멋진 광경이었다! 십턴과 틸먼은 분지를 탐험하고, 더 높은 곳으로 올라가 고개를 셋 넘은 다음 등반을 계속 이어갔지만, 몬순으로 후퇴해야 했다. 9월에 그들은 리쉬 강가 협곡을 한 번 더 거슬러 올라가, 이번에는 난다데비 남쪽 능선을 탐험했다. 하지만 그들은 결정적인 구간을 넘어갈 수 있는 장비가 없어서 정상 등정을 포기했다.

인도에서 가장 높은 난다데비는 결국 난공불락이었을까? 틸먼과 십턴이 리쉬 강가 협곡을 뚫고 들어가는 길을 찾아낸 후에는 꼭 그렇지만도 않은 것 같았다. 2년 후, 틸먼은 22세의 찰스 휴스턴Charles Houston에게 난다데비가 현실적인 대상이라고 귀띔했다. 휴스턴과 에베레스트 베테랑 노엘 오델은 이 산의 정상에 도전하기로 했는데, 휴스턴이 그만 병에 걸리고 말았다. 상한 고기 통조림을 먹고 식중독에 걸린 것이다. 그리하여 영·미 합동 팀에서 마침내 정상에 발을 디딘 사람은 오델과 틸먼이었다.

호기심을 끝까지 발동한 그 둘은 1936년 8월 29일 대마 로프를 써가며 정상에 올랐다. 미니멀리즘의 모델이 된 이 초등은 산의 특별한 아우라를 전혀 훼손하지 않았다. 그 당시 이 산은 인간이 올라선 가장 높은 정상이었다. 그럼에도 그들은 특별한 축하를 하지 않았다. 후에 틸먼은 정상에 올랐을 때 서로 악수를 하는 것조차 깜빡했다고 회상했다. 그 느낌은 승리가 아니라, 이제 자신들의 일부가 된, 훌륭하고 신성한 존재 앞에서의 단순한 감사와 겸손이었다.

난다데비 동봉과 주봉(왼쪽 아래) 사이의 날카로운 남동 능선과 북동 능선(중앙). 남쪽 측면과 북쪽 능선이 오른쪽으로 이어지고 있다. 20킬로미터 상공에서 내려다본 모습

오른쪽 현수빙하 아래의 바위지대 능선마루가 존 로스켈리 원정대가 능선 캠프를 친 곳이다.

가상 카메라 위치

카메라	페이지	촬영고도/미터	초점거리/밀리미터	정상으로부터의 거리/미터	촬영방향
1	118 ¦ 119	7,515	44	10,000	북북동
2	120	7,120	24	5,450	북서
3	122 ¦ 123	6,468	20	6,120	서
4	124	25,247	125	19,650	동
5	125	10,426	35	3,450	북

대양에서 솟아오른 산

7,816미터의 난다데비는 인도의 최고봉이며, 가르왈 히말에서 가장 높은 산이다. 난다데비와 그 주변 빙하 분지의 일부는 성역으로 알려진 이 산군에서 몇 개의 높은 산들로 둥글게 둘러싸여 있다. '여신 난다'와 빙하 분지는 이 지역의 빙하들이 갠지스의 수원 역할을 하기 때문에 신성한 곳으로 여겨진다. 이런 이유로, 난다데비는 오랫동안 순례의 중요한 장소였다. 난다데비 빙하 유역은 거대한 히말라야 봉우리들의 비 그늘(강우량이 적은 지역)에 놓여 있으며, 몬순의 영향을 많이 받는다. 특히 하절기에는 1년 강우량의 90퍼센트에 달하는 비가 내린다. 그 결과 산악인들은 눈사태와 빠르게 변화하는 눈에 항상 노출된다.

이곳의 모든 지역은 해발 3,500미터 이상이며, 높은 고도에 완벽하게 적응한 독특한 동식물 집단의 서식지이다. 문화적 중요성으로 인해, 난나데비 지역은 1982년 국립공원으로 선포되었고, 1988에는 유네스코 세계문화유산으로 지정되었다. 이 공원은 한눈에 들어오는 난다데비와 성역을 구성하는 원형의 산들을 따라 솟아난 일련의 평행한 남·북 능선으로 나뉜다. 암석은 주로 고압 및 온도에 의해 생성된 화강암과 변성암이며, 한때 히말라야산맥이 접히기 전에 인도를 아시아와 분리시켰던 테티스 대양에 의해 남겨진 사암 침전물과 반짝이는 규암, 석회암 및 변성적인 흔적이 나타나는 이판암들로 구성되어 있다. 대략 5천만 년 전 인도판과 유라시아판이 충돌하고, 그 결과 히말라야산맥이 형성되면서, 이 해양 퇴적물들은 엄청난 압력에 접히고 모양이 바뀌었는데, 이는 난다데비 벽들의 화려한 띠로 이어졌다. 이 암석의 특별한 구성에는 바다 유기체의 화석도 있으며, 이는 히말라야산맥의 높은 곳이 한때 대양의 밑바닥에 놓여 있었다는 증거를 제공한다.

난다데비 사건

플루토늄 동력 원격 추적장치 설치	**1965**년
대중 폭로	**1978**년
플루토늄-238의 대략적인 방사성 반감기	**88**년

1965년, 중국의 핵 프로그램을 추적할 의도로 미국과 인도 요원들이 플루토늄 동력 원격 추적장치를 난다데비에 설치했으나 후에 눈사태로 유실되었다. 플루토늄-238은 장기적인 전원으로 대략 88년의 방사성 반감기를 가지고 있다. 1978년 이 사실이 폭로되자 인도에서는 난리가 났다.

출처: timesofindia.indiatimes.com

122,123 서벽의 현수빙하는 극히 위험했지만 로스켈리는 왼쪽의 북쪽 능선으로 가기 위해 그 밑을 지날 수밖에 없었다.

북서벽을 따라 올라가는 존 로스켈리의 1976년 루트

1976년 6월

출발지점:
라타

팀:
애덤스 카터, 윌리 언솔드, 존 에번스, 엘리엇 피셔,
앤디 하버드, 마티 호이, 키란 쿠마르, 피터 레브,
루 라이카트, 존 로스켈리, 니말 싱,
짐 스테이츠 박사, 난다데비 언솔드

난다데비 북서벽

난다데비 언솔드Nanda Devi Unsoeld는 예순 살의 애덤스 카터Adams Carter의 존재를 알고 있었다. 젊고 예쁘고 설득력이 있었던 데비는 친구들에게 미국의 가장 유명하고 성공적인 히말라야 산악인 윌리 언솔드Willi Unsoeld의 딸로 잘 알려져 있었다. 그녀의 개인적인 야망은 초등 40주년이 되는 해에 자신의 이름을 따온 산에 오르는 것이었다. 그렇게 하려면, 1976년의 원정대를 공동으로 이끌 카터와 아버지가 필요했다.

카터는 남쪽 능선으로 초등을 해낸 1936년 영·미 난다데비 합동 팀의 8명 중 하나였다. 성공적인 산악인이자 『아메리칸 알파인저널』의 오랜 편집자로서, 그는 원정대를 보증하고 물품을 지원해주도록 많은 회사들을 설득할 수 있는 적임자였다. 1963년 톰 혼바인Tom Hornbein과 함께 에베레스트 서쪽 능선을 올라 유명해진 언솔드와 함께, 이 활동적인 두 노장은 가족과 친구 그리고 인도와 미국 산악인들로 구성된 13명의 대원들 중 핵심이었다.

강력한 대원인 루 라이카트Lou Reichardt와 존 에번스John Evans가 미처 합류하지 못한 상태에서, 우리는 1976년 뉴델리에 도착해 육군 중령 키란 쿠마르를 만났다. 그와 후에 합류할 니말 싱 상사는 경험이 많은 히말라야 산악인으로서 우리의 인도 대원이었다. 이틀 동안 장비를 재포장한 후 쿠마르와 언솔드, 데비, 카터, 마티 호이, 짐 스테이츠 박사Dr. Jim States, 피터 레브Peter Lev, 엘리엇 피셔Elliot Fisher, 앤디 하버드Andy Harvard와 나는 2톤 반짜리 타타 트럭에 장비와 식량을 싣고, 방수포 밑으로 기어들어가, 난다데비 트레킹의 출발지점인 라타Lata로 떠났다.

라타에서 쿠마르는 30킬로그램씩의 짐을 나를 마을 주민 80명을 고용했고, 그들의 식량을 운반할 염소 120마리를 빌렸다. 그리하여 원정등반은 1934년 에릭 십턴과 빌 틸먼이 최초로 탐험한 리쉬 강가 협곡을 거슬러 올라가는 어렵고 기술적인 트레킹으로 시작되었다. 그로부터 이틀 후, 우리는 첫 번째 중대한 고비를 맞이했다. 호이가 심각한 뇌수종 증세를 보여 헬기 후송이 필요해진 것이다. 그런데 그녀의 이탈을 불러온 의사의 역할에 대한 열띤 논쟁은 대원들 사이에 불화를 일으켜 하나의 응집력 있는 팀으로서의 기능을 상실하고 말았다. 다행히, 호이의 사건이 전개되면서 루 라이카트가 원정대를 장악했

고, 그의 존재는 우리에게 새로운 에너지와 희망을 주었다.

7월 22일, 원정대는 북서벽의 예정 루트 아래에 있는 4,100미터 지점의 베이스캠프 사이트에 도착했다. 그리고 다음 날 아침 일찍 라이카트와 나는 마치 바스티유같이 생긴 낮은 바위지대를 탐험하고, 우뚝 솟은 절벽과 좁은 걸리를 지나 넓은 능선마루로 가는 비교적 안전한 루트를 찾아낸 후 그곳 5,100미터에 능선 캠프를 설치했다. 버트레스가 해발 7,000미터 위에서 수직으로 350미터에 달하는 바위지대라 팀의 몇몇은 등반을 포기하고 싶어 했지만, 대다수는 능선 캠프로 두 번에 걸쳐 물자를 수송해줄 23명의 포터를 믿고 새로운 루트를 시도해야 한다고 생각했는데, 원정등반은 예정된 스케줄보다 앞서 있었다.

따뜻한 몬순 비가 베이스캠프와 능선 캠프를 덮치더니 북서벽의 가파르게 노출된 경사면에 축축한 눈을 잔뜩 쌓아놓았다. 라이카트와 나는 7월 25일 능선 캠프로 올라갔다. 그리고 다음 날 짐을 지고 퇴석지대 사면과 아래쪽으로 경사진 바위 턱을 따라가다, 400미터 너비의 걸리를 횡단해 넓고 경사가 완만한 능선에 도착한 다음, 그곳 5,200미터에 전진베이스캠프를 설치했다. 그날 저녁 안개와 캄캄한 밤을 통해 들려오는 거대하고 맹렬한 괴물 같은 눈사태가 벽의 상단부에서 발생해 우리가 아침에 건너온 걸리로 쏟아졌고, 이어 1,000미터 아래로 포효하며 굴러 떨어졌다. 그것은 한 달 동안 북서벽을 매일같이 휩쓸 무서운 눈사태의 시작에 불과했다. 팀이 전진베이스캠프에 물자를 비축하느라 걸리를 횡단하는 러시안룰렛 게임을 하고 있을 때 두 대원인 카터와 피셔가 산을 떠나 집으로 돌아갔다. 그리하여 뒤에 남은 우리들은 이 루트가 과연 위험을 무릅쓸 만한 가치가 있는가라는 회의에 빠졌다.

폭풍이 몰아치는 가운데 우리들은 고소적응도 할 겸 1캠프(5,800m)와 2캠프(6,100m)를 구축했다. 루트의 하단부는 기술적으로 그렇게 어렵지는 않았다. 그러나 혹독한 몬순 폭풍설이 이미 위험한 사면에 매일같이 눈을 마구 뿌려댔다. 선두로 나선 대원들이 잘 알지 못하는 북쪽 능선과 3캠프로 가려고 했지만 안전한 루트는 어디에도 없었다. 그 사이에 존 에번스가 베이스캠프에 도착해 나머지 대원들의 든든한 지원자가 되었다.

130 ㅣ 성공적인 1차 등정을 끝낸 후 3캠프에 모인 대원들
131 ㅣ 짐 스테이츠가 3캠프 아래의 북쪽 능선을 올라오고 있다.

스테이츠와 내가 언솔드와 레브로부터 북쪽 능선으로 올라가는 선두를 넘겨받아, 눈과 얼음의 걸리로 엮인 여러 개의 바위지대에 고정로프를 설치했다. 가파른 북쪽 능선 근처의 푹푹 빠지는 눈에서 30센티미터를 올라가려면 팔과 무릎과 허벅지로 눈을 다져야 했다. 북쪽 능선을 불과 몇백 미터 남겨놓고, 난다데비에 1~2미터의 신설을 퍼부은 6일간의 폭풍설로 인해 우리는 1캠프로 후퇴했다. 마침내 8월 22일, 라이카트와 나는 눈에 묻힌 로프를 잡아당기며 바람이 쌓아놓은 깊은 눈을 헤치느라 몇 시간 동안 고군분투한 끝에 북쪽 능선의 7,000미터에 도달해 3캠프를 설치했다.

북쪽 능선에 도달하기 위한 우리의 몸부림이 마치 무모한 도전이나 되는 것처럼, 팀 내에서 의견 차이와 사소한 불만이 터져 나왔다. 핵심 쟁점은 3캠프 위의 350미터 버트레스가, 고정로프를 설치한다 해도, 팀의 많은 사람들에게는 등반이 너무 어렵지 않느냐는 것이었다. 스테이츠와 라이카트와 나에게는 버트레스가 정상으로 가는 유일하게 안전한 루트로 보였다. 반면 레브는 난다데비의 동남쪽에 더 쉬운 '슈퍼 쿨르와르'가 있다고 믿고, 자신의 공상적 루트가 최선의 대안이라고 언솔드와 다른 몇몇을 설득했다. 공동 리더인 라이카트와 언솔드가 이 두 그룹 사이에서 협상을 벌였으나 성공을 거두지 못했다. 레브와 그의 추종자들은 1캠프로 내려간 다음, 원정등반을 그만두겠다고 위협하며, 위쪽 캠프로의 물자 수송을 거부했다.

다행스럽게도, 3캠프와 150미터 아래의 은닉처에 등반을 계속할 수 있는 충분한 로프와 식량이 비축되어 있었다. 8월 26일, 라이카트와 불만을 품은 아래쪽 대원들이 무전기로 열띤 논쟁을 벌였다. 스테이츠와 나는 북쪽 능선을 따라 깊은 눈을 헤치고 버트레스 밑에 도착해, 춥고 바람이 부는 조건에서 오전 7시 등반을 시작했다. 나는 크랙도 없는 바위를 넘어 수직의 침니를 다리를 벌려 등반하고, 얼음이 덮인 규암의 오버행 코너를 선두로 오르며 고도를 높이기 위해 한 걸음 한 걸음 힘든 싸움을 벌였다. 10시간 동안의 혹독한 추위와 끊임없는 분설눈사태 속에서 나는 최고지점에 앵커를 설치하고, 스테이츠가 있

는 곳으로 로프를 타고 내려왔다. 우리는 벽의 3분의 1 지점에 있었다.

다음 날 아침 스테이츠와 나는 심한 추위와 휘날리는 눈발 속에서 다시 루트 공략에 나섰다. 내가 계속 선두로 나서 조금 올라가자, 확보물을 거의 또는 전혀 설치할 수 없는 얼음이 덮인 수직 구간이 나왔다. 작은 눈사태를 맞기도 하면서 8시간 동안 신중한 등반을 한 끝에 나는 '설탕 같은 기쁨Sugar Delight'이라고 이름을 붙인 50미터의 가파른 설원에 도착해, 그곳에 앵커를 설치한 다음 하강했다.

3캠프에서 하루를 쉰 스테이츠와 나는 돌풍과 매서운 추위 그리고 끊임없이 날리는 눈발이 루트를 위험스럽게 만드는 가운데 고정로프를 타고 '설탕 같은 기쁨'의 설원 꼭대기로 올라갔다. 라이카트는 손상된 9밀리미터의 고정로프를 보수하고 하나를 더 설치하며 뒤따라왔다. 정오에, 나는 스테이츠의 확보를 받으며 길고 좁은 침니를 올라, 왼쪽으로 가파르게 기울어진 6미터 폭의 벽 같이 생긴 걸리로 수평의 가는 크랙을 손으로 잡고 횡단했다. 그곳으로 올라가니 스테이츠의 소리도 들리지 않고 모습도 보이지 않았다. 잘 움직이지 않는 로프와 허리까지 빠지는 신설과 싸우며, 나는 손을 집어넣고 다리를 벌리며 계속 올라, 길을 가로막는 촉스톤 밑에서 앵커를 설치했다. 스테이츠가 도착하자마자 나는 걸리 꼭대기로 마지막 30미터를 올라갔다. 그러자 미답의 난다데비 북동벽 위로 노출된 주춧돌처럼 생긴 지형이 나왔다. 스테이츠와 라이카트는 갖은 애를 써서 촉스톤을 넘어서고 나서 오후 4시 45분 내가 있는 곳에 도착했다. 시간이 늦었지만, 나는 어둡기 전에 60미터를 더 올라 버트레스 꼭대기까지 가기로 했다. 라이카트의 확보를 받으며, 나는 바위와 얼음이 뒤섞인 곳을 횡단한 다음, 똑바로 올라가서 작은 오버행들을 꺾고, 눈이 버섯처럼 튀어나온 곳을 파고들기도 하고 다리를 벌리기도 하며 넘어서서, 결국 그 꼭대기에 있는 작은 커니스를 돌파했다. 우리가 버트레스를 성공적으로 등반하자 결국 팀은 이곳이 우리의 루트라는 사실에 동의했다.

이틀 후, 스테이츠와 라이카트와 나는 32킬로그램의 짐을 짊어지고 거센 바람과 휘몰아치는 눈발 속에서 고정로프를 타고 버트레스 꼭대기로 올라가 7,400미터 지점에 4캠프를 설치했다. 9월 1일, 눈을 뜨니 구름 한 점 바람 한 줄기 없었다. 전날의 힘든 등반으로 지치기는 했지만, 우리는 오전 8시 30분 4캠프를 떠나, 눈사태가 발생하기 딱 좋은 깊은 신설을 헤치며 나아간 다음, 30미터의 어려운 바위지대를 올라 오후 2시 7,816미터의 넓은 정상에 도착했다. 우리의 난다데비 등정은 40년 동안 다섯 번째로 기록된 성공이었으며, 새로운 루트로는 처음이었다.

정상 등정에 대한 두 번째 시도는 9월 3일 아침 일찍 3캠프를 떠난 언솔드, 하버드, 레브에 의해 이루어졌다. 그들 셋은 기술적으로 어려운 고정로프 구간에서 무척 애를 먹었다. 그리하여 레브는 저녁 8시 30분에서야 4캠프에 도착했고, 하버드는 그보다 3시간 늦게 도착했다. 경험이 가장 적은 데비는 '설탕 같은 기쁨'에서 버트레스까지 120미터를 고정로프로 오르는 데 무려 9시간이나 걸렸다. 4캠프 아래의 커니스에서 오도 가도 못하게 된 그녀는 도움을 요청했다. 그리하여 하버드가 나서서 그녀를 안전하게 끌어올렸는데, 어느덧 오전 10시였다. 그들은 기진맥진했고, 델리 이후 반복된 문제였던 데비의 복부 탈장이 등반하는 동안 다시 일어났다.

4캠프의 셋은 다음 날 휴식을 취했고, 3캠프에 머물던 사람들은 그들 다음으로 정상에 도전하거나, 아니면 하산해 원정대를 떠난다는 계획을 세웠다. 데비는 9월 5일에도 여전히 상태가 좋지 않아 하버드와 함께 캠프에 머물렀다. 한편 레브는 정상 도전에 나섰으나, 지친 나머지 검은 바위지대에서 돌아섰다. 다음 날 언솔드는 혼자 고정로프를 타고 4캠프로 올라가, 그곳에 있던 딸과 하버드, 레브와 합류했다. 데비는 여전히 심한 복통과 말로 설명하기 어려운 소화 장애를 겪었다.

9월 7일 강풍과 폭설로 모두의 발이 묶였다. 시간이 지날수록 데비의 증상이 악화되자 4명의 대원이 9월 8일 아침에 하산하기로 결정했다. 하지만 데비의 복통과 심한 폭풍설로 그들은 그날 아침 일찍 캠프를 출발하지 못했다. 정오쯤, 텐트 뒤편에 앉아 떠날 준비를 하던 데비는 얼굴이 갑자기 유령처럼 하얗게 변했다. 그녀는 레브에게 맥박을 재달라고 하더니 힘없는 어조로 말했다. "죽을 거 같아." 그녀가 앞으로 몸을 구부리고 구토를 하자 눈동자가 뒤집혔다. 거의 1시간 동안 3명의 대원이 달려들어 그녀를 회생시키려 했지만 허사였다. 데비는 그렇게 죽었다.

폭풍이 텐트를 강타하고, 슬픔이 3명의 대원들을 짓누르는 상황에서도 결정은 내려야 했다. 언솔드는 딸의 시신을 능선에 남겨두는 대신 산에 영원히 안장하기로 했다. 그들은 데비를 그녀의 침낭에 집어넣고 능선 위로 조금 끌고 간 후 작별인사를 고하며 껴안고 울었다. 그리고 22년 동안 그녀 인생의 모든 것이었던 산에 안장했다.

4캠프에서의 철수는 의지와 생존의 시험무대였다. 언솔드는 걸리를 빠져나오는 횡단을 하면서 로프에 목이 졸려 거의 죽을 뻔했는데, 살아남기 위해 자신의 배낭과 딸의 소지품을 그곳에 매달아놓고 올 수밖에 없었다. 그날 밤 늦게 3캠프에 도착한 그들은 며칠 동안 물만 마시며 쉰 후에 전진베이스캠프로 내려와 스테이츠, 에번스, 쿠마르, 니말 싱과 합류했다. 9월 13일 남은 대원들과 지원조가 공동장비와 개인장비를 정리하고 베이스캠프로 철수했다. 그로부터 6일 후 우리들은 뉴델리에 도착했다. 원정등반은 그렇게 끝이 났다. 하지만 데비 언솔드를 잃었다는 공허한 느낌은 오랫동안 계속되었다.

3캠프 아래에 있는 눈과 얼음의 가파른 걸리

존 로스켈리

작가이자 사진가인 존 로스켈리John Roskelly는 모든 아웃도어 활동을 좋아한다. 만약 캐나다의 험준한 산에서 바위에 매달려 있지 않거나, 얼어붙은 폭포를 기어 올라가지 않는다면, 그는 분명 강의 상류에서 하류를 향해 노를 젓고 있을 것이다. 처음 25년 동안, 로스켈리는 K2와 에베레스트를 포함한 8천 미터급 고봉 4개를 올랐고, 히말라야의 매우 어려운 미답의 벽들과 능선들을 돌파했다. 워싱턴주립대학에서 지질학을 전공한 그는 모험에 대한 3권의 책을 저술했으며, 최근에는 1,930 킬로미터의 콜롬비아강 전체에 대한 카누 가이드북을 펴냈다. 로스켈리는 미국산악회의 '로버트와 윌리엄 언더힐 상' 초대 수상자에 이어, 2014년에는 황금피켈상 평생공로상의 여섯 번째 수상자가 되었다. 1972년에 결혼한 그와 부인 조이스Joyce는 슬하에 세 자녀를 두고 있다.

134 ː '설탕 같은 기쁨' 설원 아래의 버트레스를 로프로 하강하는 짐 스테이츠
135 ː 애덤스 카터, 난다데비 언솔드, 셰르파 자가트싱과 윌리 언솔드

에베레스트 Mount Everest

네팔/중국
8,848m

1953년 5월 29일

초등:
에드먼드 힐러리,
텐징 노르가이

그 자체가 기록인 산

세계에서 가장 높은 산에는 여러 가지 신화가 붙게 마련이다. 최고의 높이를 자랑하는 에베레스트Everest는 그 자체가 기록이다. 이 지역의 승려들에게 그곳은 신성한 장소이다. 물론 정복에 대한 이야기는 헤아릴 수 없이 많은 책을 만들어냈다. 에베레스트는 세계의 어느 산보다도 더 많은 노래와 이야기와 저주를 불러일으켰다.

1921년 이래 다양한 영국 원정대들이 티베트어로 초모룽마Chomolungma 또는 '신성한 어머니'로 알려진 이 산의 정상에 오르려고 노력해왔다. 초기의 도전은 티베트 루트, 즉 동쪽 롱북 빙하와 노스콜과 북동 능선을 따라 올라가는 북쪽에서의 접근이었다. 1952년 스위스 팀이 사우스콜을 통해 가는 길을 찾아냈고, 1953년 존 헌트John Hunt가 지휘한 10번째 영국 원정대가 마침내 정상 등정의 위업을 달성했다. 그리하여 1953년 5월 29일, 에드먼드 힐러리Edmund Hillary와 셰르파 텐징 노르가이Tenzing Norgay가 이 봉우리의 정상에 발을 디딘 최초의 인간이 되었다.

1963년 미국인 윌리 언솔드Willi Unseold와 톰 혼바인Tom Hornbein은 서쪽 능선으로 정상에 오른 후 남동 능선으로 내려왔으며, 1975년 크리스 보닝턴Chris Bonington이 이끈 영국 원정대는 남서벽을 통해 올랐다. 그 후에 보조 산소를 이용하지 않은 등정이 이루어졌고, 1980년에는 폴란드 팀에 의해 동계 초등이 달성되었다. 그리고 북쪽 사면을 따라 올라간 단독등반도 있었다.

8천 미터급 고봉의 초등 대열에 끼지 못한 슬로베니아와 폴란드의 산악인들이 고봉 도전의 바통을 이어받았고, 소련 산악인들 또한 1982년 남서벽을 등반해 자신들의 역량을 보여주었으며, 미국인들이 동벽을 정복해, 이제 에베레스트는 모든 쪽에서 등반이 완료되었다. 1988년 스티븐 베너블스Stephen Venables가 동벽에 새로운 루트를 내고, 에라르 로레탕Erhard Loretan과 장 트로이에Jean Troillet가 북벽을 올라, 다른 루트들을 찾고자 하는 새로운 국면이 시작되었다. 1994년 일본 산악인들은 1982년 피터 보드맨Peter Boardman과 조 태스커Joe Tasker가 도전에 나섰다가 실종된 긴 북동 능선을 셰르파들과 함께 끝냈다. 그리고 2003년 중국 TV 방송국은 초등 50주년을 기념하는 정상 등정을 생중계 했다. 그리하여 결국은 관광객들로 조직된 그룹의 등반이 이제는 거의 일상화되다시피 했다. 이들은 보통 두 노멀 루트 중 하나인 남쪽의 힐러리 루트나 북쪽의 맬러리 루트를 선택하는데, 한 해에 500명이 정상에 오르기도 한다.

2013년부터 남쪽의 원정대를 감시해온 네팔 관리들은 2014년 쿰부 아이스폴 위에서 루트를 정비하던 셰르파 16명이 눈사태로 사망하자 원정대 스타일의 등반을 중지시켰다. 게다가 2015년에는 지진까지 일어나 등반 조건이 예측불허의 상태가 되었다. 이제 관광이 에베레스트를 장악한 상황에서 등산이 어떻게 될 것이냐 하는 문제는 오직 가상적일 수밖에 없다. "시대가 바뀌고 있는…."이라고 밥 딜런은 노래했다. 어떤 의미에서, 등산은 이제 누가 페이스북 팔로워를 가장 많이 거느리고 있느냐의 경쟁에 빠져들었다.

1978년 청바지를 입고 에베레스트에 오른 베른트 쿨만Bernd Kullmann은 "한때 에베레스트를 오르고자 열망한 사람들에게는 가능한 최고 수준의 자질이 필요했지만, 오늘날에는 그것이 누가 더 두툼한 지갑을 가지고 있느냐의 문제로 전락했다."라고 주장한다. 이제 노멀 루트로 오르는 데는 특별한 신체 능력이나 등반 기술이 필요하지 않게 되었다. 관광 가이드가 모든 것을 다 처리해주기 때문에 계획도 필요 없다. 하지만 정상까지 가는 길을 이런 식으로 예약한다면, 에베레스트는 그 마법과 신비의 많은 부분을 잃고 말 것이다.

히말라야의 신과 악마는 신화와 전설 속에서 계속 살아 있겠지만, 한 줄로 길게 늘어서서 숭고한 정상까지 가는 사람들에게는 샹그릴라의 낙원에서 쫓겨나고 광야로 찾아들어간 사람들의 이야기가 이제 더 이상 힘을 얻지 못한다. 무한대와 저 위의 신비한 하늘나라에 도달한다는 생각은 바로 그곳에 서는 순간 아무런 의미가 없으며, 실제로 존재하지도 않는다는 것을 깨닫게 된다. 이런 모든 신비는 오직 우리 인간의 마음에서만 나오기 때문이다.

1975년 남쪽에서 처음으로 접한 나의 에베레스트는 하루 종일 짙은 구름에 휩싸여 있었다. 그런 구름들을 뚫고 정상이 갑자기 나타났을 때 나는 그 아찔한 높이에 깜짝 놀랐다. 그것은 단순한 상상에서 믿을 수 없는 현실이 된 불가능이었다.

136,137　에베레스트 북벽. 오른쪽에 700미터 높이의 쿰부 아이스폴이 보인다. 그 오른쪽이 눕체, 뒤쪽이 로체이며, 왼쪽이 창체와 북동쪽 능선으로 이어지는 노스콜이다.
138　남서벽과 사우스콜 너머로 캉슝 빙하 계곡이 보인다. 1988년 스티븐 베너블스는 동벽으로 사우스콜까지 올랐다.

가상 카메라 위치

카메라	페이지	촬영고도/미터	초점거리/밀리미터	정상으로부터의 거리/미터	촬영방향
1	136 ¦ 137	7,534	20	7,850	북서
2	138	11,495	35	4,000	서남서
3	140 ¦ 141	145,137	390	181,500	서
4	142 ¦ 143	10,190	42	13,090	서

일시적 명성

지구에서 가장 높은 곳을 거처로 삼았다는 것을 인간에게 보여주기라도 하려는 듯 신들이 줄무늬와 반짝이는 암석으로 위엄 있는 왕관을 씌워놓은 초모룽마는 햇빛에 빛나는 남서벽을 세상에 과시한다. 티베트인들은 에베레스트를 '우주의 어머니'라고 부른다. 여기서, 거대한 단층 시스템이 고대 테티스 대양의 퇴적물과 함께 대히말라야의 변성 편마암, 규암 및 화강암을 함께 접어 포갰다. 그리하여 모든 산들 중에서 가장 높은 곳의 정상이 해양 석회암으로 이루어져 있다! 고대 대양의 화석이 있는 침전물이 8,600미터 이상의 높이에 형성된 초모룽마의 암석층 사이에서 발견되는데, 이는 히말라야가 융기하는 동안 일어난 엄청난 변화를 증명한다. 누런 화강암의 뚜렷한 띠가 7,000미터의 초모룽마 분리단층 아래에 놓여 있으며, 그 아래에는 에베레스트 계열의 이판암과 변성 점토암이 자리 잡고 있는데, 이것은 로체 단절 단층에 의해 그 아래 롱북 계열의 화강암, 편마암과 분리된다. 대략 천5백만 년에서 2천만 년 전에 녹은 이런 암석들은 오랜 역사를 지니고 있다. 이들의 낮은 점도와 히말라야가 융기하는 동안 작용한 엄청난 구조의 압력 및 얼음과 눈으로 인한 침식은 이 중간 지각의 암석들이 티베트로부터 200킬로미터 이상 이동했다는 것을 증명한다.

이런 화강암에 대한 연구는 에베레스트 지역 자체가 적어도 천7백만 년 전에 이미 현재의 높이에 실질적으로 도달했다는 사실을 보여주지만, 녹은 화강암이 주변의 암석을 엄청나게 뚫고 들어간 것이 에베레스트의 현재 높이에 대한 이유 중 하나일 수도 있다. 그러나 명성은 놀랍게도 일시적일 수 있다. 왜냐하면 오늘날 가장 높은 융기율이 서쪽의 낭가파르바트 지역과 동쪽의 남차바르와라는 히말라야의 양쪽 끝에서 실제로 관찰되고 있기 때문이다. 비록 발굴과 풍화작용 및 침식으로 인해, 에베레스트가 현재 연간 4밀리미터의 융기율을 유지한다 하더라도, K2와 낭가파르바트를 비롯한 카라코람의 고봉들이 결국은 세계에서 가장 높은 산이라는 타이틀을 차지할 가능성이 높다. 물론 이것은 몇백만 년이 걸릴지 모르지만 산은 자신의 속도로 서서히 움직이는 것을 좋아한다.

140,141 북벽에 있는 넓고 하얀 띠가 대쿨르와르이며, 그 오른쪽의 가늘고 하얀 선이 혼바인 쿨르와르이다. 이것은 아래쪽의 일본 쿨르와르로 이어진다.
142,143 노멀 루트는 쿰부 아이스폴, 고요의 계곡(웨스턴 쿰), 사우스콜, 동남쪽 능선을 거쳐 정상으로 이어진다. 정상 북쪽으로 퍼스트, 세컨드, 서드 스텝으로 알려진 3개의 바위 돌출부가 보인다.

고도의 영향

고도	1,500미터
신체 능력	100%
고도	8,000미터
신체 능력	35%

해발고도 1,500미터가 넘으면 공기압의 감소와 해발고도 1,000미터마다 대략 10퍼센트 비율로 감소하는 산소 부족으로 인해 인간의 신체 능력이 떨어진다.

출처: www.bergleben.de

에베레스트 캉슝 벽(동벽)을 따라 올라가는 스티븐 베너블스의 1988년 루트

1988년 2월

출발지점: 팀:
카르타 로버트 앤더슨, 폴 티어,
 스티븐 베너블스, 에드 웹스터

우리의 한계 그 너머

에베레스트는 내 인생에서 가장 대단한 경험이었다. 그곳에 갈 기회가 1953년의 초등을 이끈 존 헌트John Hunt 덕분에 예기치 않게 다가왔다. 나는 그런 기회를 준 헌트와 1988년 미국·캐나다·영국 합동 원정대에 나를 받아준 로버트 앤더슨Robert Anderson에게 무한히 감사한다. 우리의 모험은 우연히 시작되었다. 앤더슨이 북벽에 대한 등반 허가서를 신청하자 북경 당국이 동쪽만 가능하다고 말했다. 중국산악협회 사무실에서 오랜 친구 에드 웹스터Ed Webster와 마주친 앤더슨은 그에게 팀에 합류하라고 설득했다 미국의 많은 선도적 산악인들은 무시무시한 캉슝 벽Kangshung Face에 가자는 제안을 정중히 거절했다. 하지만 친구의 친구인 캐나다 태생의 폴 티어Paul Teare가 이 도전에 동의했다. 그리고 마지막 순간에 영국인으로서는 유일하게 내가 팀에 합류했다.

영국에서 나는 어지럽게 널린 세락, 낙석, 그리고 천둥소리를 내며 캉슝 벽을 휩쓸고 떨어지는 악명 높은 눈사태에 대한 걱정으로 잠 못 이루는 밤을 보냈다. 그러나 세계에서 가장 높은 산의 거대한 벽에 새로운 루트를 뚫는다는 기회는 거절하지 못할 정도로 유혹적이었다. 무엇보다 좋았던 것은 도와줄 포터도 보조 산소도 없이 등반한다는 것이었다. 그것은 미지의 세계로 가는 거대한 여정이어서, 어쩌면 우리는 성공하지 못할 수도 있었다. 하지만 불확실성이야말로 알피니즘의 모든 것이 아닐까? 결과가 뻔하다면 굳이 산에 갈 이유도 없을 테니까.

1988년 2월 말 우리 모두는 티베트의 쉐가르쫑Shegar Dzong에서 처음으로 만났다. 앤더슨은 쾌활한 자신감을 내보였는데, 카르타Kharta에서 걸어 들어오는 길에, 우리와 동행할 친구의 가족들과 지원 팀을 끌어들였다. 나는 여전히 의구심과 두려움을 떨치지 못했지만, 11년 동안 히말라야 원정등반을 해온 터라, 이번이 가장 즐거운 원정등반이 될 것이라는 예감이 들었다. 그런 예감은 우리가 랑마 라Langma-La에 도착해, 세계 최고봉 5위 안에 드는 마칼루와 로체와 에베레스트에 둘러싸인 카마Kama 계곡을 처음 내려다본 마법 같은 어느 날 저녁에 확인되었다. 그곳은 티베트 불교도들이 신성시하는 곳이었다. 더욱이, 1921년 이 계곡을 처음 본 유럽인들의 발자취를 따라가는 것은 감동 그 자체였다. 그들 중 한 명이었던 조지 맬러리George Mallory는 나의 학교에서 수학을 가르쳤었는데, 그는 캉슝 벽을 조사하고 나서 불길하게도 이렇게 썼었다. "지혜가 부족한 다른 사람들은 아마도 이 길을 시도할지 모르지만, 분명 우리를 위한 것은 아니다."

마음가짐이 달라졌다. 기술의 진보는 생각할 수 없던 것을 생각할 수 있도록 만들었다. 그로부터 60년 후인 1981년 미국 원정대가 이 벽을 자신들을 위한 것이라고 판단하고, 그 한가운데에 있는 거대한 바위 버트레스를 뚫고 올라가는 길을 어렵게 냈다. 1983년 그들은 다시 돌아와 상단부의 스퍼를 끝내고 내처 정상까지 올라갔다. 그들은 정상 등정에 쓸 산소가 포함된 물자를 정교한 공중 케이블로 끌어올리는 장비를 갖춘 대규모 팀이었다. 5년이 지난 이제 우리는 넷이서, 그것도 산소도 없이 이곳에 도착했다.

많은 히말라야 베테랑들은 우리를 우스꽝스러운 바보로 생각했다. 그러나 우리의 접근 방식은 매우 신중하고 보수적이었다. 1983년 루트의 왼쪽에 있는 가파르고 난해하고 복잡한 지형과 맞닥뜨린 우리는 고정로프를 설치하는 극지법 방식을 채택해, 날마다 조금씩 치고 올라갔다. 그다지 멋지진 않았지만 나는 수직적 풍경, 점차적으로 풀리는 산의 비밀, 자라나기 시작하는 자신감과 체력을 즐겁게 받아들였다. 우리는 어려운 피치를 교대로 선등하며, 꾸준히 길어지는 고정로프를 통해 짐을 져 날랐다. 에베레스트의 겹겹이 쌓인 지질학적 역사를 통해 자신의 길을 엮어가고, 버트레스의 측면을 몰래 들어가고, 우리가 '빅 앨 걸리Big Al Gully'라고 부른 측면을 껴안고 올라가는 루트는 그야말로 장관이었다. 빅 앨은 괴물 같은 세락으로 얼음조각들을 걸리 안으로 규칙적으로 뱉어냈다. 그리고 위쪽에 있는 거대한 설원에서 가끔 훨씬 더 큰 눈사태가 으르렁거리며 아래로 쏟아져 내렸다. 때때로 우리는 낙진에 얻어맞았고, 측면을 올라갈 때는 신설이 심하게 날려 참기 어려운 고통을 당하기도 했다.

버트레스는 우리가 꽃양배추 타워라고 부른 일련의 얼음 절벽들에서 절정을 이루었다. 여기서, 우리의 기술 마법사인 에드 웹스터는 6,500미터쯤에 있는 오버행 빙벽을 선등으로 오르는 탁월한 기량을 뽐냈다. 다음 날 나는 전

완벽한 날씨의 아침에 에드 웹스터가 6,500미터쯤에서 아가리를 떡 벌린 크레바스를 티롤리안 트래버스로 건너갈 때 스티븐 베너블스가 찍은 사진.
뒤쪽에 있는 거대한 버트레스가 1983년 미국 원정대가 오른 곳이고, 그 뒤의 피라미드 봉우리가 1921년 조지 맬러리와 셰르파 니마가 오른 카르체이다.

148 : 5월 10일 아침. 사우스콜로 치고 올라가는 마지막 등반 전. 거대한 얼음 지붕 밑의 2캠프(대략 7,400m)에서 로버트 앤더슨과 폴 티어가 여유롭게 출발 준비를 하고 있다.
세계 제5위의 고봉인 마칼루가 뒤쪽에 보인다.
149 : 폴 티어가 기다리는 가운데 스티븐 베너블스가 2캠프 위의 '웹스터 벽'을 내려다보고 있다.

진캠프에서 위로 올라가 티어와 앤더슨과 함께 네 번째 꽃양배추 타워를 선등했다. 등반 6일째로 날씨가 화창했다. 구름과 눈과 시합을 벌인 나는 터질 듯한 종아리근육을 참아가며, 크램폰의 앞발톱을 써서 80도 경사의 얼음을 간신히 올랐는데, 타워의 꼭대기에 도착하자 눈앞에 펼쳐진 것은 더 위쪽의 사면과 우리를 갈라놓는 거대한 크레바스였다. 우회할 길도 보이지 않았고, 우리에게는 사다리도 없었다. "지혜가 부족한 다른 사람들은 …."

베이스캠프로 철수한 우리는 쉬면서 파상 노르부의 뛰어난 요리를 즐겼다. 다시 한번, 나는 그와 조수인 카상 체링, 그리고 지원 팀으로서 우리의 모든 모험을 가능하게 한 의사 미미 치만Mimi Zieman과 공식적인 사진가 조셉 블랙번Joseph Blackburn에게 큰 감사를 느낀다. 3일 동안 빈둥거린 우리는 다시 작업에 나섰다. 티어와 나는 꽃양배추 타워에 있는 우리의 '1캠프'로 짐을 져 날랐고, 앤더슨과 웹스터는 그곳에서 잠을 잔 후 거대한 크레바스 속으로 불안하게 로프를 타고 내려갔다. 그때 앤더슨이 웹스터에게 농담을 던졌다. "우린 에베레스트 위에 있는 게 아니라 그 속에 있는 거야." 슈퍼스타인 웹스터는 멀리 떨어진 벽의 30미터 오버행 얼음을 올라간 다음, 아가리를 떡 벌린 크레바스 건너편으로 로프를 던져 세계에서 가장 높은 티롤리안 트래버스를 만들었다.

캉슝 빙하로부터 1,000미터 위에 있고, 아룬 협곡Arun Gorge을 향해 동쪽으로 찬란한 전망을 자랑하며, 멀리 티베트와 시킴과 부탄의 산맥들이 끝없이 펼쳐진 그곳 꽃양배추 타워 꼭대기에 어설프게 설치된 티롤리안 트래버스를 나는 좋아했다. 우리 중 어느 누구도 티롤리안 트래버스를 해본 적이 없었지만, 에베레스트는 이것을 배우기에 좋은 장소였다. 게다가 앤더슨을 제외하고, 8,000미터까지 올라본 사람도 없었다. 그리고 거의 9,000미터까지 산소 없이 계속 올라간다는 것이 우리에게 가능하기나 한지 어떤지 알지도 못했다. 하벨러Habeler와 메스너Messner가 대단한 성공을 거둔 이후의 10년 동안 오직 18명만이 무산소로 정상을 밟았는데, 그중 넷은 영원히 돌아오지 못했다.

정신이 번쩍 드는 통계였다. 그러나 나는 우리가 이 일을 해낼 수 있다고 감히 믿기 시작했다. 아주 우연찮게 모인 우리 팀은 자신만만했다. 5월 1일 7,400미터 정도의 2캠프로 짐을 올리자 우리의 자신감이 한껏 고조되었다. 컨디션도 좋고 고소에도 잘 적응된 우리는 넷이라도 에베레스트에서 새롭고 어려운 루트를 등반할 수 있다는 것을 증명하고 있었다. 이제 우리는 사우스콜과

우리의 희망인 정상으로 계속 치고 올라가 등반을 완수해야 했다.

　일주일간의 불안정한 날씨가 끝나, 5월 8일 우리는 전진베이스캠프를 출발했다. 그리고 다음 날 14시간에 걸쳐 1캠프에서 2캠프로 새로운 길을 뚫고 올라갔다. 셋째 날은 우리 중 셋이 개인 고도기록을 깨면서 사우스콜까지 마지막 가파른 구간을 돌파하느라 이전보다도 훨씬 더 힘들었다. 카마 계곡에서 몇 주일을 보낸 후 티베트에서 네팔로 넘어가자 처음으로 서풍과 맞닥뜨렸다. 팔다리가 마비되고 허우적거리고 헐떡거리며, 동상의 두려움에 휩싸인 우리는 겨우 스스로를 통제하고, 두 개의 작은 텐트로 서둘러 기어들어간 다음, 얼음을 긁어모아 기운을 북돋는 차와 수프를 만들었다. 하지만 밤새도록 바람이 텐트 천을 두드려 떨어지는 서리로 꼼짝없이 샤워를 하고 말았다. 3일 동안의 등반으로 지치고 저산소증으로 그로기 상태가 된 우리는 그날 밤 정상으로 향할 형편이 아니었다. 어쨌든 바람도 너무 강했다. 그리고 티어가 아파 문제가 더욱 복잡해졌다. 그는 아마도 뇌수종이 시작된 것 같았다. 그에게 있어 단 하나의 용감하고 슬픈 선택은 정상 등정에 대한 희망을 포기하고 도로 내려가는 것이었다. 웹스터와 앤더슨과 나에게 정상 등정 보너스는 여전히 가능성으로 남아 있었다. 그리하여 그날 밤 바람이 잠잠해진 틈을 타 우리는 밤 11시에 텐트를 출발했다.

　우리의 본래 계획은 전날 밤에 떠나는 것이었다. 따라서 우리는 '죽음의 지대'에서 이미 하루를 더 보낸 셈이었다. 그러나 달도 없는 하늘 아래 사우스콜의 텅 빈 암흑을 가로질러 걸어갈 때, 실제로 나는 아주 강하다는 느낌을 받아, 우리가 해낼 수 있다는 희망을 감히 다시 품게 되었다. 남동 능선으로 접근하면서 사면이 가팔라져 가까스로 스무 걸음을 걷고 나서 한 번씩 쉬어야 했다. 우리는 서로 로프를 묶지 않기 때문에 나는 앤더슨과 웹스터보다 약간 앞서서 걸었다. 하지만 가끔 나는 멀리 아래쪽에 있는 헤드램프 불빛을 돌아봤는데, 그때마다 그들의 목소리가 들려왔다. 8,450미터쯤에서, 그 전주의 아시아 우정 원정대에 참가한 일본 팀이 버린 텐트에 도착하자 날이 밝아왔다. 나는 우리가 따라가고 있는 이곳 노멀 루트가 오른쪽의 '발코니'로 휘어지는지를 전혀 모르고 있었다. 나는 계속해서 연옥의 사다리를 곧장 올라갔다. 열다섯 걸음, 그런 다음 열 걸음, 그리고 세 걸음… 베너블스의 다이렉트를 곧장 위로!

　내가 능선 마루에 홀연히 올라서자 마침내 고문이 끝났다. 멀리, 아주 먼 아래쪽에 카마 계곡이 아침 햇살을 받아 푸르스름하게 빛나고 있었다. 내 위로는 남봉으로 이어지는 마지막 능선이 부서진 석회암으로 굽은 선을 그리며 펼쳐졌는데, 그곳은 짧고 쉬워 보였다. 나는 소중한 과일주스를 조금 마시며 처음으로 30분 정도 쉬었다. 그러면서 웹스터와 앤더슨이 나타나기를 고대했지만, 그들이 여전히 아래쪽 걸리에서 허우적거리고 있어서 나는 혼자 계속 올라갔다.

150 에베레스트에서 아주 어려운 새 루트를 개척한 소규모 팀. 캉슝 벽으로 출발하기 전 전진베이스캠프에서 찍은 사진. (왼쪽에서 오른쪽으로) 로버트 앤더슨(리더), 스티븐 베너블스, 에드 웹스터, 폴 티어

151 3월 초 캉슝 베이스캠프로 들어가기 전 카르타 계곡에 모두 모인 모습. 1988년의 에베레스트 등반은 텐징 노르가이의 장남인 노르부를 포함한 많은 사람들의 도움으로 가능했다.

이제 늦은 아침이었다. 냉혹한 햇빛이 내 한심한 몸부림 위로 눈부시게 빛났다. 마침내 쓰러지다시피 눈에 앉은 나는 잠시라도 눈을 붙이고 싶었다. 나는 또 하나의 라인홀드 메스너가 전혀 아니었다. 나는 웹스터가 나타날 때까지 1시간 동안 꾸벅꾸벅 졸았다. 하지만 그는 나보다 훨씬 더 멍한 상태였다. 그의 도움을 받을 수 없다는 사실을 깨달은 나는 한 번 더 올라가기로 결심하고, 간신히 일어나 자세를 바로 잡은 후 남봉으로 이어지는 마지막 가파른 사면으로 힘든 발걸음을 계속 이어갔다.

그때 오후의 구름이 휘몰아치자 유포리아의 새로운 분위기가 물씬 풍겼다. 나는 해낼 수 있었다. 나는 기회를 부여잡아야만 했다. 유명한 힐러리 스텝으로 이어지는 바위를 넘어갈 때는 한심한 희생자가 더 이상 아니었다. 나는 실제로 스스로를 즐기고 있었고, 남서벽 밑으로 내려다보이는 경치에 스릴을 느꼈으며, 뒤를 돌아다보자 이제 로체가 나보다 훨씬 밑에 있다는 사실을 알고 기뻐했다. 비록 짧은 구간이었지만 정말로 등반을 하고 있다는 느낌에 기뻐하며 힐러리 스텝을 올라가, 헛된 기대를 갖게 하는 가짜 정상들이 있는 굽이진 능선을 터벅터벅 걸어갔다.

오후 3시 40분 진짜 정상에 도착한 나는 10분 후에 하산을 시작했다. 그때 전형적인 오후의 폭풍설이 내 고글을 얼음으로 뒤덮고, 캉슝 벽의 오버행에 걸린 치명적인 커니스를 분간하기 어렵게 만들어 상황이 심각해졌다. 후에 들어서 알게 되었지만 웹스터와 앤더슨은 남봉에서 돌아섰다. 그리하여 결국 혼자가 된 나는 무척 쇠약해졌다는 느낌이 들자 너무나도 외로웠다. 발걸음이 느려진 내가 남봉 바로 아래까지 간신히 내려가니 벌써 어두워지고 있었다. 그리하여 나는 어둠 속에서 실수하는 위험을 감수하는 대신, 멈추어서 눈을 파낸 다음 8,600미터에서 오들오들 떨며 고독한 비박에 들어가기로 했다. 다음 날 아침이 되어서야 나는 일본 텐트로 피신한 웹스터와 앤더슨을 다시 만날 수 있었다.

그날 아침 늦게 사우스콜로 내려온 우리는 36시간 만에 처음으로 눈을 녹여 뜨거운 차를 마신 후에 따뜻한 침낭 속으로 기어들어가는 호강을 누렸다. 우리는 마침내 해냈다! 사우스콜까지 새로운 루트로, 그리고 정상까지, 그것도 무산소로! 하지만 우리는 분명 지나치다 싶을 정도로 긴장했다. 사우스콜을 내려갈 때 우리는 거의 4일 동안 8,000미터 또는 그 이상에 머물러 있었다. 우리의 한심하고 불안정한 캉슝 벽 하강은 모스크바에서 패주한 나폴레옹의 그것과 다름없었다. 그의 수많은 병사들처럼 우리도 눈에 누워 거의 죽음으로 끝이 날 뻔했다. 그러나 우리는 함께 가까스로 참아냈고, 결국 출발한 지 9일 만에 돌아와, 난파선이 되었지만 완전히 만족하며, 안전한 전진베이스캠프에서 우리의 친구 티어와 재회했다.

스티븐 베너블스

스티븐 베너블스Stephen Venables는 동벽의 새로운 루트를 통해 보조 산소 없이 에베레스트를 오른 최초의 영국인이 되었다. 그는 힌두쿠시와 키시트와르 쉬블링, 판츠출리5봉, 풍파리 동벽 그리고 쿠숨 캉구루 남쪽 능선 등을 포함한 히말라야의 다른 곳을 비롯해, 페루와 볼리비아, 칠레, 사우스조지아에서도 초등을 했다. 그의 첫 번째 책 『뾰족한 산들Pointed Mountains』은 보드먼-태스커 상을 받았고, 그 이후의 책 역시 밴프 국제산악영화제에서 상을 받았다. 그는 에베레스트와 마터호른에 관한 BBC 다큐멘터리 영상에 출연했으며, IMAX 영화 「섀클턴의 남극 모험Shackleton's Antarctic Adventure」에 라인홀드 메스너, 콘래드 앵커Conrad Anker 등과 함께 출연했다. 세계에서 가장 오래된 산악단체인 영국산악회의 회장을 역임한 그는 셰필드홀럼대학Sheffield Hallam University에서 명예박사 학위를 받았고, 킹 앨버트 재단 산악상King Albert Foundation Mountain Award을 수상했다.

K2 K2

파키스탄/중국
8,611m

1954년 7월 31일

초등:
아킬레 콤파뇨니,
리노 라체델리

1938년 　　　　　　　1954년 　　　　　　　　　　　　　　　1978년　　1982년　　1986년 　　　　　　　　　2008년　　2011년

1981년

산 중의 산

K2는 상상할 수 없을 정도로 거대하다. 아마도 마터호른 41개를 포개면 비슷한 규모의 피라미드가 될지 모르겠다. 라인하르트 카를Reinhard Karl은 "너무나 거대해서 길을 잃지 않으려면 텐트 안으로 기어들어가야 한다."라고 이 산을 묘사했다. 자신만의 개성과 의지를 가진 이 멋진 산은 세계의 8천 미터급 고봉들이 집중적으로 포진한 카라코람에 우뚝 서 있다. 1856년, 영국의 측량기사 T. G. 몽고메리Montgomerie가 200킬로미터 떨어진 곳에서 이쪽을 바라본 다음, 한눈에 들어올 정도로 높은 봉우리들에 카라코람Karakoram을 나타내는 K와 함께 K1, K2 하는 식으로 번호를 붙였다. 히말라야 북쪽의 얼음이 덮인 봉우리들인 이 산맥은 길이가 500킬로미터 정도로 아프가니스탄 동쪽의 고원 사막지대에서 끝이 난다. K2는 파키스탄의 가장 북쪽 지방에서 지금은 신장으로 알려진 중국령 투르키스탄과의 국경 위에 위치해 있다. 애석하게도, '위대한 산'이라는 의미의 이곳 지역 이름 초고리Chogori는 국제적으로 이미 널리 알려진 K2를 대체하는 데 실패했다.

오스카 에켄슈타인Oscar Eckenstein이 이끈 일단의 오스트리아인들과 영국인들이 괴물 같은 이 산을 처음으로 진지하게 시도했고, 1909년 유명한 산악인이자 탐험가인 루이지 아메데오 디 사보이아Luigi Amedeo di Savoia 아브루치Abruzzi 공작이 탐험가과 산악인과 사진가로 구성된 대규모 이탈리아 원정대를 이끌고 오늘날 아브루치 스퍼로 알려진 남동쪽을 공략했다. 하지만 그의 판단은 "불가능하군!"이었다. 그들은 이용 가능한 최초의 지도를 사용했으며, 비토리아 셀라Vittorio Sella는 원판 카메라로 K2의 모습을 처음으로 사진에 담았다. 그리하여 이 산은 신화가 되었다.

1938년 찰스 휴스턴Charles Houston이 미국의 첫 번째 K2 원정대를 이끌었다. 그들은 아브루치 스퍼를 점점 더 높이 올라가 정상에서 얼마 떨어지지 않은 곳까지 도달한 후에 돌아섰다. 1939년 프리츠 바이스너Fritz Wiessner가 이끈 두 번째 원정대는 4명의 사망자를 냈음에도 셰르파 파상 다와 라마를 대동한

바이스너가 정상에서 몇백 미터 떨어진 곳까지 올라갔다. 1953년 찰스 휴스턴은 두 번째 도전에 나섰으나, 동료 아트 길키Art Gilkey가 사망하는 사고 끝에 실패하고 말았다.

그 후, 승리는 과학자 아르디토 데시오Ardito Desio가 이끈 1954년의 이탈리아 팀에 돌아갔다. 그들은 800명의 포터를 동원해 17톤이 넘는 물자를 베이스캠프로 날랐다. 처음에 원정등반은 악천후로 인해 실패할 것만 같았다. 그러나 발터 보나티Walter Bonatti가 구원자로 나섰다. 정상 공격조를 도와주기 위해, 그는 8,100미터에 있는 캠프까지 귀중한 산소통을 가지고 올라갔다. 그것은 상당한 부담이었다! 그때 뜻하지 않게 사방이 어두워져서, 그와 포터 아미르 마디는 8,000미터가 넘는 눈 속에서 텐트도 침낭도 없이 비박을 감행했다. 7월 31일 아킬레 콤파뇨니Achille Compagnoni와 리노 라체델리Lino Lacedelli가 보나티가 가져다준 산소통을 사용해 마지막 공략에 나섰다. 그리고 오후 6시, 이 '영웅들'은 마지막으로 남은 산소를 써가며 8천 미터급 고봉 중 가장 어려운 '산 중의 산' 정상에 올랐다. 콤파뇨니는 무릎을 꿇고 눈물을 흘렸다.

1978년 제임스 휘태커James Whittaker가 이끈 미국 원정대는 훌륭한 루트를 개척했다. 그리고 1981년 일본의 한 팀이 서쪽 능선으로 초등을 한데 이어, 1982년에는 일본의 또 다른 팀이 북쪽 능선으로 정상 등정에 성공했다. 1986년 여름 K2에서는 13명의 사망자가 발생했는데, 너무나 많은 산악인들이 8,000미터 위의 죽음의 지대에서 희생되었다. 1865년의 마터호른과 마찬가지로 K2 역시 그 고결함을 잃고 말았다. 2008년 K2에서는 11명의 산악인들이 목숨을 잃는 대재앙이 또다시 일어났다. 2011년 여름 겔린데 칼텐브루너Gerlinde Kaltenbrunner는 소규모 팀의 일원으로 등반에 참가해, 상당한 악천후에도 불구하고 북쪽의 1982년 일본 루트를 통해 정상 등정에 성공했다. 그리하여 그녀는 8천 미터급 고봉 14개를 보조 산소 없이 모두 등정한 최초의 여성이 되었다.

152, 153 | K2의 중국 쪽 북면을 가상 카메라로 내려다본 모습. 파키스탄과의 국경선이 북서와 북동 능선(정상에서 왼쪽 대각선 방향으로)을 따라 이어진다. K2의 기슭에 사보이아 빙하가 있다.
154 | 겔린데 칼텐브루너는 정상으로 이어지는 일본 쿨르와르로 접근하기 위해 북벽의 현수빙하를 건넜다.

Profile 프로필

가상 카메라 위치

카메라	페이지	촬영고도/미터	초점거리/밀리미터	정상으로부터의 거리/미터	촬영방향
1	152 ¦ 153	8,567	27	4,400	북북서
2	154	5,298	48	6,050	북북서
3	156 ¦ 157	58,810	269	90,575	동
4	158 ¦ 159	14,721	56	13,750	서북서

여러 면에서 극한인 곳

폭풍설이 휘몰아치는 가혹한 산. 그것이 바로 산 중의 산 K2이다. 그런 명성은 격렬한 지질학적 역사와 어느 정도 연결되어 있다. 세계에서 두 번째로 높은 이 산은 인도판과 유라시아판의 충돌로 수백 킬로미터의 땅덩어리가 밀어 올려져 생긴 티베트 고원인 소위 카라코람 단층지대 위에 우뚝 서 있다. K2의 기후는 특히 변화무쌍하다. 이 산은 몬순지역의 서쪽 끝자락에 위치해 있어 겨울철에는 극도로 춥고 강풍을 동반한 폭설이 내린다. 이는 대부분의 히말라야 8천 미터급 고봉과는 다른 조건으로, 동계등반에 큰 걸림돌이 된다. 설원과 강풍 및 무너져 내리는 얼음덩어리들은 특히 정상 부근에서 위험한 눈사태의 가능성이 매우 높다는 의미이다.

K2의 암석 역시 변화무쌍한 역사를 가지고 있다. 가장 널리 퍼져 있는 편마암은 원래 지각에서 굳어진 후 히말라야가 형성되는 동안 높은 압력과 온도에 노출된 화산암이었다. 지구의 상부 맨틀에서 녹아내린 K2의 편마암은 카라코람 지역에서 진행되어 큰 영향을 미치고 있는 지역화 과정을 보여준다. 산악인의 관점에서 볼 때 훨씬 더 위험한 것은 변성암의 배열이다. 이런 암석은 풍화되기가 쉬워, 전통적인 루트 특히 '검은 피라미드' 주위에서 종종 위험한 낙석을 유발한다.

산의 형성과 침식 과정은 지난 5백만 년 동안 K2의 급속한 융기를 불러왔다. 암석은 상당히 깊은 곳에서 지표면으로 솟아올랐고, 동시에 침식은 깊은 계곡을 깎아 풍경을 만들었다. 지질학적으로 빠른 변화를 보이는 지형적 발달과 지배적인 기후 조건으로 인해, K2는 히말라야의 다른 8천 미터급 고봉뿐만 아니라 그의 짝이라고 할 수 있는 티베트 고원과도 상당히 다르다.

죽음의 지대에서

2011년 8월 21일	**7,950**미터
2011년 8월 22일	**8,300**미터
2011년 8월 23일	**8,611**미터
2011년 8월 24일	**7,950**미터

원정등반이 진행되면서 겔린데 칼텐브루너와 그녀의 팀은 '죽음의 지대'로 알려진 해발고도 8,000미터 이상에서 시간을 보냈다. 이 고도에서는 신체가 더 이상 재가동되지 않는다. 산악인들은 산소 부족뿐만 아니라 수분 부족, 저체온 및 탄수화물 부족으로 고통받는다. 이 지대에서는 일반적으로 36~48시간 이상 생존할 수 없다.

출처: Franz Berghold 『Hondbuch der Trekking-und Höhenmedizin』 (Munich: DAV Summit Club, 2015)

K2의 북쪽 능선을 따라 오르는 겔린데 칼텐브루너의 2011년 루트

156,157 정상 아래에 세락이 널린 하얀 동벽. 이곳은 남동 능선을 넘어 사진의 오른쪽 능선으로 붙는 노멀 루트의 핵심 구간이다. 그 왼쪽에 체센 루트의 시작지점이 있다.
158,159 K2, 사보이 빙하(오른쪽), 고드윈-오스틴 빙하(뒤쪽). 북동 능선(왼쪽), 북서 능선(가운데), 남서 능선과 남남서 능선(오른쪽)이 쉽게 구별된다.

2011년 8월

출발지점:
카슈가르 근처 일리크 마을

팀:
겔린데 칼텐브루너, 랄프 두이모비츠,
토미 하인리히, 바실리 피브초프,
다레크 자워스키, 마크수트 주마예프

"누군가 이끌어준다는
느낌이 들었다"

북쪽 능선 기슭에 그림자가 드리워져 있다. 그리고 훨씬 더 위쪽의 능선 오른쪽 사면에는 대각선으로 햇빛이 비치고 있다. 몇 주가 지나면, 우리는 첫 번째 상향곡선 구간 아래에 텐트를 칠 것이다. 그 위에서 K2의 북쪽 능선은 가파르게 뻗어 올라간다. 나는 그 구간을 손쉽게 따라 올라갈 수 있고, 눈 덮인 사면을 따라 약간은 어정쩡하겠지만 빠르게 갈 수 있을 것이다. 3D 안경을 통해 나는 우리가 계획한 루트를 자세히 파악할 수 있다. 3,000미터 위쪽에 곡선의 바위 능선이 마치 조각품처럼 돋보인다.

꿈만 같던 일이 2011년 6월에 현실로 다가왔다. 독일항공우주센터의 원격탐사센터 책임자인 슈테판 데흐Stefan Dech가 나와 두이모비츠Dujmovits에게 K2 주변을 가상 비행할 수 있는 기회를 주었다. 그보다 9개월 전에 그는 내 강연에 왔는데, 후에 말한 바와 같이, 그는 내가 이 산으로 다시 돌아올 것이라고 느꼈다. 나를 지원하기 위해, 그는 비용이 아주 많이 들어가는 프로젝트에 착수하기로 결정했다. 그것은 위성의 최신 데이터로 K2의 3차원 지도를 만드는 것이었다. 그리하여 위성이 이 산의 상공을 도는 동안 다양한 각도에서 사진을 찍은 다음, 애니메이션 전문가가 데이터를 지형 모델로 변환했다. 이미지의 화질은 믿을 수 없을 만큼 좋았고, 우리가 등반하는 동안 아주 큰 도움이 되었다. 이런 인상적인 사진들은 나를 무척 흥분시켰는데, 의심할 여지없이 이런 방식으로 루트를 들여다보는 것이 어떤 일이 벌어질지에 대해 훨씬 더 명확한 아이디어를 갖도록 해주었기 때문이다. 사실, 내가 K2에 다시 돌아가기로 결심을 굳힌 것은 2011년 초였다. 하지만 이번에는 중국에서 북쪽으로 접근하기로 했다. 솔직히 털어놓으면, 이 산에 끌리기는 했지만, 그 전해에 프레드릭 에릭슨Fredrik Ericsson의 죽음으로 인해 남쪽으로 돌아가고 싶지는 않았다. 기술적인 요구를 고려하면, 북쪽으로 등반하기로 한 결정은 두이모비츠와 내가 모든 것

을 스스로 해내야 한다는 의미였다.

알파인 스타일로 등반하는 것은 불가능할 것 같았다. 필요한 곳에는 고정로프를 길게 깔아야 할 것이고, 베이스캠프와 전진베이스캠프 사이에서 장비를 운반하기 위해서는 더 큰 팀이 필요할 것이다. 대원을 모집하는 데는 그리 많은 시간이 걸리지 않았다. 2003년 낭가파르바트 원정등반 이후, 나는 카자흐스탄인 마크수트 주마예프Maxut Zhumayev와 바실리 피브초프Vassiliy Pivtsov와 꾸준히 그리고 긴밀하게 연락해오고 있었다. 그때 그들은 나에게 '무한궤도의 신데렐라Cinderella Caterpillar'라는 별명을 붙여주었었다. 북쪽 능선으로 한 번 시도해보자는 데는 많은 설득이 필요 없었다. 이전에 K2를 몇 번 시도하는 동안 잘 알게 된 폴란드의 다레크 자워스키Darek Załuski도 우리와 기꺼이 합류했다. 팀의 마지막 멤버는 두이모비츠의 오랜 친구로 K2에 꽤 익숙한 아르헨티나 사진가 토미 하인리히Tommy Heinrich였다. 6월 말 마침내 출발할 때가 되자 나는 낙타 떼와 함께 산으로 들어간다는 기대에 마음이 더욱 설레었다.

우리의 출발지점은 주도 카슈가르Kashgar 근처의 일리크Illik 마을이었다. 우리는 그날 밤을 촌장의 거실에서 보냈다. 다음 날 아침, 마을 사람들이 자신들의 낙타를 몰고 그 집 앞으로 모여들어 우리는 짐을 싣고 출발했다. 마침내, 무거운 짐을 실은 35마리의 낙타로 된 카라반 행렬이 당나귀에 올라탄 8명의 키르기스스탄 낙타 몰이꾼의 인도로 길을 떠났다. 그리고 주방담당 둘과 내셔널지오그래픽 기자인 통역관 칩 브라운Chip Brown과 우리 여섯이 도보로 그 뒤를 따랐다. 그 5일 동안의 트레킹은 두이모비츠와 나에게 정말 아름답고 인상적인 경험을 선사했다. 우리는 3,900미터의 베이스캠프에 도착했다. 그곳은 사뭇 목가적이었다. 깨끗한 물, 신선한 녹지, 여기저기 뛰어다니는 야생 토끼, 그리고 딱 한 번 목격한 야생 당나귀 무리. 예상대로 우리가 눈에 보이는 유일

K2 북쪽 능선으로의 어프로치. 네 번의 원정등반 끝에 마침내 나는 세계 제2의 고봉 등정에 성공했다.

한 원정대였다. 낙타 몰이꾼들은 우리를 도와 짐을 당나귀에 싣고 은닉처로 옮긴 다음 돈을 받고 돌아가는 여정에 나섰다. 그리하여 이제는 다른 어느 누구에게도 의지할 수 없는 시간이 되었다. 6주가 지나면 낙타 몰이꾼들이 우리를 데리러 돌아올 것이고, 그때까지는 외부인이 전혀 없을 터였다. 중국에서는 긴급 상황이 발생하더라도 헬기 구조 비행이 없으며, 녹아내리는 물의 양이 점점 더 많아져 곧 육로가 끊긴다는 사실을 우리는 알고 있었다.

전진베이스캠프와 더 위쪽의 5,050미터에 친 물자보관 텐트로 짐을 져 나른 그다음 며칠은 눈 깜짝할 사이에 지나갔다. 캠프 사이를 계속 오르내리자 저절로 고소적응이 되었다. 우리가 1982년의 일본 루트로 오르는 데는 큰 문제가 없을 것 같았다. 나는 남쪽에서의 혼란과 나의 불행한 기억을 잊고 풍경과 고요를 즐겼다. 7월 5일 북쪽 능선 기슭에서 5분밖에 안 떨어진 5,300미터 지점에 우리가 첫 캠프를 쳤을 때, 나는 능선이 너무나 멋져 넋을 잃을 뻔했다. 그곳에서 우리를 기다리는 것은 우리의 한계를 시험할 등반이었다. 그다음 몇 주간 무슨 일이 일어날지 아는 사람은 우리 중 아무도 없었다. 하지만 나는 순수한 흥분의 긍정적 감정으로 가득 차 있었다.

다른 사람들과 힘을 합쳐 5,950미터에 중간캠프를 설치하고, 산마루 아래의 6,250미터에 물자보관 텐트를 친 다음, 7월 14일 처음으로 두이모비츠와 내가 6,600미터의 2캠프에서 밤을 보냈다. 능선의 비교적 평편한 첫 번째 구간에 위치한 2캠프에서, 우리는 텐트를 그곳에 남겨두지 않고 다음 비박에 다시 쓸 요량으로 배낭에 집어넣어 가지고 올라갔다. 14시간 반 동안 등반을 해서 지치긴 했어도, 저녁의 아름다운 풍경이 모든 스트레스와 긴장을 보상해주었다. 주위의 봉우리들이 절묘한 황혼에 빛나고 있었다. 그것은 마치 하루의 고된 등반을 끝낸 우리에게 자연이 강력한 힘과 에너지를 재충전해주는 것과 같았다. 이 거대한 산들은 나를 작고 보잘 것 없는 존재로 만들어, 나는 이곳에 있다는 사실에 놀라움과 감사함으로 그저 바라볼 수밖에 없었다. 우리는 전진베이스캠프로 돌아와 며칠을 쉰 다음 다시 출발했다. 7월 22일, 피브초프와 내가 7,300미터의 3캠프에 도착했고, 주마예프와 두이모비츠와 자워스키가 7,000미터쯤에 자신들의 로프를 내려놓았다.

이제 날씨가 계속적으로 나빠졌기 때문에 우리는 신선한 산소를 들이마시고, 낮 동안 푸른 들판과 수풀을 보기 위해 베이스캠프로 내려가기로 결정했다. 이것은 지난 몇 주 동안의 너덜지대와 눈과 바위로부터의 기분 좋은 전환이었다. 그러나 폭풍이 그치지 않으면서 며칠 동안 눈이 내렸다. K2가 오랫동안 보이지 않게 되자 우리 팀의 분위기도 눈에 띄게 조용해지고 진지해졌다. 예정된 일정보다 이미 늦어지고 있어서, 심지어 우리는 원정등반을 포기하는 것까지도 논의했다. 하지만 나는 정상에 오르겠다는 희망을 포기하고 싶지 않

았다. 인내심을 오랫동안 시험받은 후, 우리는 마침내 찰리 가블Charly Gabl로부터 좋은 날씨가 올 것이라는 연락을 받았다. 그는 8월 21일이 정상 등정을 위한 완벽한 날이 될 것이라고 말했다. 그리하여 8월 16일 우리 여섯이 다시 출발했다. 눈이 여전히 내리고 있었지만, 가블은 그 주말이 되면 건조하고 안정적인 날씨가 될 것이라고 예보했다. 깊은 신설로 인해, 8월 17일 우리는 1캠프에 머물렀다. 다행히도 이 비자발적 휴식은 몇 시간의 햇빛 덕분에 유쾌해졌다. 우리 주위의 가파른 사면에서 큰 눈사태들이 일어났는데, 우리는 이것을 좋은 신호로 받아들였다. 다음 날 우리는 약속된 정상 등정 날짜에 맞은 위치에 들어가기 위해 6,600미터까지 올라가 비박하기로 했다. 하지만 불행하게도 밤새 눈이 더 내리기 시작했고, 새벽 5시 출발시간까지도 눈이 여전히 내렸다. 그리하여 길을 뚫고 나가기가 어려워 우리의 전진은 처음부터 매우 느렸다. 눈사태 상황은 평가하기가 어려웠지만, 어떤 경우라도 그것은 또 다른 위험이라서, 2시간 후 모두가 돌아서기로 두이모비츠가 결정했다. 그는 직감적으로 내려가는 것이 좋다고 판단했다. 나는 이 위험 부담이 그에게는 너무나 크고, 그는 이미 K2의 정상에 섰기 때문에 다른 사람들만큼 동기부여가 크지 않다는 것을 충분히 이해할 수 있었다. 그러나 나는 여전히 감당할 만한 상황이라고 생각했고, 직감적으로 내가 옳다고 느꼈다. 두이모비츠와 나는 이런 일이 발생하면, 상대방이 괜찮고 혼자 하산하는 것이 위험하지 않다는 전제조건 하에서, 각자의 길을 가기로 이미 합의해놓은 상태였다. 하지만 서로에 대한 믿음에도 불구하고, 이런 상황에서 헤어지는 것은 우리 둘 모두에게 쉬운 일이 아니었다.

우리는 허리까지 빠지는 눈을 헤치고 더 완만한 능선으로 천천히 올라갔다. 그때쯤, 우리가 어둡기 전에 2캠프에 도착하지 못할 것이라는 사실이 분명해졌다. 그래서 우리는 산마루 아래의 물자보관 텐트에서 하룻밤을 보내기로 결정했다. 내 배낭에는 비상용의 아주 가벼운 비박텐트가 하나 들어 있었는데, 이제 그것을 치는 것은 우리 넷의 몫이었다. 매우 불편한 밤을 보낸 후, 우리는 때때로 아주 가파른 바위와 눈을 오르며 강풍과 맞서 싸운 끝에 오후 3시 30분 2캠프에 도착했다. 이전에 하산할 때 그곳에 무전기를 남겨두었기 때문에 하루 반이 지난 이제 나는 두이모비츠와 다시 연락을 할 수 있게 되었다. 그 사이에 가블은 그에게 최신 일기예보를 제공했고, 8월 22일이 이상적인 정상 등정 날짜가 될 것이라고 가블이 그에게 말했을 때 그의 걱정은 완전한 유포리아로 변했다.

그곳은 우리의 정신 상태에 엄청난 활력을 주었다. 이제 우리는 예정대로 진행하고 있었다. 또한 가블은 제트기류가 저녁이면 줄어들 것으로 예상했기 때문에 우리는 고요한 밤을 기대할 수 있었다. 하지만 불행하게도 그는 틀리고

K2의 북쪽 능선 밑에서 지형을 분석하고 있다.

말았다. 밤새도록 텐트가 난폭한 바람에 펄럭이는 바람에 우리는 잠도 제대로 자지 못했다. 다음 날 아침에도 처음에는 좋아질 기미가 보이지 않았다. 그럼에도 우리는 장비를 꾸려 무거운 배낭을 메고 능선을 따라 위로 올라갔다. 바람은 우리를 몹시 힘들게 했다. 그러나 저녁 7시경이 되자 마침내 바람이 잦아들었다. 7,250미터에서 조용한 밤을 보낼 수 있다는 생각에 나는 무척 안도했다. 식량이 거의 다 떨어져, 우리는 텐트 안에서 가진 것을 모두 펼쳐놓고, 쉽게 구분할 수 있도록 종류와 시기별로 분리했다. 다음 날은 완벽하게 흘러갔다. 눈과 바위가 혼합된 지형에서 우리는 이상적인 조건을 찾았고, 이른 오후에 정확히 8,000미터의 4캠프 예정지에 도착했다. 이제 우리는 다가올 정상 등정을 준비할 시간적 여유가 있었다. 그리하여 몇 시간 동안 눈을 녹이며 크램폰 발톱과 아이스액스 피크를 갈았다. 그곳에서 우리는 곤륜산맥과 일본 쿨

르와르의 환상적인 전망을 볼 수 있었다. 정상과 우리 사이에는 이제 600미터만이 남아 있었다. 나는 자워스키 옆에서 반쯤 앉고 반쯤 누워 밤을 보냈다. 그러면서 약속된 출발 시간인 새벽 5시가 되기를 간절히 바랐다. 쿨르와르로 가는 루트가 예상보다 상당히 어려워 우리는 고통스럽게 더딘 전진을 할 수밖에 없었다. 연신 쏟아져 내리는 분설눈사태 가루를 피하거나, 또는 그것이 지나가기를 기다려야 해서, 이것 또한 시간이 걸렸다. 우리가 정상 등정에 한 번 더 실패할 가능성이 높아졌다. 무거운 마음으로, 나는 두이모비츠에게 이 상황을 무전기로 설명할 수밖에 없었다. 하지만 무전기를 켜자 말할 기회가 전혀 주어지지 않았다.

두이모비츠는 무척 흥분되어 있었다. "겔린데" 그가 말을 쏟아냈다. "때마침 무전을 하다니 대단해. 최신 일기예보를 받았어!" 사실일까? 지금 그들은 8

166 7,000미터 정도의 지점. 고정로프를 설치하는 동안 얼굴을 향해 얼음처럼 차가운 눈발이 날리고 있다. 시간이 오래 걸리는 등반에서 이런 안전조치는 필수적이다.
167 북쪽 능선의 가파른 쿨르와르를 올라가며 고정로프에 매달린 모습

월 23일이 최상의 날이 될 것이라고 말하고 있었다. 정말 또 한 번의 기회가 오다니! 우리는 8,300미터에서 비박하기로 했다. 얼어붙는 기온과 작은 비박텐트의 비좁은 환경에서 우리는 눈도 제대로 붙이지 못했다. 동상에 걸릴 위험이 너무나 커서, 첫 햇살이 비치기를 간절히 희망하며 오전 7시 30분이 되어서야 텐트를 나섰다. 그리고 일본 쿨르와르의 가장자리를 따라 올라갔다. 하지만 눈이 너무 깊어 고도를 조금씩 높여갈 수밖에 없었다. 걸리에 눈이 엄청나게 많이 쌓여, 눈사태를 두려워한 우리는 걸음을 자주 멈추어 가능하면 바위 가장자리 가까이에 바짝 붙었다. 피브초프와 주마예프와 내가 번갈아가며 길을 뚫고 나아갔다. 눈이 허리까지 빠졌다. 그리하여 열에서 열다섯 걸음마다 누군가 다른 사람이 앞으로 나섰다. 우리는 우선 손으로 눈을 어느 정도 치운 다음, 그 위에 무릎을 대고 발이 닿을 수 있을 만큼 충분히 눌러주었다. 그런 후에 다리를 눈 속에 집어넣고 일어서봤지만, 그래봐야 사실 그 자리가 그 자리였다. 우리는 오른쪽과 왼쪽을 번갈아가며 열 번은 그렇게 했다. 눈이 배꼽까지 빠져 고도 30미터를 올리는 데 3시간이 걸렸다. 우리는 그냥 앞으로 나아갈 수가 없었다. 그리고 8일 동안 쉬지 않고 움직인 터라 엄청난 육체적·정신적 긴장의 영향이 어느덧 나타나고 있었다. 어느 지점에서, 나는 내려가는 것은 고사하고

올라갈 수는 있을까 하는 의구심이 들기 시작했다. 그러나 침묵을 지켰다. 나는 피브초프의 눈을 쳐다보다가 얼른 주마예프에게로 시선을 돌렸다. 우리는 침묵 속에서 계속 전진했다. 서로가 다른 사람이 무엇을 생각하고 있는지 알고 있었지만, 우리 사이에는 암묵적인 이해가 있었다. "계속 할 거야. 포기하진 않아."

시간이 흘러갔다. 마침내 정상으로 이어지는 넓은 능선 위로 올라섰을 때 시계를 보니 이미 오후 4시 반이 지나고 있었다. 나는 무전기를 켜고 두이모비츠에게 상황을 설명했다. 하지만 또다시 말할 기회가 거의 없었다. "겔린데, 네가 보여. 이번엔 정말 해낼 수 있을 거야!" 나는 그가 얼마나 흥분하고 있는지 생생하게 느낄 수 있었다. 그는 매순간마다 우리와 함께 있었다. "그리고 널 응원하고 있는 사람들이 아주 많아!" 나는 시선을 정상 능선에 고정한 채 그의 말을 들었다. 아주 많은 친구들과 관심을 가진 다른 사람들이 바로 이 순간에 우리를 생각하고 있다는 그의 말에 힘이 샘솟았다. 그의 말은 새로운 희망과 믿음으로 계속 앞으로 나아가도록 나에게 영감을 주었다. 이상하게 들릴지 모르지만, 마지막 몇백 미터에서는 누군가 나를 이끌어준다는 느낌이 들었다. 정상 설원은 더욱 완만했는데 바람이 눈을 완전히 쓸어버린 상태였다. 그리하여 우리는 부츠 끝으로 발판을 만들며 올라갈 수 있었다. 그러자 슈테판 데흐와 EOC 애니메이션 연구소에서 보낸 시간들이 생각났다. 정상까지 얼마나 남았는지 내가 정확히 알고 있는 것은 순전히 그 덕분이었다. 만약 위성이 지금 사진을 찍고 있다면, 아마 우리가 보일지도 모르는 일이었다.

우리를 뒤따르고 있을 주마예프와 자워스키를 기다려야만 하는지, 나는 함께 올라가던 피브초프와 의논했다. 피브초프는 내가 먼저 가야 한다며, 자신은 주마예프를 기다렸다가 함께 정상으로 가겠다고 말했다. 그 둘은 8천 미터급 고봉을 모두 함께 올랐다. 그리하여 그 둘과 나에게 8천 미터급 고봉 14개 중 마지막이 될 K2의 정상을 그는 친구와 함께 오르고 싶어 했다. 나 또한 피브초프가 나 혼자 정상에 올라갈 수 있도록 해준 배려를 고맙게 받아들였다. 내 앞쪽의 사면이 점점 더 완만해졌다. 정상을 향해 마지막 몇 걸음을 옮길 때 내 안 깊숙한 곳에서 고요가 느껴졌다. 그 마지막 몇 분은 내 인생에서 가장 감동적이고 평화로운 시간이었다. 그리고 말로 표현하기 어려울 정도로 힘든 시간이기도 했다. 고향으로 돌아왔다는 생각이 아마 가장 적절한 표현일지도 모른다. 그토록 포근하게 느껴졌으니까. 저녁 6시 18분이라 이미 해가 지고 있었다. 나는 K2의 가장 높은 곳에 발을 디뎠다. 멀리 낭가파르바트까지 주위의 모든 산들이 석양에 빛나고 있었다. 바람도 거의 불지 않았다. 무릎을 꿇은 나는 흘러내리는 눈물을 참지 못했다. 나는 큰 소리로 외쳤다. "고맙습니다!"

겔린데 칼텐브루너

1970년에 태어난 겔린데 칼텐브루너Gerlinde Kaltenbrunner는 우리 시대 최고의 산악인 중 하나이다. 그녀는 포터 없이, 그리고 대부분 고정로프 없이 등반한다. 스물셋에 그녀는 첫 8천 미터급 고봉 정상에 섰다. 그녀는 세계에서 가장 위험한 산인 K2에서 몇 번 되돌아서야 했는데, 2010년에는 소위 보틀넥Bottleneck에서 등반 파트너 프레드리크 에릭슨Fredrik Ericsson의 추락 사망을 눈앞에서 목격해야 했다. 2011년 8월, 겔린데 칼텐브루너는 네 번의 도전 끝에 마침내 K2 정상에 도달했다. 그리하여 그녀는 8천 미터급 고봉 14개를 모두 보조 산소 없이 오른 최초의 여성이 되었다.

원정등반 중간 중간에 그녀는 동부와 서부 알프스로 암벽등반, 빙벽등반 그리고 스키투어를 간다. 2012년 그녀는 내셔널지오그래픽 소사이어티에 의해 '올해의 탐험가'로 선정되었다. 그녀는 현재 오스트리아 오버외스터라이히Oberösterreich의 아터제Attersee에 살고 있다.

다울라기리 Dhaulagiri

네팔
8,167m

1960년 5월 13일

초등:
쿠르트 딤베르거, 페터 디너,
에른스트 포러, 알빈 쉘베르트,
나왕 도르제, 니마 도르제

히말라야의 하얀 산

네팔의 다울라기리Dhaulagiri는 최초로 측량된 8천 미터급 고봉이다. 비교적 낮은 지대에서 우뚝 솟아오른 모습으로 인해 이 산은 오랫동안 세계 최고봉으로 여겨져 왔다. 남쪽에서는 주위의 봉우리들을 압도하며 솟아오른 뚜렷한 형상이 아주 먼 곳에서도 보인다. 1950년부터 1959년까지 프랑스, 스위스, 아르헨티나, 오스트리아 산악인들이 여러 번 도전에 나섰지만, 성공한 사람은 아무도 없었다. 한 팀은 북쪽에 캠프 사이트를 만들기 위해 다이너마이트를 터뜨리기도 했다. 모두 일곱 번의 원정등반이 시도되었으나 그때마다 실패로 돌아갔다. 결국 1960년이 되어서야 막스 아이젤린Max Eiselin이 조직한 스위스 원정대가 북동 능선을 통해 이 산을 처음으로 정복했다. 예티Yeti라는 이름의 작은 경비행기 한 대가 북동쪽 콜 위로 대원들과 물자를 실어 날랐고, 4명의 스위스인인 에른스트 포러Ernst Forrer, 알빈 쉘베르트Albin Schelbert, 미헬 바우허Michel Vaucher, 휴고 베버Hugo Weber와 오스트리아인 쿠르트 딤베르거Kurt Diemberger 그리고 독일인 페터 디너Peter Diener가 셰르파 니마 도르제와 나왕 도르제를 대동하고 정상 도전에 나서 보조 산소를 쓰지 않고 전원 등정하는 쾌거를 이룩했다.

1975년과 1978년 사이에는 일본 원정대들이 남서 능선을 통해 등정에 나섰으나, 그들 중 6명이 사망하는 비극이 일어났다. 1980년에는 영국과 프랑스 산악인들을 초청해 보이테크 쿠르티카Voytek Kurtyka가 리더를 맡은 폴란드 팀이 동벽을 올랐고, 그로부터 며칠 후에는 북동 능선으로도 정상을 밟았다. 1984년 가을에는 서벽이 초등되었는데, 이후 그곳에는 극도로 어려운 루트 몇 개가 추가로 개척되었다. 물론 치명적인 사고들도 있었다. 그리고 1999년에는 토마주 휴마르Tomaž Humar가 4,000미터에 달하는 남벽의 대단히 불안정한 한가운데를 혼자 등반해, 히말라야에서 가장 대단하고 위험한 루트를 개척했다.

그것은 세상의 이목을 끈 단독등반의 위업이었다. 휴마르는 정상으로 곧장 이어지는 등반선을 따라 7,200미터까지 올라간 다음, 그곳에서부터 오른쪽으로 대각선을 그리며 1,000미터를 횡단해 남동 능선 쪽으로 갔다. 그는 남벽의 오른쪽을 따라 7,800미터까지 올라가 그곳에서 8번째 비박에 들어갔다. 하지만 강풍과 추위를 견디지 못한 그는 정상 등정을 포기했다. 죽음의 지대에서 맞이할 또 한 번의 밤이 너무나 위험하다고 판단했기 때문이다. 그는 노멀 루트를 따라 완만한 경사의 빙하로 내려왔고, 그곳에서 헬기를 타고 계곡으로 돌아왔다

다울라기리 남벽을 9일 동안 단독 등반한 토마주 휴마르의 기록은 등산역사에서 대단한 위업으로, 그리고 고소등반에서 하나의 이정표로 남아 있다. 이 슬로베니아인은 알파인 스타일로 등반하는 크나큰 위험을 감수했다. 그는 수직의 빙벽, 낙석과 낙빙 등과 같은 많은 장애물들과 맞닥뜨렸지만 결국은 성공을 거두었다. 등반의 모든 과정이 그의 웹사이트를 통해 실시간으로 중계되어 그는 고국에서 유명해졌다. 비록 정상 등정에는 실패했어도 그의 업적은 그런 시도들에 대한 하나의 척도가 되었다.

이제 알프스에서는 당연하게 받아들여지는 것, 즉 벽 등반을 하다가 정상 능선으로 올라선 다음 반대편의 더 쉬운 길로 내려오는 것이 히말라야에서도 일상화가 되었다. 목표가 더 이상 정상이 아니라 루트 그 자체가 된 것이다. 알피니즘을 투어리즘과 구분 짓는 것은 주로 스타일이다. 개인의 책임과 기획이 문제냐, 아니면 현지인들이 이미 다져놓은 루트가 문제냐 하는 것은 이제 더 이상 따질 필요도 없다. 특히 인기가 있는 몽블랑, 마터호른, 아콩카과, 데날리, 킬리만자로, 에베레스트, 아마다블람은 산악 관광객들이 별 문제 없이 정상에 올라갈 수 있도록 안전한 루트가 잘 마련되어 있다.

점점 더 많은 세계의 유명한 봉우리들이 이런 유형의 엘리트 투어리즘 — 산악회들이 만들어진 이래 점차적으로 널리 유행한 등산의 한 형태 — 에 더 쉽게 접근할 수 있도록 만들어지고 있다. 마치 초창기 창립자들이 산을 좋아하는 사람들을 가능하면 많이 알프스로 끌어들일 목적으로 산장을 짓고 등산로를 닦은 것처럼 말이다. 오늘날 이런 추세는 미래지향적인 방식으로 간주된다. 나는 굳이 반대하지는 않는다. 다만 이 도보여행 앞에서 세계의 산들이 황야의 어떤 요소들을 간직할 수 있기만을 바랄 뿐이다.

168,169 1960년의 다울라기리 초등은 북동 능선(오른쪽)을 통해 이루어졌다. 왼쪽이 토마주 휴마르가 초등한 남벽이다.
170 33킬로미터 상공 서쪽에서 내려다본 모습. 사진의 위쪽이 면도날같이 날카로운 남동 능선이고, 그 왼쪽이 북동 능선이다.

Profile 프로필

가상 카메라 위치

카메라	페이지	촬영고도/미터	초점거리/밀리미터	정상으로부터의 거리/미터	촬영방향
1	168 ǀ 169	6,521	24	6,850	동남동
2	170	335,251	2,000	428,700	서
3	172 ǀ 173	7,722	24	6,960	북동
4	174 ǀ 175	6,507	84	6,424	남동

하얀 벽들과 혹독한 기후

산스크리트어로 '하얀 산'이라는 의미를 가진 다울라기리는 상당히 짧은 시간 안에 산 전체를 뒤덮는 눈에서 그 이름이 유래되었다. 이렇게 되는 이유는 지형과 몬순의 역학 사이의 상호작용 때문이다. 중간에 연속으로 이어지는 산들이 없어서, 따뜻하고 습한 기단이 인도의 저지대 평야로부터 다울라기리와 안나푸르나를 엄청난 세력으로 덮친다. 몬순 시즌 동안 이 기단이 8천 미터급의 두 고봉을 타고 넘으면서 연중 최대치에 달하는 많은 눈을 뿌린다. 따라서 에베레스트에서보다 적설량이 5~6배에 달하기 때문에 1년 중이 기간은 등반이 불가능하다. 서쪽의 칼리 간다키 협곡 위로 5,000미터나 솟아오른 다울라기리(8,167미터)의 아찔한 벽들은 상당히 위압적이다. 남벽은 그 자체만으로도 거의 4,000미터에 달한다. 고도의 급격한 상승, 예측할 수 없는 눈의 상태 및 겨울 동안의 얼어붙는 추위는 이곳의 원정등반을 모두 무서운 도전으로 만든다.

지질학적으로 칼리 간다키는 세계에서 가장 깊은 협곡일 뿐만 아니라 히말라야의 연속된 산들을 가로지르는 몇 안 되는 협곡들 중 하나이기 때문에 주요한 관심 대상이다. 북쪽의 건조한 산악지역에서 몬순의 영향을 받는 저지대로 흘러내리는 동안 칼리 간다키는 히말라야산맥에서 가장 중요한 지질학적 특징인 남 티베트 단절단층대와 정중앙 역단층 지대를 가로지른다. 이중 후자는 수백만 년에 걸쳐 인도판이 유라시아판 밑으로 파고든 거대한 단층지대이다. 남 티베트 단절단층대는 히말라야의 가장 높은 봉우리들에 걸쳐 있으면서 다울라기리를 두 구역으로 나누는 수백 킬로미터의 반대편 단층대이다. 이곳의 6,500미터 아래는 매우 높은 온도에 노출되어 지표면으로 이동하기 전에 부분적으로 용해되는 화강암과 편마암이다. 한편 정상 지역은 다양한 종류의 해양 퇴적물, 석회암, 사암 및 점토암으로 구성되어 있으며, 이 모두는 유라시아판과 충돌하기 전에 인도판의 가장 북쪽 가장자리에 퇴적되었다. 따라서 포카라에서 다울라기리까지의 극적인 등반은 히말라야산맥의 가장 중요한 지질학적 구조물을 가로지르는 여정이다.

순조로운 출발

다울라기리
8,167미터

5,700미터

1960년 다울라기리 초등은 5,700미터의 북동쪽 콜 위로 대원들과 물자를 실어 나르기 위해 경비행기가 이용되었는데, 이는 가장 높은 고도에 착륙하고 이륙한 세계 최초의 기록이었다.

출처: www.himalaya-info.org

남벽을 따라 올라간 토마주 휴마르의 1999년 루트(라인홀드 메스너가 그린 등반선)

172,173 │ 정상 부근에 세락이 널린 북벽. 1960년 스위스 원정대의 경비행기가 (왼쪽의) 북동쪽 콜에 착륙했다.
174,175 │ 토마주 휴마르는 눈이 덮인 거대한 깔때기를 통해 북벽을 올랐다. 벽에서만 6일 밤을 보낸 그는 정상 아래의 바위지대에서 오른쪽의 남동 능선으로 트래버스 했다.

1999년 10월

출발지점: 팀:
포카라   토마주 휴마르

불가능한 길은 없다

겨울이 서서히 봄으로 바뀌고 있었다. 나의 가을은 어떻게 될까? 1999년 4월 말, 오랜 기다림 끝에 다울라(기리)가 나를 불렀다. 처음에는 믿기지 않았지만 그 부름은 날이 갈수록 점점 더 강해졌다. 그것은 내 등반 경력에서 가장 두렵고도 가장 행복한 순간, 지난 5년 동안을 기다려온 순간이었다. 마침내 다울라가 나를 부르다니! 그리하여 나는 그해 가을 원정등반을 떠나기로 했다. 9월과 함께 출발 날짜가 다가왔다. 작별인사 중 아이들의 눈을 바라보는 것이 가장 힘들었다. 그들에게 뭐라고 해야 하나? 내가 다시 히말라야로 가는 것을 눈치채지 못하게 둘러댈 수 있는 말은 무엇일까? 그 녀석들이 나를 쳐다보는 것이 이번이 마지막일지 모른다는 사실을 나는 너무나도 잘 알고 있었다.

아침 일찍 우리는 포카라행 버스에 올라탔다. 그리고 다음 날 헬기 두 대에 나눠 타고 다울라기리 북쪽 기슭에 내렸다. 하지만 5,500미터에 베이스캠프를 구축하자 악천후가 산을 덮쳤다. 산과의 공감을 잃지 않기 위해 나는 매일 오후 근처에 있는 세락의 가파른 얼음을 등반했다.

10월 10일

끊임없이 눈이 내리는 오랜 기간 끝에 체네Cene, 토모Tomo, 스티페Stipe와 나는 두 번째 고소적응 훈련에 나섰다. 1캠프로 올라가자 텐트가 엄청난 눈에 파묻혀 있었다.

10월 11일

우리는 고도를 6,200미터까지 올려 2캠프를 설치했다. 스티페와 나는 그곳에서 밤을 보냈고, 체네와 토모는 1캠프로 내려갔다. 아침에 일어나니 안나푸르나 위로 불길한 렌즈구름이 보였다. 스티페가 한참 뒤따라온 후에 나는 나의 길을 계속 갔다. 비록 최초의 계획은 2캠프와 3캠프 사이의 가파른 구간에 앵커를 설치한다는 것이었지만, 결국은 나 혼자만 남게 되었다. 날씨가 매우 좋지 않아 보였다. 내가 고소에 적응할 수 있는 것은 이번이 마지막이었다. 전날 등반을 하는 동안 멕시코인 둘을 만났는데, 그들은 끔찍한 날씨로 모든 것이 엉망진창이 되어 그날이 마지막이라고 말했다. 등반을 포기한 일본 산악인 둘도 내가 남벽을 혼자 오르려 한다는 말을 듣고 놀라움을 금치 못했다. "7개의 원정대가 노멀 루트로도 3캠프 이상을 올라가지 못했는데 어떻게 남벽을 혼자 올라간단 말입니까?"

며칠 후, 스티페와 고라즈드Gorazd, 주방장과 그의 조수, 그리고 내가 3,600미터 지점의 남벽 기슭에 헬기로 내렸다. 원정대의 나머지 사람들은 프랑스 고개를 넘어 칼리 간타키 협곡으로 이동했다. 하지만 그들이 그곳에서 길을 아는 사람을 찾지 못하는 바람에 결국 우리는 연료와 식량도 없는 상태가 되었다. 그들은 방법을 찾기 위해 다양한 시도를 했으나 끝내 실패하고 말았다. 그리하여 우리는 현실을 직시해야만 했다. 안전과 물자 공급 문제로 인해 스티페와 나는 일단 베이스캠프로 돌아갔다.

10월 25일

보름 다음 날. 정오에 출발 준비를 모두 끝냈다. 우리는 마지막 식사를 함께 했다. 하지만 나는 식욕이 떨어졌다. 나는 초르텐chorten으로 가서 30분 동안 신에게 기도를 올렸다. 5시경 스티페와 나는 벽 밑에서 작별인사를 나누었다. "조심해. 발을 옮길 때마다 조심하란 말이야!" 그 순간 거대한 눈사태 덩어리가 한가운데 쿨르와르를 타고 쏟아져 내렸다. 눈과 얼음과 돌멩이들이 떨어지는 걸리로 들어가는 것이 영 내키지 않았다. "잠시 기다리는 게 좋겠어." 스티페가 말했다. 나는 그를 한 대 쥐어박고 싶었다. 기다리는 시간은 끝이 났고, 게다가 세락은 예정에 따라 무너지지도 않기 때문이었다. 밤 10시 나는 바위 턱 비스름한 곳에 도착해 배낭을 내려놓고 스퍼를 넘어가 달빛 속에서 루트를 찾아봤다. 그러나 오른쪽으로 크랙이 이어지는 것 같은 약간 오버행진 곳을 넘으려던 세 번의 시도는 모두 실패하고 말았다. 대신 아이스폴을 선택했는데, 그곳에는 물과 진흙이 끊임없이 흘러내리고 있었다. 이런 젠장!

10월 26일

새벽 5시가 막 지난 시간, 나는 스티페를 무전으로 불러 스퍼를 넘어갈 수 없어 몇 시간 눈을 붙이겠다고 말했다. 그런데 낮 동안 상황이 더 나빠졌다. 나는

해발고도 7,500미터 지점의 가장 어려운 등반 구간

사실상 바위 턱에 갇혀버리고 말았다. 내 위쪽의 오버행에서 고드름이 부서져 떨어졌고, 왼쪽에서는 물이 여전히 흘러내리는 데다 이따금 거대한 눈사태가 휩쓸고 지나갔다. 오후 5시 출발 준비를 끝냈지만 물이 여전히 흘러내렸다. 7시에 기회가 한 번 찾아왔다. 10시에 나는 마침내 고드름에 달라붙었다. 뼛속까지 젖었지만 그것을 따라 움직였다. 가장 위험한 부분을 밤에 끝내겠다는 나의 희망이 산산조각 났다. 스퍼는 갈 길이 여전히 멀었다. 나는 잠잘 준비를 했다. 오늘 하루는 헛된 수고였지만 내일은 새로운 날이 되지 않을까?

10월 27일

아침에 30킬로그램이 넘는 배낭을 메고 스퍼에 다시 달라붙었다. 배낭 무게로 인해 아래로 잡아당겨지는 듯한 느낌이 자꾸 들었다. 나는 프렌드를 하나 설치한 후 배낭을 그곳에 걸어놓고, 하네스에 아이스액스와 크램폰을 매단 다음, 춤을 추듯 매끄러운 바위를 올라가기 시작했다. 끝으로 갈수록 오버행이 되어 근육경련에 시달린 끝에 마침내 그곳을 넘어설 수 있었다. 루트를 찾은 것에 기분이 좋아진 나는 150미터 아래쪽에서 나를 기다리고 있을 배낭을 향해 내려갔다. 내가 프렌드를 뽑고 배낭을 내려뜨리자 오른쪽으로 크게 흔들거렸다. 그 모습을 보니 벽이 생각보다 더 오버행이라는 느낌이 들었다. 이제 나는 다시 올라가야 했다. 배낭을 아래에 잡아맨 때문인지 전진이 훨씬 더 힘들었다. 곧 나는 반쯤은 텅 빈 얼음을, 또 반쯤은 푸석한 바위지대를 오른 후 아이스폴 밑에 도착해 그곳에 머물렀다. 그러자 어두워지기 시작했다. 나에게는 헤드램프가 없어서 무엇이라도 하는 것이 좋을 것 같았다. 나는 얼음과 바위 사이의 틈에 프렌드를 끼워 넣고 정적로프를 고정시켰다. 그런 다음 바위의 반대편으로 로프를 잡고 건너갔다. 그리하여 세 번째 시도 만에 가까스로 얼음 램프 위에 닿았다. 달이 아직 뜨지 않아 나는 아이스스크루 2개를 박고 매달려 달빛을 기다렸다.

저녁 8시가 조금 지나자 달이 떠오르면서 첫 번째 눈사태가 쏟아져 내렸다. 작은 바위 턱 위에서 눈사태에 묻혀, 겨우 빠져나오자 천둥소리가 또 한 번 울렸다. 그다음 4시간 동안의 일들은 나의 거친 상상을 초월했다. 수백 톤의 눈과 얼음이 굴러 떨어졌고, 때로는 나를 덮쳤다. 그러나 나는 언제나 빠져나왔다. 얼음으로 된 미사일에 얻어맞아 놀란 나는 다음 공격을 기다리며 위쪽을 주시했다. 4시간 동안 계속된 얼음 포격과 눈사태 이후에도, 비록 등과 팔에 검푸르게 멍이 들기는 했지만, 나는 여전히 살아 있었다. 새벽 2시에 벽이 마침내 고요해져 25미터 트래버스를 시작했다. 그것은 이 세상에서 두 번 다시 반복하고 싶지 않은 한 피치짜리 등반이었다. 작은 눈사태라도 일어나면 나는 영락없이 1,000미터 아래의 심연으로 쓸려 내려갈 판이었다. 내가 거대한

눈의 깔때기 오른쪽으로 서둘러 가자 종아리근육이 고통으로 비명을 질렀다. 5분! 만약 내가 5분만 더 늦었더라면 나는 영원히 사라졌을 것이다. 생명의 또 다른 날을 선물로 받았다는 분명한 확신을 가지고, 나는 숨을 가쁘게 헐떡이고 또 헐떡였다. 두 번째 바위 스퍼 밑에서 나는 세 번째 비박에 들어갔다.

10월 28일

아침햇살에 보니 어제 당한 부상이 너무나 끔찍했다. 온몸이 멍들어 있었고 손가락에서도 피가 났다. 아이스액스를 찍고 나서 장갑을 낀 손으로 기댈 때마다 그곳에 핏자국이 남았다. 스퍼에 달라붙으려고 할 때 주먹만 한 얼음덩어리가 날아와 허벅지와 무릎과 오른쪽 정강이를 강타했다. 무릎이 갑자기 부어오르고 뻣뻣해져서 처음에는 부러진 줄 알았다. 마침내 얼음과 물과 바위가 뒤섞인 오버행으로 막힌 일종의 홈통이 나타났다. 몇 분 만에 그곳을 넘어갈 생각으로, 나는 눈사태 위험성이 있는지 봐달라고 스티페에게 요청했다. 사실 그 30미터는 3시간도 채 걸리지 않았다. 무슨 힘으로 그곳을 올라갔을까? 그것은 내 인생에서 가장 두려운 딱 한 번의 등반이었다. 나는 흠뻑 젖었고 얼음진 창은 나를 즉시 얼어붙게 만들었다. 부츠 안이 물로 질척거린 것은 말할 필요도 없었다. 아이스액스에 달린 끈이 얼어 손을 빼낼 수도 없었다. 그런데 하필 소변까지 급히 마려웠다. 새벽 2시경 5,700미터 지점에서 눈을 다져 평편하게 만든 다음 나는 잠에 들었다.

10월 29일

등반 5일째. 나는 바이오리듬을 바꾸었다. 이제부터는 낮에만 등반하기로 한 것이다. 또한 식사도 더 규칙적으로 하기로 했다. 나는 하루에 한 번씩 개처럼 먹었다. 그러니까 700밀리미터 정도의 눈을 녹인 후, 수프와 카푸치노와 차를 넣고, 약간의 프로슈토와 치즈를 썰어 넣은 다음, 쿠키 몇 개를 추가하고 뒤섞어 게걸스럽게 통째로 먹었다. 이렇게 아침과 점심과 저녁을 한 번에 해결하고 나니 다시 등반에 나설 시간이었다.

10월 30일

밤새 치통에 시달렸다. 스위스 군용 칼로 (치아의) 충전재를 꺼내는 것 말고 달리 뾰족한 수가 없었다. 먼저 잘못된 치아를 건드린 후 올바른 치아를 찾아 구멍을 파고 문제를 일으키는 고름을 빼냈다. 그러자 통증이 금세 사라졌다. 등반 6일째가 끝나갈 무렵에는 이미 벽의 3,000미터 위에 있었는데, 하루 안에 상단부의 장애물을 돌파할 수는 없다는 사실을 깨달았다. 나는 수많은 바위와 얼음과 눈의 걸리를 넘어 오른쪽으로 끝없이 트래버스 하는 길을 선택했다. 내

가 능선을 향해 계속 올라가자 V자 모양의 어떤 것이 갑자기 눈에 띄었다. "아, 저거 앵커 아냐!" 몇 분 후 나는 1978년 일본 원정대의 피톤을 만지며 어린아이처럼 눈물을 흘렸다. 나는 그곳에 내 생명줄을 걸었다. 그 순간 북쪽 사면으로 내려갈 수 있었다면, 나는 아무 주저 없이 그렇게 했을 것이다. 나는 바위 장애물을 향해 계속 올라갔다. 그리고 바람이 부는 능선에서 텐트를 펼칠 만한 자리를 다져 만든 후 잠에 빠졌다.

11월 1일

아침 일찍 나는 피톤과 프렌드와 얼어붙은 장갑들과 불필요한 장비를 텐트에 남겨놓았다. 그런 다음 가벼운 배낭을 메고 스퍼를 올라가기 시작했다. 나는 장갑을 벗었다. 내가 얼음으로 된 크랙에 손을 끼워 넣자 맹렬한 추위가 내 손을 순식간에 하얗게 만들었다. 손가락에 피가 다시 돌기 시작했을 때 나는 고통스럽게 울부짖었다. 그리하여 능선에서 벽으로 다시 후퇴할 수밖에 없었다. 바람에 노출된 채 버티는 것은 미친 짓이나 다름없었다. 썩은 눈이 달라붙은 벽을 길게 다시 트래버스 해 돌아오자니 힘이 쏙 빠졌다. 7,600미터 지점에 푸석한 바위지대가 200미터 정도 있었다. 그 고도의 푸석한 바위를 드라이툴링으로 올라가는 것은 결코 장난이 아니었다. 나는 온갖 지식을 다 동원해 길을 뚫고 나가야 했다. 정상까지는 300~400미터 정도였다. 하지만 그날은 해내지 못할 것이며, 더 높이 올라가면 상황만 더 나빠질 것이라는 사실을 깨달았다. 비박 장비가 없어서, 내 인생 최악의 비박을, 그것도 7,800미터에서 덮개만을 덮고 오들오들 떨며 밤을 보내야 했다.

11월 2일

등반 9일 째. 비참한 비박을 마치고 완전히 탈수된 상태로 아침 늦게 등반을 이어갔다. 오후 1시 나는 벽 끝에 도달해 배낭을 내려놓고 어떻게 해야 할지 고민하기 시작했다. 시시각각 나빠지는 날씨 속에 나는 정상 바로 아래에 있었다. 스티페가 무전을 한 시간은 오후 2시가 거의 다 되었을 때였다. "이전에 이렇게 한 사람은 아무도 없어. 하산을 생각해야 할 때야!" 정상을 쳐다봤다. 강풍에 의해 드리워진 눈의 장막이 계속 커지고 있었다. 그때 바로 깨달았다. '넌 죽어! 계속 가면 죽을 거야. 이건 의심할 여지가 없어.' 나는 난생 처음 내 머리가 좋지 않으면 정상에서 마지막이 나를 기다리고 있다는 사실을 깨달았다. 그 정상을 위해서라면 내 생명은 정확하게 너무 짧았다. 나는 이해했기 때문에 제시된 사실을 그대로 받아들였다.

　다울라는 나에게 벽을 허락했지만 정상은 내주지 않았다. 나는 그런 인식에 감사했다. 나는 아이들의 눈망울이 다시 보고 싶었고, 함께 밤도 주우러 가

벽의 하단부에서

고 싶었다. 한마디로 나는 살고 싶었다. 그래서 북쪽으로 내려가기로 했다. 지형이 점차적으로 완만해지기 전에 만난 첫 번째 사면에서 분설 눈사태가 일어났다. 그리고 또 한 번! 나는 내 주위를 이리저리 움직이는 것 같은 눈 속으로 엉덩이까지 빠졌다. 그 눈사태가 어떻게 될지 그려볼 수 있을 것 같았다. 다음에는 오른쪽으로 트래버스 해야 하는 노출된 지형과 만났다. 여기서 실수하면 안 될 것 같았다. 3캠프로 가는 루트는 오직 하나라서, 그곳에 가야 피난처가 있을지도 모른다는 희망을 가질 수 있었다. 몇 분 만에 산에 폭풍이 몰아쳤지만, 나는 눈에 반쯤 파묻힌 버려진 미국 텐트로 겨우 기어들어갔다. 내 텐트는 내가 도저히 극복할 수 없는 100미터쯤 아래에서 나를 기다리고 있었다.

11월 3일

새벽 4시. 나는 온갖 힘을 다 짜냈다. 벽에서 보내는 10일째, 그중 3일은 마실 것도 없이 지냈는데, 이제 그 후유증이 나타나기 시작했다. 오전 6시 나는 계곡을 향해 천천히 내려가기 시작했다. 1킬로미터 반을 10시까지 내려가야 할 텐데, 과연 내가 해낼 수 있을까? 낡은 고정로프가 갑자기 눈에 보이지 않았다. 그런데 그 약간 밑쪽에 버려진 텐트 같은 무언가가 얼핏 눈에 들어왔다. 며칠 후, 나는 그곳에서 눈사태가 일어나 프랑스 원정대의 기네트 해리슨Ginette Harrison과 셰르파 사다가 실종되었다는 사실을 알게 되었다. 나는 지친 몸을 이끌고 서둘러 계속 내려갔다. 가끔은 눈 속으로 쓰러졌는데 몸을 다시 일으키기

토마주 휴마르

슬로베니아의 토마주 휴마르Tomaž Humar(1969~2009)는 그의 세대에서 가장 뛰어난 산악인 중 하나였다. 그는 자신의 고향 알프스를 비롯해 해외에서 1,500번의 성공적인 등반을 했는데, 그중 70번이 초등이었다. 그는 안나푸르나와 눕체 같은 산에서의 등반으로 자신의 이름을 알렸다. 물론 가장 유명한 것은 1999년의 다울라기리 남벽 단독등반이었다.

휴마르는 상당한 위험을 무릅쓰는 의지를 가진 사람으로 잘 알려져 있었다. 그는 일반적으로 불가능하다고 여겨지는 루트를 탐험하는 모험을 감행했고, 비우호적인 날씨에도 쉽게 물러서지 않았다. 그리하여 이런 행동은 슬로베니아산악회로부터 배척당하는 결과를 초래했다. 양다리가 부러진 건설작업 도중의 사고로 여생을 꼼짝없이 휠체어에서 보내야 할 운명에 처했지만, 2년 후에 그는 다시 산을 찾았다. 2009년 11월 그는 히말라야의 7천 미터급 고봉인 랑탕 리룽Langtang Lirung을 혼자 등반하던 중 사망했다.

도 매우 힘들었다. 나는 시간과 이길 수 없는 싸움을 하는 것 같았다. 오전 10시. 헬기를 기다렸다. 스티페가 공항에 전화했다. 하지만 네팔 서부에서 폭동이 일어나 웬만한 헬기가 모두 그곳으로 차출되었다. 심리적으로 나는 천천히 가라앉고 있었다. 하루 종일 관료들은 비행을 약속했지만 오후가 되면 어김없이 취소되었다. 나는 마치 수명이 다되어 폐기된 자동차 배터리처럼 눈에 앉아 기다릴 수밖에 없었다. 저녁때가 되자 날씨가 다시 나빠지기 시작했다. 자동적으로 나는 과거 모드로 돌아가 눈을 파내고 10번째 비박을 준비했다. 무전기가 지지직거렸다. 체네와 토모는 나에게 무슨 일이 일어나고 있는지 알지도 못한 채 1캠프로 올라왔다. 그들의 무전기에 배터리가 다되어 교신을 제대로 듣지 못한 것이다. 짙은 안개와 폭설 속에서, 토모와 내가 서로를 발견하기 전에, 나는 두 번이나 크레바스에 빠졌다. 우리는 버려진 프랑스 텐트에서 그날 밤을 보냈다. 서로 할 이야기가 너무나 많았다. 남벽을 올라가기 시작한 이후 그날 나는 처음으로 편안하게 잠에 들었다.

다음 날 스티페와 안다 박사Dr. Anda와 내가 헬기로 우선 남벽 베이스캠프로 이송되었다. 나는 하얀 산에 남아 있을 흔적을 마지막으로 훑어봤다. 나의 등반은 정말 거친 모험이었다. 포카라에 도착한 후 내 몸을 자세히 검사한 안다가 물었다. "정맥주사 놔줄까, 토마주?" 동상 걸린 발을 욕조에 담근 내가 말을 받았다. "정맥주사라뇨, 안다. 그냥 맥주 줘요. 맥주 마시고 싶어요!"

낭가파르바트 Nanga Parbat

파키스탄
8,125m

Nanga Parbat

1953년 7월

초등:
헤르만 불

1895년   1953년   1962년   1970년   2005년   2008년   2013년

2012년

산의 제왕

낭가파르바트Nanga Parbat는 인류가 오르려고 시도한 최초의 8천 미터급 고봉이다. 1895년 이 산에 도전한 영국 산악인 앨버트 F. 메머리Albert F. Mummery는 결국 살아서 돌아오지 못했고, 이어 1934년과 1937년에 일어난 재앙은 각각 10명과 16명의 사망자를 냈다. 이로 인해 낭가파르바트에는 '사람 잡아먹는 산'이라는 별명이 붙었다. 복잡한 지형과 가파른 고도, 인더스강이 크게 휘도는 외딴 위치는 이 산을 매력적인 모습만큼이나 어려운 곳으로 만든다. 이에 더해 이 산은 드라마틱한 정복의 역사도 가지고 있다. 1953년 독일·오스트리아의 빌리 메르클Willy Merkl 추모 원정등반에 참가한 헤르만 불Hermann Buhl이 7월 3일 라키오트 벽을 통해 초등에 성공했다. 그는 원정대의 공동대장인 카를 마리아 헤를리히코퍼Karl Maria Herrligkoffer와 페터 아센브레너Peter Aschenbrenner의 하산 지시를 거부하고 이 과업을 해냈다. 발터 프라우엔베르거Walter Frauenberger와 한스 에르틀Hans Ertl과 헤르만 불은 정상 도전에 대한 책임을 기꺼이 감수하며 산 위에 남아 완전히 독립적으로 움직였다. 까다로운 정상 능선이 포함된 마지막 1,300미터의 등반을 단독으로 감행한 불은 예기치 못한 비박도 이겨냈다. 그리고 에르틀은 그의 분투를 흔치 않은 다큐멘터리 영상으로 기록했다. 1962년 헤를리히코퍼는 이 산의 정상으로 두 번째 원정대를 이끌어, 토니 킨스호퍼Toni Kinshofer와 안데를 만하르트Anderl Mannhardt와 지기 뢰브Sigi Löw가 디아미르 벽을 올라 두 번째로 새로운 루트를 개척했으나, 뢰브가 하산 도중 추락 사망했다.

등산이 진화하면서 유럽의 최고 산악인들이 더 가혹한 세계의 산에서 자신들을 시험하기 위해 피레네와 알프스 같은 지역을 떠나 '거대한 벽들'로 시선을 돌리기 시작했다. 물론 코카서스의 디크타우 북벽, 노르웨이의 트롤 벽, 캘리포니아에 있는 엘 캐피탄의 화강암 모노리스, 그리고 뉴질랜드 마운트 쿡의 거대한 얼음 절벽 같은 3성급의 명소도 많이 있었지만, 아콩카과 남벽과 아이거 북벽 이후에는 낭가파르바트의 루팔 벽이 현대 산악인들의 가장 큰 목표가 되었다.

1970년, 한 번 더 헤를리히코퍼의 리더십 아래 지기 뢰브 추모 원정대가

루팔 벽으로 향했다. 동생 귄터Günther와 나는 펠릭스 쿠엔Felix Kuen, 페터 숄츠Peter Scholz와 함께 정상까지 오르는 데 성공했다. 그때 나는 고산병에 걸려 귄터와 함께 디아미르 벽으로 내려올 수밖에 없었다. 하지만 루팔 벽 기슭 쪽으로 그 산을 횡단하다 눈사태에 동생이 산 채로 묻히는 사고를 당했다. 그리하여 낭가파르바트는, 동생의 죽음이라는, 내가 경험한 최악의 비극적인 장소가 되었다. 그로부터 8년 후 나는 대단히 야심찬 프로젝트를 완수했다. 8천 미터급 고봉에 맞선 한 사나이. 이 산은 나의 모든 슬픔과 절망뿐 아니라 나의 능력과 감정과 본능을 표현하는 자연스러운 무대가 되었다. 천국과 지옥 그리고 산의 제왕.

1971년에는 불의 초등 루트가 재등되었고, 1976년에는 한스 셸Hans Schell이 이끄는 오스트리아 슈타이어마르크 출신의 4인조가 일찍이 킨스호퍼가 정찰한 바 있는 루팔 벽의 왼쪽을 따라 올라갔다. 이어 디아미르 측면에 더 많은 루트가 생겼으며, 킨스호퍼 루트는 많은 팀이 찾는 곳이 되었다. 2005년 미국의 스티브 하우스Steve House와 빈스 앤더슨Vince Anderson은 루팔 벽의 중앙 필라를 알파인 스타일로 올라 새로운 차원의 고산등반 세계를 열었다.

2012년 영국의 샌디 앨런Sandy Allan과 릭 앨런Rick Allen은 마제노 능선과 디아미르 벽으로 이어지는 훌륭한 초등을 전략적으로 해냈다. 그때 그들은 킨스호퍼 루트로 하산했다. 10킬로미터에 달하는 마제노는 히말라야에서 가장 긴 능선 중 하나이기 때문에 이 등반은 진정한 하이라이트였다. 이것은 셸 루트가 시작되는 곳에 도착하기 전에 8개의 고봉을 넘어야 한다는 의미였다. 샌디 앨런과 릭 앨런은 디아미르 벽의 마지막 사면을 통해 정상에 올랐다. 그들은 물자보관 텐트로 돌아와, 깊은 눈과 짙은 안개라는 곤란한 날씨에도 불구하고 디아미르 계곡으로 안전하게 내려왔다.

2013년 6월 23일, 미국의 드론 공격에 대한 명백한 복수로 산악인들과 포터를 포함한 11명이 탈레반에 의해 베이스캠프에서 무참하게 살해되었다. 그러자 파키스탄 당국은 디아미르 계곡으로 들어가는 길목을 차단했다. 비극적으로, 낭가파르바트는 '사람 잡아먹는 산'이라는 오명을 여전히 유지하고 있다.

184,185 | 7,600미터의 뾰족한 바위 뒤쪽 넓은 설원이 실버 플라토이다. 오른쪽 측면 끝에 낭가파르바트 북봉이 있고, 그 뒤에 주봉이 있다. 마제노 능선은 그 너머에서 시작된다.
186 | 디아미르 벽. 왼쪽이 북봉이고, 눈의 걸리가 있는 가운데가 주봉이다. 샌디 앨런과 릭 앨런은 정상 등정 후 이곳 눈의 걸리에서 설동을 파고 비박했다.

②

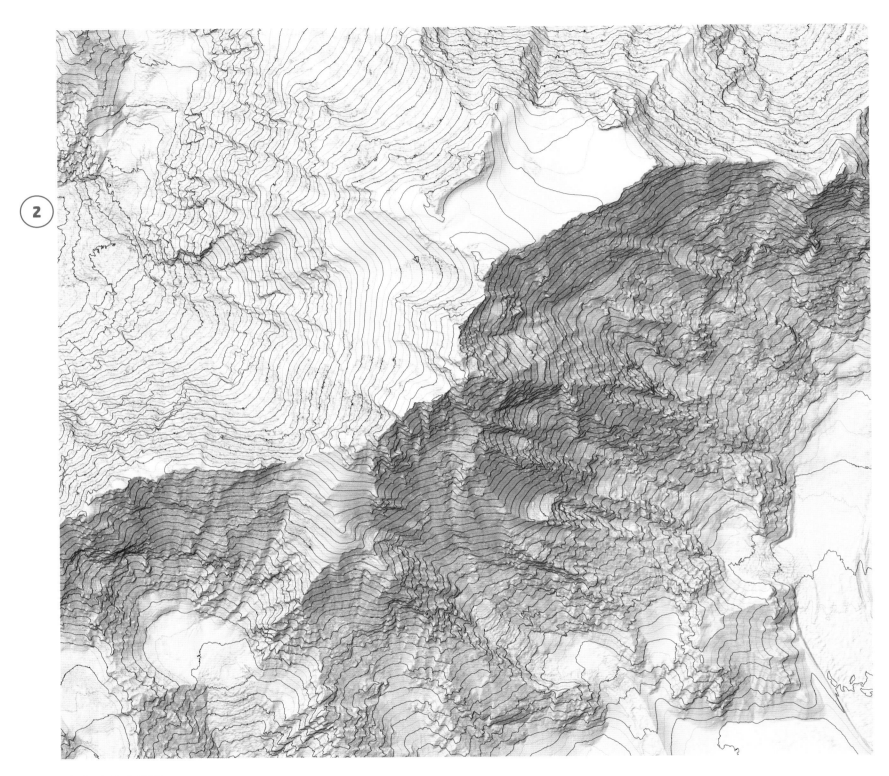

가상 카메라 위치

카메라	페이지	촬영고도/미터	초점거리/밀리미터	정상으로부터의 거리/미터	촬영방향
1	184 | 185	10,524	50	11,472	북
2	186	5,679	28	5,622	서북서
3	188 | 189	4,900	50	12,846	남남동
4	190 | 191	190,232	1,000	251,300	북북서

점점 더 높아지는 산

히말라야의 서쪽 끝에 있는 낭가파르바트(8,125m)는 인도판이 유라시아판과 충돌하면서 생긴 격렬한 지질학적 조건의 산물이다. 이곳에서는 인더스강이 카라코람 산군을 깊이 파고들어 히말라야를 거친 다음 아라비아해로 흘러든다. 강을 따라 판 가장자리의 아시아 쪽에는 인도 – 유라시아 충돌 전에 해저에서 발생한 마그마 과정의 증거, 즉 코시탄 호상열도Koshitan Island Arc의 전형이라고 볼 수 있는 검은 암석들이 있다. 그에 반해 인도판 낭가파르바트 산군 암석은 무수한 마그마 작용을 거친 다양한 화강암으로 구성되어 있으며, 이런 암석들은 다른 곳에서보다도 루팔 벽에서 더 잘 발견된다. 지구화학적 연구에 따르면 이런 암석들은 지질학적 기준에 따라 매우 빠른 속도로 지표면에 도달하였고, 지구 지각을 녹이는 700도 이상의 온도에서 나온 낭가파르바트의 화강암은 '불과' 몇백만 년이라는 기간에 걸쳐 배출되었다.

낭가파르바트는 지질학적으로 매우 특이한 위치에 있다. 그리하여 매년 거의 1센티미터씩 높아지고 있기 때문에 세계에서 가장 빠르게 상승하는 정상 중 하나이다. 이런 극도의 융기율은 물질을 지표면으로 가져올 뿐만 아니라 낭가파르바트에 온천이 많은 이유이기도 하다. 뜨거운 암석의 한 가지 특성은 판 충돌에 의해 쉽게 변형될 수 있다는 점이다. 15~20킬로미터 깊이에서 이런 암석들의 빠른 상승과 극도의 융기율로 인해, 과학자들은 낭가파르바트 및 히말라야의 동쪽 끝으로 3,000킬로미터 떨어진 곳에 있는 이 산의 쌍둥이 남차바르와의 상승이 격렬한 하천 침식과 극도로 유순한 암석들 사이의 지하 상호작용에 의해 만들어지고 있다고 믿는다. 낭가파르바트의 유별난 고도차는 인더스강의 영향 없이는 상상할 수 없다. 극도의 융기율과 높은 역동성! 산악인의 관점에서 볼 때, 낭가파르바트는 세계에서 가장 높은 산이라는 타이틀을 향해 자신의 길을 조용히 가고 있는 셈이다.

기록 보유자

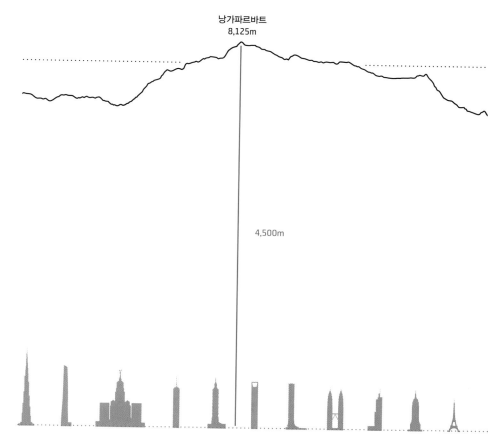

4,500미터 높이의 낭가파르바트 남쪽 루팔 벽은 세계에서 가장 높은 산악지형의 벽이다. 그에 비하면, 세계 최고층 빌딩 10개(엠파이어스테이트 빌딩과 에펠탑보다 높다)는 아주 작아 보인다. 왼쪽 끝의 828미터짜리가 두바이에 있는 부르즈 할리파 빌딩이다.

출처: www.nationalgeographic.com

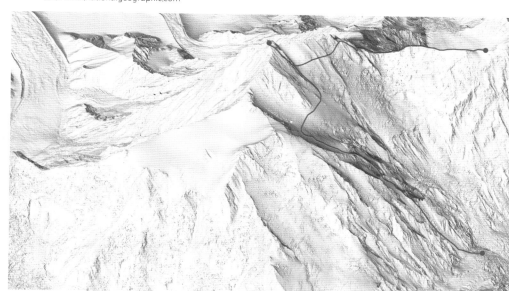

샌디 앨런과 릭 앨런의 2012년 루트. 그들은 오른쪽에서 마제노 능선을 따라 오른 후에 디아미르 벽의 킨스호퍼 루트로 내려왔다.

188,189 | 루팔 벽은 남쪽 계곡에서 4,500미터 높이로 솟아 있다. 왼쪽이 해발고도 7,120미터의 마제노 능선이다.
190,191 | 왼쪽이 라키오트 벽이고, 오른쪽이 디아미르 벽이다. 그리고 그 뒤 남쪽에 루팔 벽이 있다. 샌디 앨런과 릭 앨런은 디아미르 벽의 킨스호퍼 루트를 통해 그림자 끝자락이 분명하게 대비되는 지점으로 내려왔다.

2012년 7월

출발지점: 팀:
타르싱   샌디 앨런, 릭 앨런, 캐시 오다우드, 락파 누루 셰르파,
            락파 랑두 셰르파, 락파 자록 셰르파

'돌아올 수 없는 지점'을 넘어서

1995년 나는 파키스탄에 있는 낭가파르바트의 장대한 마제노 능선을 처음으로 등반했다. 그때 릭 앨런은 우리가 '돌아올 수 없는 지점'이라고 부른 곳에서 사진을 한 장 찍었다. 그곳은 미등의 7,000미터급 고봉 사이에 낀 오버행 커니스의 얼어붙은 눈이 물결 진 날카로운 능선이었다. 그때부터 나는 길고 긴 이 능선을 등반할 방법을 찾아왔다. 그것은 현혹적이지만 무서운 야망이었다. 그 능선에서만 11번의 시도가 있었는데, 그중 대부분은 상당한 명성을 지닌 산악인들에 의한 것이었다. 하지만 성공한 사람은 아무도 없었다. 릭 앨런Rick Allen과 나는 규모가 좀 더 큰 팀이 필요했다. 그렇지 않으면 달걀로 바위를 치는 것이나 마찬가지일 것 같았다. 나는 3명의 락파, 즉 락파 랑두 셰르파와 네팔에서 산악 가이드 일을 하면서 오래전부터 좋은 친구가 된 락파 자록 셰르파, 그리고 그들의 친구인 락파 누루 셰르파를 불러들였다. 그들은 우리를 위해 일하러 온 것이 아니라, 팀의 일원으로 등반에 참가하기 위해서 왔다. 에베레스트를 남쪽과 북쪽에서 오른 최초의 여성인 캐시 오다우드Cathy O'Dowd도 합류했다.

2012년 7월 4일, 고소적응을 끝낸 우리는 다 같이 출발했다. 가벼운 비박텐트 3개와 8일분 정도의 식량을 준비한 우리는 둘씩 세 팀으로 나누어 로프를 묶었다. 능선에 오르니 멀리 디아미르 계곡 베이스캠프의 알록달록한 텐트들이 보이며 아름다운 전망이 펼쳐졌다. 처음에는 직선을 약간 복잡하게 걷는 편에 가까웠지만, 3일이 지나자 능선이 좁아지면서 등반이 훨씬 더 재미있으면서도 까다로웠다. 우리의 1차 목표는 마제노 갭Mazeno Gap. 그러나 여차하면 정상까지 갈 생각이었다.

7월 5일, 맨 앞에 선 락파 누루가 피너클을 돌아갈 때 발밑의 눈이 무너졌다. 그는 안전했지만, 깊은 눈 속에서 그를 능선으로 다시 끌어올리자니 힘이 들었고, 시간과 에너지도 소모되었다. 우리는 어두워질 때까지 등반을 해서 하나를 빼곤 그럴듯한 비박텐트를 세울 수 없었다. 밤늦게까지 등반을 한 다음 잠도 제대로 자지 못해 모두가 몹시 피곤했다. 다음 날 아침에는 기복이 심한 능선을 따라가다 바위 피너클에 맞닿은 칼날 같은 콜에서 멈추었다. 날씨가 좋지 않아, 우리는 하루 동안 비박텐트에서 뭉그적거렸다. 시간과 물자를 헛되이 썼기 때문에 그것은 또 하나의 커다란 차질이었다. 하지만 우리는 적어도 안전했다.

다음 날 날씨가 조금 맑아지긴 했으나 굳어지지 않은 깊은 눈에 더 많은 신설이 내려 등반이 점점 더 도전적으로 변했다. 7천 미터급 봉우리들이 널린 곳에서 '돌아올 수 없는 지점'으로의 긴 하강은 정말 위태로웠다. 나는 친구들을 이토록 탈출할 수 없는 곳으로 몰아넣고 있는 내 행위에 대해 생각했다. 누군가 사고를 당하거나 고산병에 걸린다면 우리가 탈출하기 위해서는 모두 행운의 마술사가 되어야 할지도 모르는 일이었다. 비록 모두의 얼굴에 고소 분비액으로 찌든 흔적이 나타나긴 했지만, 그래도 긍정적인 태도가 우세했다. 등반 8일째 우리는 가장 높은 마제노 봉우리를 넘었다. 그것은 중요한 이정표였다. 그러나 우리는 여전히 마제노 갭에 도달하지 못했고, 식량은 점점 더 떨어져가고 있었다. 마치 총 안의 구멍 같은 루트는 점점 더 좁아지고 더 둘둘 감기다 또다시 가파르게 위로 이어지면서 끝이 날 것 같지 않아 보였다. 나는 모두 불쾌해지고 있다는 것을 느꼈다. 11시간의 등반 끝에 우리는 마제노 갭과 가까운 곳에서 비박에 들어갔다. 이제 두 번째 이정표를 세운 셈이었다.

다음 날 우리는 마제노 갭에 도착해 7,200미터 지점의 쉬운 곳으로 이어지는 가파른 걸리를 오른 후, 그 지점에 비박텐트를 3개 쳤다. 나는 일단 휴식을 취한 다음 밤 10시에 일어나 정상 도전을 준비하기 위해 스토브를 켰다. 우리 여섯 모두 의지가 대단한 것 같아 기분이 좋았다. 7월 12일 새벽 1시 우리는 3개조로 나누어 로프를 묶고 텐트를 떠났다. 산을 루팔과 디아미르 쪽으로 가르는 아레트 등반은 정말 기막혔고, 고도가 상당하고 아찔하다는 느낌이 들었다. 오전 9시 능선마루에 올라서 보니 능선이 훨씬 더 길게 뻗어 있었다. 오다우드와 누루는 돌아서기로 했고, 나를 비롯한 나머지 사람들은 계속 가기로 했다. 몇 시간 후, 약간의 기술적인 등반을 끝낸 우리는 최대한 재빨리 움직였는데, 7,900미터쯤에서 정상을 가로막고 있는 바위벽과 맞닥뜨렸다. 랑두와 자록은 너무 늦었다며 모두 돌아서야 한다고 완강하게 주장했다. 하나의 팀으

마제노 능선을 따라 등반하는 릭과 샌디

196 | 본격적인 등반에 앞서 마제노 능선 하단에서 고소적응 훈련을 하는 모습
197 | 칼날 같은 마제노 능선의 일부. 이 능선은 총 길이가 10킬로미터에 달한다.

로서 우리는 우리의 고소캠프 쪽으로 내려가는 약간 더 쉬운 길을 찾아 후퇴했다. 늦은 오후에 길고 가파른 설사면을 횡단하던 중 자록이 크램폰이 걸리면서 능선에서 추락했다. 랑두까지 낚아챈 그는 디아미르의 가파른 아이스폴과 세락을 향해 산 아래로 굴러 떨어졌다. 만약 세락에 부딪힌다면 그들은 죽을 것이 뻔했다. 우연히도 작은 세락들 중 하나의 모서리가 사면에서 기울어진 채 삐져나와, 추락하는 그들을 멈춰 세울 만큼 충분한 깊이의 작은 구덩이가 만들어져 있었다. 상황을 가까스로 수습한 다음 일어나는 그들의 행동을 릭과 나는 주의 깊게 지켜봤다. 겉으로 보기에 그들은 다치지 않은 것 같았다. 우리는 대각선을 그리며 아래쪽으로 내려갔고, 그들도 대각선을 그리며 위쪽으로 올라와 마침내 서로 만났다. 그들은 당황한 기색이 역력했지만 그래도 살아났다는 생각에 기뻐했다. 결국 우리는 컴컴할 때가 되어서야 7,200미터의 비박텐트

로 돌아왔다. 18시간의 등반이었다. 낙담으로 분위기가 냉랭했다. 셰르파들과 오다우드는 등반을 포기하고 셸Schell 루트로 내려갈 것 같았다.

이런 알파인 등반의 12번째 아침이 밝아왔다. 우리는 이제 7,000미터 위에서 너무 오랫동안 있었고, 먹을 것도 거의 남아 있지 않았다. 잠을 잘 잔 나는 유난히 컨디션이 좋았다. 나는 여전히 침낭 속에서 뭉그적거리며 비박텐트의 천 사이로 릭과 랑두와 대화를 나누었다. 나는 정말 환상적으로 느끼고 있으며, 이 멋진 곳에서 실컷 놀고 싶은 마음뿐이라고 설명했다. 그러나 다른 사람들은 내려가고 싶어 했다. 그리하여 우리는 개인장비를 분류했고, 3명의 락파와 오다우드는 즉시 떠날 준비를 했다. 우리는 서로를 껴안으며 안전을 기원했다. 오다우드는 마치 내가 자살이라도 하려는 사람인 양 나를 쳐다봤다. 나는 컨디션이 좋기 때문에 알아서 잘하겠다고 말했다. 누루가 셸 루트 쪽으로

길을 뚫고 내려가기 시작했다. 나는 연한 차를 끓여 릭과 함께 나눠 마시고 휴식을 취했다. 우리에게는 비스킷 한 덩어리의 4분의 3, 티백 약간, 가스통 하나와 과자 몇 개가 있었다.

그날 늦게 진지한 논의도 없이 릭과 나는 다시 정상에 가기로 합의했다. 다음 날 아침 일찍 우리는 침낭을 배낭에 넣고 크램폰을 찼다. 그리고 스토브 하나와 비스킷만 챙겼다. 우리는 비박텐트와 눈삽과 단열매트를 쳐다보고 나서, 아주 가볍게 간다는 데 암묵적으로 동의하듯 한마디 말도 없이 텐트 문을 닫았다. 눈이 심하게 내렸지만 우리는 바위지대와 가파른 걸리를 조심스럽게 지나 계속 위로 올라갔다. 그리고 오후 늦게 사방이 훤한 상태에서 설동을 파기로 결정했다. 7,600미터의 희박한 공기 속에서 아이스액스의 헤드 부분으로만 눈을 파 들어가자니 힘도 들고 시간도 많이 걸렸다. 몇 시간 후 우리는 그럴듯한 설동 안에서 차를 마시고 마지막 남은 비스킷을 먹으며 밤을 맞이했다.

7월 15일 우리는 오후 2시가 다 되어서야 정상 부근에 도착했다. 하지만 안개가 너무 짙어, 정상을 표시해놓기 위해 2010년에 박아놓은 등반용 앵커를 찾을 수 없었다. 그래서 그것을 찾느라 몇 시간을 허비했다. 오후 5시 마음이 산란했지만 안개가 걷히기 시작해, 우리가 남긴 흔적을 따라 저녁 6시 10분 완벽한 햇빛 속에 정상에 도착했다. 그런데 알고 보니, 오후 2시에 있었던 곳에서 그리 멀지 않은 곳이 바로 정상이었다. 찬연했고 너무나 고요했다. 나는 정상 사진을 찍기 위해 바위 위에 카메라를 올려놓았다. 하산 길에 날씨가 나빠지자 마치 모든 유령이 우리를 죽이려 온힘을 다하는 것 같았다. 어두워지고 바람이 불고 눈이 내리기 시작했다. 우리는 마음속으로 침잠한 채 설동으로 돌아와야 했다. 일단 안으로 들어간 우리는 스토브를 켜려 했지만 라이터가 불꽃을 일으키지 않으며 말을 듣지 않았다. 그리하여 우리는 아무것도 마시지 못했다. 다음 날 다시 시도했으나 여전히 불꽃이 일어나지 않아, 할 수 없이 짐을 꾸려 킨스호퍼 루트에 있는 2캠프를 향해 아래쪽으로 내려갔다. 눈은 끔찍할 정도로 다루기가 힘들었고, 릭의 발걸음은 눈에 띄게 느려졌다. 어느 순간 그는 내가 전혀 이해하지 못하는 말을 하기 시작했다. 그날 밤 우리는 4캠프 정도의 고도에 도착해 또 한 번 설동을 팠다. 2시간 후 릭은 자신 쪽의 설동이 무너져 진전이 전혀 없다고 말했다. 그는 아마도 그러는 동안 무아지경의 상태에 빠진 것 같았다. 우리는 내가 파낸 설동의 조그만 공간 안으로 비집고 들어갔다. 라이터가 또 말을 듣지 않았다. 그리하여 마실 것이나 먹을 것도 없이 두 번째 밤을 보내야 했다.

다음 날, 눈사태의 위험성이 높은 사면에서, 내가 로프로 확보를 보는 동안 릭이 먼저 내려가, 의도적으로 눈사태를 일으켰다. 그러자 거대한 양의 눈이 디아미르 벽 아래로 머메리 립Mummery Rib을 향해 으르렁거리며 쏟아졌다.

18일간의 등반을 끝내고 디아미르 캠프에서 휴식을 취하는 모습

덕분에 우리는 계속 아래로 내려갈 수 있었다. 나는 환각을 느끼기 시작했지만, 릭이 나를 강하고 우리를 안전하게 지켜주는 사람이라고 믿을 것이라는 생각이 들어, 그에게는 나의 상태를 말하지 않았다. 만화에 나오는 개 스누피 Snoopy가 바위 버트레스의 작은 턱에 앉아 있는 모습이 보였다. 이어 마녀가 빗자루를 타고 날아가고, 토끼 한 마리가 빨간 조끼를 입고, 멋진 회중시계를 차고, 귀가 챙을 통해 밖으로 튀어나온 헤르만 불 스타일의 펠트 모자를 쓰고 우리의 길을 가로질러 앞뒤로 뛰어다니는 모습이 보였다. 나는 부츠를 신지 않은 토끼가 틀림없이 발이 시릴 것이라고 생각했던 것을 기억하는데, 그제야 환각에 시달리고 있다는 사실을 깨달았다. 우리는 노출된 공간에서의 비박을 향해 계속 내려갔다. 그리하여 킨스호퍼 루트의 2캠프 위 가파른 지형에 쌓인 눈 위에서 아이스스크루 하나에 의지해 밤을 보냈다. 먹지도 마시지도 못한 채 또 하루를 보내 체력이 고갈되었지만, 우리는 계속 움직일 수 있기를 갈망했다.

다음 날 킨스호퍼 벽 바로 위에서 마레크 홀레체크Marek Holecek와 제네크 흐루비Zdenek Hruby를 만났다. 그들은 루팔 벽에서의 새로운 루트 개척을 준비하면서 고소적응을 하고 있었는데 우리를 보고 놀라는 눈치였다. 홀레체크는 관광 산악인들이 계속된 악천후로 눈사태 위험이 상당히 커지자 모두 돌아갔다고 설명했다. 그리하여 2캠프에 도달한 사람도 몇 명이 되지 않았다. 그들은 우리에게 물과 약간의 식량과 여분의 라이터 하나를 주었다. 우리는 눈을 녹여 물을 마신 다음 킨스호퍼 벽을 로프 하강으로 내려갔다. 발이 꽁꽁 얼었다. 우리가 1캠프까지 가는 데는 그로부터도 11시간이 더 걸렸다.

1캠프에서는 우리 지원조가 수프를 잔뜩 만들어 놓고 기다리고 있었다. 우리는 닥치는 대로 먹고 마셨다. 그러자 우리도 모르는 사이에 스르르 잠이 왔다. 7월 19일 새벽 5시 우리는 일어나서 다시 움직였다. 디아미르 빙하의 끝까지 로프를 묶지 않고 내려가자, 우리의 현지인 친구들과 지원조가 꽃다발을 걸어주며 껴안고 악수를 청했다. 우리는 마침내 해냈다. 마제노 능선을 종주하고 정상까지. 낭가파르바트의 복잡한 무늬를 짜느라 자신의 인생을 바친 멋진 사람들을 생각하자 기쁨과 안도와 만족의 눈물이 두 뺨을 타고 흘러내렸다.

샌디 앨런

1955년에 태어난 샌디 앨런Sandy Allan은 스코틀랜드 고원지대의 외딴 증류소에서 자랐다. 그는 IFMGA 산악 가이드로 일하고 있다. 그의 활동무대는 폭넓게 등반을 해온 스코틀랜드 뉴턴모어Newtonmore와 프랑스 샤모니이다. 그는 활동적인 산악인 스키어이기도 하다. 1980년대 초 스코틀랜드 동계등반의 최초 8급 개척자였던 그는 스코틀랜드 동계등반에 대해 여전히 많은 애착을 가지고 있다.

해외에서는 무즈타그 타워, 에베레스트, 로체 서벽, 초오유, 아콩카과, 바룬체, 아마다블람, 낭가파르바트, 쉬블링 등을 비롯해 많은 트레킹 봉우리들을 올랐다. 그리고 푸모리, 라톡, 낭가파르바트 마제노 능선을 알파인 스타일로 등반했다. 그는 영국산악회와 스코틀랜드산악회 회원이며, 영국등산위원회(BMC)의 위원이다. 그에게는 예쁜 두 딸 한나Hannah와 카라Cara가 있다.

릭 앨런

릭 앨런Rick Allen은 스코틀랜드를 자신의 텃밭으로 여기지만 지난 30여 년간 광활한 히말라야에서 나머지 시간의 대부분을 보냈다. 그는 경량 알파인 스타일로 8천 미터급 고봉에 접근하기 전에 같은 방식으로 가네쉬2봉Ganesh II 남벽과 푸모리를 초등했다. 다울라기리 북벽을 성공적으로 등반했고, 보다 최근에는 낭가파르바트의 마제노 능선을 완주했다. 중앙아시아에서 모험 여행 사업을 펼치고 있는 릭은 세계에서 가장 높은 산에서의 도전적인 목표 추구와 석유 및 가스 산업에서의 성공적인 경력 사이에서 절묘하게 균형을 맞추어나가고 있다.

안나푸르나 Annapurna

네팔
8,091m

1950년 6월 3일

초등:
모리스 에르조그,
루이 라슈날

1950년   1970년   1984년 1992년   2013년

최초로 등정된 8천 미터급 고봉

회의론자들의 말에 결심이 흔들렸다면 나의 안나푸르나Annapurna 원정등반은 어떻게 되었을까? 어떤 사람들은 자살 여정이라고, 또 어떤 사람들은 고귀한 자기희생이라고 말했다. 프랑스인들은 이것을 20세기의 가장 황당한 아이디어 중 하나로 보았고, 또 어떤 이들은 이것을 영웅주의의 정점이라고 불렀다. 나의 주된 아이디어는 논리적인 등반선을 따라 북서벽을 올라가는 것이었다. 1984년 프라이들 무츨레흐너Friedl Mutschlechner와 함께 가능성을 발견한 나는 그로부터 1년 후 한스 카머란더Hans Kammerander와의 성공적인 등반으로 그 사실을 입증했다. 슬로베니아의 토마주 휴마르Tomaž Humar는 이 등반을 단독으로 해내 고산등반의 역사에 이름을 남겼다. "두뇌는 가야 한다고 말을 해도 신체가 느리게 반응하면서 점차적으로 힘을 잃어갔다. 끔찍한 느낌이었다! 나는 살아남아야 한다는 본능에 이끌려 무의식중에 아이스액스를 휘두르고 크램폰으로 얼음을 찍었다."

이런 모순, 즉 자신을 극한의 조건에 노출시키면서도 오로지 살아남고자 하는 스스로의 의지에 의해서만 계속 생명을 유지할 수 있는 모순이 안나푸르나가 아닌 다른 8천 미터급 고봉에서는 분명 일어나지 않는다. 이것은 최초로 성공한 산악인 모리스 에르조그Maurice Herzog부터 이전의 시도에서 거의 죽을 뻔했지만 2013년 남벽의 라파이유Lafaille 루트를 단독으로 오르는 모험을 감행한 율리 스텍Ueli Steck까지 모두 해당하는 사실이다. 안나푸르나 등반은 예단할 수 없다. 어쨌든 아직은 아니라고 나는 말하고 싶다. 북쪽은 조직적인 그룹에게는 너무 위험하고, 남쪽은 너무 어려우며, 서쪽은 위험하기도 하고 어렵기도 하다.

1950년, 전후의 프랑스 엘리트 산악인들이 미답의 안나푸르나로 시선을 돌렸을 때 그들은 산으로 접근해가는 길과 등반이 가능한 루트는 물론이고 정상 등정에 필요한 물자를 수송하는 방법까지도 잘 모르고 있었다. 그러나 원정대의 대장인 모리스 에르조그는 쉬지도 못하고 피난하지도 못하고 도움도 받지 못할 가능성이 농후한 죽음의 지대로 과감히 올라가는 용기를 발휘했다. 그는 전설적인 등반가인 루이 라슈날Louis Lachenal을 설득해 함께 정상까지 올라갔지만, 하산은 동상과 추락과 신설과 눈사태와 안개와 설맹으로 인해 악몽의 여정이 되고 말았다. 1950년에는 죽음의 지대에 어떤 위험이 도사리고 있는지에 대한 지식이 거의 없었다.

1938년 아이거 북벽의 정복은 등산의 시대에 종언을 고했고, 1950년 안나푸르나 초등은 새로운 시대의 서막을 알렸다. 이제 지구에서 가장 높은 산들이 더 젊은 세대 산악인들의 표적이 되었다. 그리하여 '최초의 8천 미터급 고봉'은 삶과 죽음 사이에서의 여행이라는 위험한 실험무대가 되었다. 하지만 지금까지 얻은 경험에서 보면, 그 성취는 대개가 등산의 장점이 되었다. 초등 이후, 1970년 보닝턴Bonington 원정대의 한 조가 안나푸르나 남벽을 처음으로 올랐다. 두걸 해스턴Dougal Haston과 돈 윌런스Don Whillans가 3,500미터의 가파른 벽을 통해 정상에 오른 주인공이 된 것이다. 그것은 고산등반의 제2의 시대, 즉 난이도라는 차원을 연 쾌거였다. 이 두 이정표가 오늘날까지도 안나푸르나에 특별한 위상을 부여하고 있다.

그 후 남벽에만 12개의 독립적이거나 변형적인 루트가 생겨났다. 산악인들이 세계에서 가장 높은 봉우리들을 모두 정복하자, 1984년 에라르 로레탕Erhard Loretan과 노르베르트 주스Norbert Joos는 안나푸르나 주봉을 남동쪽에서 북서쪽으로 종주했다. 그리고 1992년 프랑스인 장-크리스토프 라파이유Jean Christophe Lafaille는 안나푸르나 남벽을 시도하던 중 동료 피에르 베긴Pierre Béghin을 잃고 나서, 부상에도 불구하고 그 벽을 혼자서 내려왔다. 그는 바스크인 알베르토 이뉴라테기Alberto Iñurrategi와 함께, 로레탕과 주스가 이미 끝낸 동쪽 능선을 따라 오른 후 다시 그곳을 통해 내려왔다. 그것은 해발 8,000미터 위에서 이루어진 총 15킬로미터의 놀라운 능선 종주등반이었다.

라파이유는 위성 추적이 가능하지 않았던 2006년 1월 마칼루에서 실종되었다. 2013년 율리 스텍이 안나푸르나 남벽의 라파이유 루트를 끝냈을 때 위성 카메라는 그에게 초점을 맞추지 않았다. 그리하여 그는 현대의 전설이 되었다. 스포츠적인 행위뿐 아니라 감성적인 관점에서도, 우리 예술의 가장 수준 높은 형태가 알파인 스타일의 단독등반이라는 것은 모두가 잘 알고 있다. 현대적인 통신수단의 출현 이후 신비와 기회가 사라져 전설은 더 이상 존재하지 않는다. 다만 우리는 네트워크 세상을 통해서만 계속 감동을 느낄 뿐이다.

200, 202 동쪽 능선 너머로 본 안나푸르나 남벽. 주봉 앞쪽에 있는 것이 동봉과 중앙봉이고, 그 뒤쪽에 있는 것이 상 농Sans Nom이며, 왼쪽의 뚜렷한 봉우리가 400미터 낮은 바르하출리이다.
202 120킬로미터 상공에서 내려다본 남벽의 가상 이미지. 가운데 있는 것이 상 농이며, 남서 능선의 북쪽 끝에 안나푸르나 주봉이 있고, 그 오른쪽에 중앙봉이 있다. 그리고 남쪽에 있는 봉우리가 바르하출리이다.

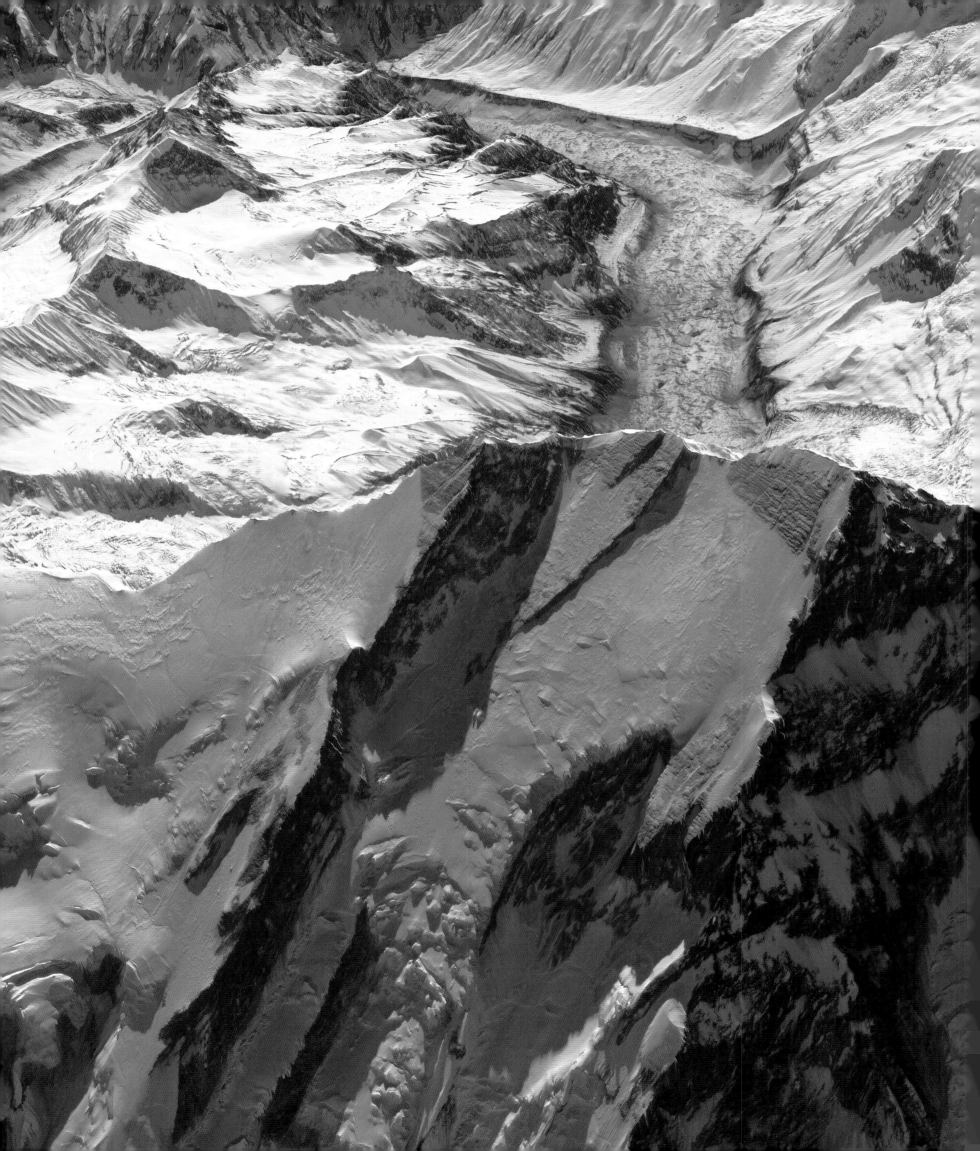

Profile | 프로필

가상 카메라 위치

카메라	페이지	촬영고도/미터	초점거리/밀리미터	정상으로부터의 거리/미터	촬영방향
1	200 ¦ 201	8,606	56	10,400	동
2	202	123,703	933	131,086	남남서
3	204 ¦ 205	12,918	44	7,980	북북서
4	206 ¦ 207	7,469	18	4,900	북북서

얼음 속의 무지개

세계 제 10위의 고봉인 해발 8,091미터의 안나푸르나는 네팔 고지대의 긴 산맥 중 하나인 안나푸르나 히말라야의 서쪽 끝에 자리 잡고 있다. 인접한 다울라기리와 마나슬루처럼, 극도의 고도차와 기상 조건은 산악인들에게 심각한 위험을 불러일으킨다. 안나푸르나 남쪽에 더 작은 규모의 산맥이 없다는 사실은 남동쪽에서 다가오는 강수량에 대한 보호막이 없다는 것을 의미한다. 몬순 시즌 동안 이것은 순식간에 극도로 난폭해질 수 있으며, 노출된 남쪽 사면에 엄청난 양의 비와 눈을 뿌릴 수 있다. 그리고 폭풍과 강풍이 동반되면, 그 피할 수 없는 결과가 얼음의 붕괴와 눈사태로 나타난다.

안나푸르나 베이스캠프에서의 등반 루트는 대략 5억4천만에서 4억5천만 년 전의 퇴적물을 지나는데, 이는 인도와 아시아가 충돌하기 전에 고대 테티스 대양이 두 대륙을 갈라놓은 캄브리아기와 오르도비스기로 거슬러 올라간다. 등반에 나서는 산악인들은 끊임없이 변화하는 검은 이판암, 성역 지층의 사암과 석회암, 안나푸르나 또는 황색 지층의 석회질 이판암, 안나푸르나 주봉 정상 부근에서 닐기리 지층의 사암을 지나게 된다. 이런 퇴적암들은 산의 모든 사면에 걸쳐 다양한 색상의 스펙트럼을 형성한다. 그리고 3개의 지층 모두 구조적으로 남 티베트 단절단층대 위에 놓여 있는데, 다울라기리에서와 마찬가지로, 이것은 고대 테티스 암석의 퇴적물을 더 아래에 있는 대히말라야의 고도로 변성된 암석과 분리한다. 규칙적인 지진은 오늘날에도 단층이 여전히 활성화되어 있으며, 산이 여전히 높아지면서 변화하고 있다는 사실을 상기시킨다. 2015년에 발생한 파괴적인 지진은 눈사태와 낙석과 산사태를 유발해, 안나푸르나 주변뿐만 아니라 네팔의 산악지역 전체에서 8,000명이 넘는 사망자와 수천 명의 부상자를 냈다.

204,205 | 안나푸르나 북쪽 사면. (왼쪽부터 오른쪽으로) 동봉, 중앙봉, 주봉, 상 농, 바르하 출리. 시각적으로는 안나푸르나 주봉(안나푸르나 남쪽 빙하와 맞닿은 봉우리)이 중앙봉보다 약간 낮게 보인다.
206,207 | 1950년의 초등은 북쪽 사면을 통해 이루어졌다. 왼쪽의 동쪽 능선 끝에 있는 봉우리가 캉사르 캉 또는 로크 누아르(7,485m)이며, 오른쪽의 남서 능선 끝에 있는 봉우리가 바르하출리 또는 팡(7,647m)이다.

몬순의 위협

안나푸르나
8,091m

안나푸르나는 히말라야 산기슭으로부터 7,000미터 높이로 우뚝 솟아 있다. 그리하여 남쪽에서 불어 닥치는 몬순과 악천후가 안나푸르나의 넓고 가파른 동서쪽 벽에 닿으면 난폭한 폭풍과 폭우가 발생하는데, 이것은 산악인들뿐만 아니라 이 지역 사람들에게도 위험을 초래한다.

출처: DLR

남벽을 따라 올라가는 스테판 베누아와 야니크 그라지아니의 2013년 루트

2013년 10월

출발지점:
비레탄티

팀:
스테판 베누아, 야니크 그라지아니

남벽과 알파인 스타일

첫 번째 시도는 2000년에 있었다. 그때는 10년도 넘게 나의 등반 파트너였던 크리스티앙 트롬스도르프Christian Trommsdorff와 파트리크 바뇽Patrick Wagnon과 함께 갔다. 우리는 모든 것이 만장일치 또는 다수결로 결정되어야 하며, 동의하지 않는다 할지라도 다른 사람의 의견을 따라야 한다고 합의했다. 이것이 이번 원정에서 우리를 살려주고, 후에 좋은 성과를 내기도 한 요인이었다.

두 번째 시도는 2010년에 있었다. 이번에는 스테판 베누아Stéphane Benoist와 함께 갔다. "스테판, 들어봐. 네가 2년 전 눕체 정상 70미터 아래에 도달했을 때 돌아서라고 조언한 파트리스Patrice(글레롱-라파Glairon-Rappaz)에게 넌 정말 고맙게 생각해야 해. 그렇지 않았으면 동상으로 발가락을 잘랐을지 몰라." "그래, 알아. 하지만 난 정말 정상에 가고 싶었어. 그건 나에게 삶과 죽음의 문제였거든." 나는 그런 접근방법에 완전한 확신을 갖지 못했다. 그래서 나는 '삶과 죽음'의 문제가 아니라 나 자신에게 약간의 여유를 주는 것에 익숙하다는 점을 그에게 분명히 했다.

세 번째 시도는 성공적이었다. 남벽과 알파인 스타일. 베누아와 나는 6,500미터의 작은 미답봉을 등정해 고소적응을 마치고 안나푸르나로 출발했다. 우리는 둘 다 마음이 산란했고, 명백하게 걱정을 많이 했다. 등반을 하러 거대한 빙하를 건너면서는 서로 거의 한 마디도 나누지 않았다. 나는 사실 두렵지는 않았지만 우리에게 많은 일들이 일어날지 모른다고 상상하고 있었다. 그 이상은 아니었다.

벽에서 우리는 낙석과 낙빙을 어떻게 피할 것인가와 안전한 비박 장소를 어떻게 찾을 것인가를 주로 걱정했다. 하지만 일단 벽에 붙자 모든 것이 달라졌다. "내일은 무조건 6,700미터까지 올라가야 해." 내가 말했다. "그 후 며칠 동안은 일기예보가 썩 좋지 않아. 매일 오후에 눈이 온대." "좋아, 알았어. 그 위에서의 비박이라면 적어도 눈사태는 피할 수 있을 거야." 베누아가 말했다.

이틀 동안 우리는 눈사태에 포격을 당해 그대로 있어야 했다. 우리의 위치가 안전하지는 않았지만 대재앙의 폭풍설이 우리를 덮칠 것이라고는 감히 상상조차 하지 못했다. 그러나 지금까지도 그 기억은 나를 몸서리치게 만든다.

나는 자신감을 느꼈고, 우리는 어쩔 수 없는 휴식 덕분에 어떤 상황이든 더 잘 준비할 수 있었다. 우리가 정상 부근을 오를 때 위기가 닥칠지 모른다는 것은 알고 있었다. 이 중차대한 때에 우리는 겨우 반쯤 올라와 있었다. 등반 5일째에 첫 햇살이 비치자, 4시간 동안 얼음장 같은 추위를 이겨낸 나는 몸을 따뜻하게 하면서 내 주위를 감탄스러운 눈으로 둘러봤다. 우리는 진전이 느렸지만, 그곳에 있는 것만으로도 충분해, 그런 것쯤은 문제가 되지 않았다. 그날 오후 늦게, 추락에 대비한 확보물 설치가 여의치 않은 벽의 아주 어려운 피치를 베누아가 힘들게 올라갔다.

"야니크, 무서운데. 정말 무서워." "스테판, 잘하고 있어. 천천히 해." 나는 그가 로프 길이로 30미터를 올라가는 것을 2시간 동안 지켜보고 나서, 다시 한번 그 장소를 둘러봤다. 마치 영화관에 앉아 있는 것 같았다. 나는 풍경의 순수한 장엄함에 그만 넋을 잃고 말았다. 황토색이 검푸른 하늘과 실루엣을 이룬 우리의 오른쪽 1,500미터 위에, 그리고 8,040미터의 안나푸르나 중앙봉 끝자락에 능선이 있었다. 그 순간, 텐트도 없이 노출된 곳에 앉아 잠도 자지 못하는 비박을 해야 한다는 생각은 적어도 두렵지 않았다. 아니, 두려움은 있었지만 지금 이곳이 아니라, 이미 이전의 일이었다. 그러면 행동이 우선하고 이성이 그 위에 있다. 나는 무엇이든 준비가 되어 있다고 느꼈다.

이틀 후, 우리는 벽의 7,650미터에서 마지막 비박을 했다. 이제 정상은 가까이에 있었다. 베누아와 나는 지쳐 있었다. 그러나 나는 여전히 계속 가고 싶었다. "스테판, 내려가는 것이 더 현명하겠지만, 이제 정상이 가까이에 있어. 난 정말 가보고 싶어." "나도!" 그가 한 말은 이것이 전부였다. 그는 등반을 시작할 때부터 동상에 시달려, 어떤 경우라도 그것은 위험스러웠다. 해낼 수 있다는 믿음이 있기는 했지만, 나는 우리가 어떤 대가를 치러야 할지는 알지 못했다. 아침 일찍 비박텐트를 떠나 정상으로 향했다. 베누아가 앞장섰다. 나는 장갑을 가지러 텐트로 다시 돌아가야 했다. 몹시 추웠다.

나는 7,850미터쯤에서 그를 따라잡았다. 그리고 함께 올라가, 오전 11시쯤 정상에 도착했다. 바람도 없고 하늘도 청명한 날에 그곳에 서니 믿을 수 없

해낼 수 있다는 느낌이 드는 중요한 순간이 종종 있다. 여기서 우리는 정상이 가까이 있다는 것을 알게 되었다.
1시간 후, 7,600미터의 비박지에서 우리는 계속 가기로 결정했다. 이미 죽음의 지대에 들어와 있어서, 그런 결정을 내리는 것이 결코 쉽지는 않았다.

을 정도로 대단했다. 나는 느낌이 좋았지만, 우리는 다시 내려가야만 했다. 쉬기 위해 다시 우리의 텐트로. 베누아는 천천히 움직였다. 그는 이미 한계에 다다른 듯해서 우리의 생존은 전적으로 나에게 달려 있었다. 후에 알고 보니, 그는 심각한 폐렴에 걸렸는데, 그 당시에 우리는 전혀 눈치 채지 못했다.

텐트로 돌아와, 내가 뜨거운 음료를 만드는 동안 그가 겨우 몇 마디를 했다. "야니크, 난 아직도 저 위에 있는 것 같아." "걱정 마. 그냥 쉬고 모든 걸 나한테 맡겨." 8천 미터급 고봉에서 내려가는 것이 얼마나 어려운지 나는 잘 알고 있었다. 이미 경험이 있었으니까. 다음 날 밤은 완전한 지옥이었다. 바람이 맹렬히 불었다. 나는 다음 날 아침 일찍 출발하고 싶어, 밤인데도 불구하고, 폭풍설이 몰아치고 얼어붙은 추위 속에서 로프를 설치하러 텐트 밖으로 나갔다. 어쨌든 잠은 잘 수 없었다. 다음 날 아침에 우리가 뻣뻣하게 얼어붙은 채 여러 가지 요인으로 갇히지는 않을지 두려웠다. 그날 밤은 최악의 상황이라 우리는 정말 위험에 빠져 있었다.

다음 날 아침, 20시간의 하강 끝에 우리는 산기슭에서 몇 시간 떨어지지 않은 곳에 있는 비박지에 도착했다. 휴! 등반은 끝난 것이나 거의 다름없었다. 그날 밤은 전날 밤보다도 더 지독했다. 환각에 시달려 잠도 제대로 자지 못했다. "괜찮아. 우린 지금 여기 있잖아." 내가 베누아에게 말했다. 그의 상태는 점점 더 나빠지고 있었는데, 이제는 우리가 훨씬 더 낮은 고도에 있었기 때문에 이유를 이해하지 못했다. 나는 구조를 요청하기로 했다. 하지만 내 전화기의 배터리가 다되어, 어느 누구에게도 연락할 수가 없었다. 그런데 다음 날 구조팀이 전화를 걸어 가능하면 빨리 우리를 찾아 나서겠다고 말했다.

다음 날, 카트만두로 향하는 비행기에 올라타자 마침내 긴장이 풀렸다. 창밖으로 산이 미끄러지듯 지나가는 모습이 보였다. 나는 마침내 안나푸르나를 올랐다. 그때 나는 대단한 자부심이 아니라, 이 산이 이제는 나의 일부가 되었다는 단순한 느낌이 들었다.

예전에 발토로 빙하에서 폭풍설에 갇힌 적이 있었다. 그런데 구름이 갑자기 걷히더니 마치 마법처럼 K2가 석양을 받으며 나타났다. 그때 그곳을 오른 내 친구는 그 산이 마치 자식이라도 되는 양 애정 어린 말을 했었다. 나는 히말라야에서 나 자신을 찾았다. 단순한 산악인이 아니라 강인하고 세심한 사람으로. 나는 고산의 아름다움을 즐긴다. 그리고 이런 모험을 하는 동안은 강인함과 나약함이 미묘하게 섞인 주변의 환경과 하나가 되는 느낌을 받는다.

212 / 7,000미터에서 벽을 트래버스 하는 모습. 이제 등반이 점점 더 어려워지기 시작했다.
213 빙벽의 높이가 10미터 이상 계속된 두 번째의 결정적인 구간(7,300m)

야니크 그라지아니

1973년에 태어난 야니크 그라지아니Yannick Graziani는 10대부터 등반을 했다. 15년 전쯤 히말라야를 처음 경험한 그는 티베트, 인도, 네팔, 파키스탄으로 원정등반을 다녔다. 그는 때로는 새로운 루트로, 때로는 초등으로 40개 정도의 봉우리를 올랐다. 그의 이런 업적에는 티베트의 초모론조Chomo Lonzo 주봉(2005), 파키스탄의 푸마리 키시Pumari Chhish(2007), 8천 미터급 고봉인 마칼루와 브로드피크가 포함되어 있다. 2013년 10월, 그와 등반 파트너 스테판 베누아Stéphane Benoist는, 율리 스텍Ueli Steck이 초등을 해낸 지 몇 주 후에, 안나푸르나 남벽의 라파이유-Lafaille 루트 등반에 성공했다. 등반에서 그가 가장 매력적으로 생각하는 것은 '미지의 세계로 뛰어드는' 것이다. 그는 알파인 스타일 등반의 미니멀리즘을 통해 자신의 개성 형성에 도움이 된 분명한 진리와 가치를 배웠다. 현재 그는 프랑스 샤모니에 거주하고 있다.

마셔브룸 Masherbrum

파키스탄
7,821m

마셔브룸 Masherbrum

1960년 7월 6일

초등:
조지 어빙 벨,
윌리 언슬드

1938년   1955년   1960년   1985년   2014년

1957년

미래를 위한 도전

1960년 여름, 몇 번의 도전 만에 마셔브룸Masherbrum이 마침내 항복했을 때 8천 미터급 고봉은 14개 중 이미 13개가 정복되어 있었다. 해발 7,821미터의 이곳은 세계에서 가장 높은 미등의 봉우리 중 하나였다. 북쪽에서는 가능성이 없는 것으로 알려진 이후, 이전의 원정대들이 했던 것처럼, 후세 계곡Hushe Valley에서 출발하는 남쪽에서 결국 정상이 함락되었다.

1975년 북벽 아래에 처음 섰을 때 나는 고개를 절레절레 흔들었다. 도대체 저토록 불가능해 보일 수가 있을까? 오목한 벽은 위로 올라갈수록 더욱 가팔랐다. 마치 아이거처럼. 하지만 규모가 그 두 배라니! 낙석, 눈사태, 부서져 내리는 얼음 등 모든 것이 떨어지는 곳을 곧장 올라가야만 한다. 그 위쪽은 500미터 이상 돌출되어 있다. 그리고 봉우리의 정상부는 마터호른의 그것만큼 적대적이고 날카로운 이빨이다. 그 모습이 새의 머리를 연상시켰다. 쌍안경을 통해 보니 사방이 불그스름한 화강암에 오버행이었다. 죽음의 지대에서의 등반에 대해서는 모두 알고 있다고 자부하고 있었는데, 내가 아는 한 마셔브룸 북벽은 인간이 올라갈 곳이 아니었다.

마셔브룸에 대한 첫 도전은 1938년에 있었다. T. 그레이엄 브라운Graham Brown을 대장으로 한 원정대가 발토로 쪽이 아니라 그 뒤쪽인 후세 계곡에서 접근했다. 6월 17일, 조크 해리슨Jock Harrison과 로빈 호지킨Robin Hodgkin이 정상을 향해 올라갔다. 그러나 7,620미터 부근에서 한계에 부딪혔다. 탈진과 동상에 시달린 그들은 포기했다. 악천후가 닥치자 그들은 움직일 수가 없어, 결국 폭풍설이 몰아지는 가운데 후세 계곡으로 후송되어야 했고, 발가락과 손가락에 동상을 입었다. 날씨가 좋았다면 정상에 올라갈 수 있었을까? 아니, 그렇게 하지는 못했을 것이다. 왜냐하면 정상 부근의 300미터는 기술적으로 가장 어려운 데다 가파른 바위와 깊은 눈은 물론이고, 고소의 영향도 있었을 것이기 때문이다. 1955년 스탠리 콘웨이Stanley Conway가 이끄는 뉴질랜드 팀이 후세 계곡에서 출발해 1938년에 찾아낸 루트를 따라 등정에 나섰다. 하지만 날씨와 눈 상태가 좋지 않았고, 포터들이 병에 걸려 그중 하나가 폐렴으로 죽었다. 그리하여 그들은 7,000미터에서 등반을 포기했다

1957년 돈 윌런스Don Whillans가 그다음 도전에 나섰지만, 다시 한번 날씨가 좋지 않아 정상 150미터 아래에서 발길을 돌려야 했다. 영국 최고의 산악인이자 냉소적이고 천재적인 윌런스는 다시 두 번째 도전에 나섰다. 그러나 동료 중 하나가 6캠프에서 사망하는 바람에 또다시 포기해야 했다. 1960년 7월 마침내 성공이 찾아왔다. 닉 클린치Nick Clinch가 이끄는 원정대의 조지 어빙 벨George Irving Bell과 윌리 언솔드Willi Unsoeld가 이 봉우리의 정상에 최초로 발을 디딘 인간이 된 것이다. 이 언솔드가 1963년 톰 혼바인Tom Hornbein과 함께 에베레스트를 오르고, 자신의 딸을 난다데비Nanda Devi라고 이름 지은 바로 그 사람이다.

1985년 2개의 원정대가 북서벽 정복에 나섰다. 그들은 서로 독립적으로 움직였다. 7월 23일, 일본 원정대의 대원 10명이 정상에 올랐고, 15시간 후에는 오스트리아의 로베르트 렌츨러Robert Renzler, 앤디 오르글러Andi Orgler와 미하엘 라르허Michael Larcher가 '정당한 방법fair means'으로 북서벽을 통해 정상에 도달했다. 이것은 획기적인 성과였다. 그로부터 거의 30년이 지난 2014년, 또 다른 티롤 팀이 이번에는 북동벽으로 정상에 올랐다. 두 번째 도전 만에 성공한 그들은 다비드 라마David Lama, 한스요르그 아우어Hansjörg Auer, 페터 오르트너Peter Ortner라는 우리 시대 최고의 클라이머들이었다. 하지만 그들도 불안에 떨었다. 위험이 너무 컸을까? 아니면 문제가 너무 어려웠을까? 그들의 원칙은 이랬다. "씹을 수 있는 것보다 더 많이 물어뜯지 마라." 그들은 살아서 다음 날 또 등반할 수 있도록 너무 무모하게 밀어붙이지 않기로 했다. 카라코람만 해도 미등으로 남은 대단한 벽들이 여전히 많다. 그리고 알래스카, 캐나다, 가르왈, 시킴, 파타고니아와 카슈미르에는 셀 수 없이 많다. 궁극적으로, 자신 위한 도전을 찾는 것은 자신에게 달려 있다.

전통적인 등산은, 노르웨이에서 남아프리카까지 그리고 미국에서 일본까지, 전 세계 도처에서 엄청난 붐을 일으켰다. 그러나 전통적인 산악인들은 소수이며, 실내 및 스포츠 클라이머들은 등산이 스포츠 그 이상이라는 것을 알지 못한다. 그것은 자신과의 육체적·정신적·영적 만남이며, 길들여지지 않은 세계에 대한 마지막 유산이다. 그 4차원의 세계는 지질학적 구조를 의미 있는 현실, 즉 미래를 위한 도전의 장으로 바꿀 것이다.

216, 217 북동벽의 오른쪽에서 정상으로 이어지는 북쪽 능선. 왼쪽에 있는 봉우리가 마셔브룸 서봉이고, 앞쪽에 있는 봉우리가 예르마넨두 캉리. 오른쪽에 있는 봉우리들이 우르두카스1봉과 2봉이다.

218 만두 빙하 위로 북벽이 가파르게 치솟아 있다. 이미지의 오른쪽에 있는 봉우리들이 각각 7,127미터와 7,081미터의 만두 캉리1봉과 2봉이다.

Profile | 프로필 |

가상 카메라 위치

카메라	페이지	촬영고도/미터	초점거리/밀리미터	정상으로부터의 거리/미터	촬영방향
1	216 ⏐ 217	6,998	32	7,180	동
2	218	7,576	40	7,880	서북서
3	220 ⏐ 221	16,248	70	11,450	서남서
4	222 ⏐ 223	7,654	40	9,950	서남서

지구에 대한 통찰

카라코람 산군의 지질은 숨 막힐 듯 많은 봉우리들과 빙하들과 암벽들 못지 않게 인상적이다. 해발 7,821미터로 이곳에서 일곱 번째로 높고, 이곳을 최 초로 측량한 T. G. 몽고메리Montgomerie에 의해 원래 K1으로 명명된 마셔브룸 은 이 두 가지 측면을 모두 보여주는 생생한 사례이다. 숨을 멎게 하는 것은 무섭도록 가파른 북벽만이 아니다. 지질학자들에게 이곳은 지각에서 일어나 는 용해와 마그마틱 현상을 지표면에서 관찰할 수 있는 환상적인 자연 연구 실이다. 마셔브룸 정상부가 오렌지색으로 빛나는 모습은 멀리서도 볼 수 있 다. 발토로 관입의 이런 화강암들은, 한때 마셔브룸 혼성암 복합체에서 일부 가 용해된 암석인, 혼성암과 번갈아 나타난다. 고온의 편마암, 석회질 규산 염 대리석, 부분적으로 변형된 혼성암과 석류석을 함유한 화강암의 혼합물 인 이런 복합체의 화학적 및 광물학적 구성은 용해가 훨씬 더 깊은 지각에서 일어났으며, 약 2천백만 년에서 천5백만 년 전 사이에 발토로 관입으로부터 생긴 용해에 의해 침투되었다는 사실을 보여준다. 인근에 있는 K2의 진화와 같이, 인도판과 유라시아판이 서서히 충돌해 대륙의 지각이 두꺼워졌고, 그 러는 동안 고압과 850도까지 올라간 고온이 각섬석이 풍부한 용융 암석을 만들었으며, 그리하여 이런 것들이 차례로 마셔브룸의 화강암을 밀어 올렸 다. 인도−유라시아 융합에 의한 상호작용, 카라코람 단층에 따른 판 이동, 그 리고 물과 얼음으로 인한 침식으로 인해 이런 암석이 지금 우리가 보고 감탄 하는 지표면으로 옮겨졌다.

마셔브룸의 고도차가 접근을 거의 불가능하게 만드는 것처럼 기후 역 시 마찬가지이다. 특히 상상을 초월하는 북벽을 보면 이 봉우리는 극한을 한 껏 즐기는 것 같다. 날씨가 좋은 날에도 높은 기온은 두꺼운 눈의 층을 녹여 물과 눈을 거대한 걸리를 통해 산비탈로 쏟아져 내리게 만들고, 낙빙과 낙석 과 가파른 세락의 붕괴 역시 모든 원정등반에 아찔한 위험을 불러일으킨다.

홀로 서다

등정 1938-1985년	**4**명
등정 1985-2015년	**0**명
미등으로 남은 북벽의 높이	**3,500**미터

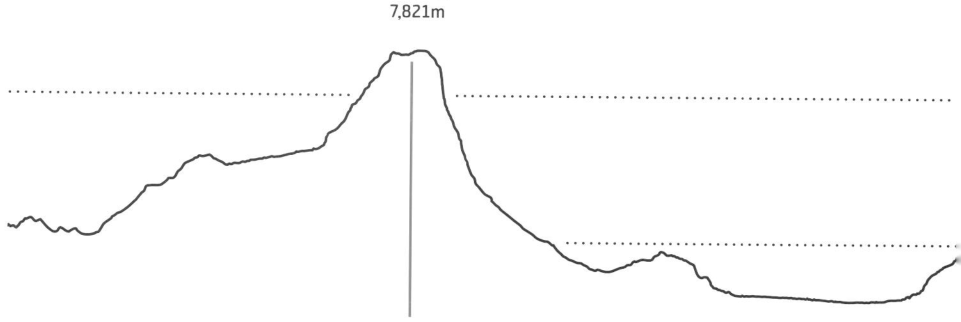

마셔브룸
7,821m

1938년 처음 시도된 이래 마셔브룸은 오직 네 번만 등정되었다. 그리고 그 후 30년 동안 그 정상에 선 사람은 아무도 없으며 3,500미터의 북벽은 여전히 미등으로 남아 있다.

출처: www.summitpost.org

한스요르그 아우어의 2014년 루트. 북동벽에 도전한 이 등반은 루트가 불가능한 것으로 판명되어 중 단되었다.

220, 221 마셔브룸 남벽. 그 옆 오른쪽이 초등에 이용된 남동 능선과 동쪽 능선 그리고 남 동벽이다. 왼쪽이 만두 빙하. 그 너머가 예르마넨두 빙하로, 이 둘은 발토로 빙하 계곡으로 이어진다.
222, 223 릴리고 빙하 위 서쪽에서 마셔브룸을 바라본 모습. 정상보다 15미터 낮은 봉우리 가 서봉이다. 왼쪽에 있는 봉우리가 만두 캉리이고, 중앙 오른쪽에 있는 봉우리가 세락피크 (6,614m)이다.

2014년 5월

출발지점: 팀:
아스콜레   한스요르그 아우어, 다비드 라마, 페터 오르트너

우리는 다시 도전할 것이다

밤새 눈이 내렸다. 텐트 폴이 왕창 구부러져서 눈의 무게로 곧 부러져버릴 것 같았다. 안 돼. 아직 저 위의 작은 바위 턱에 누워보지도 못했고, 세락 밑에 서 보지도 못했잖아. 하지만 걱정하지 마. 지금의 나는 더할 나위 없이 안전하고 멀쩡하니까. 불과 20미터 떨어진 곳에서 파키스탄 주방장의 친절한 목소리와 석유스토브가 맹렬하게 불을 내뿜는 소리가 들려왔다. 그 소리는 "아침식사가 준비됐습니다."라는 인사말을 곧 듣게 될 것이라는 기대를 한껏 키웠다.

나는 텐트의 지퍼를 올렸다. 아주 이상하게도, 그날 나를 맞아준 광경은 평소보다도 훨씬 더 매혹적이었다. 거의 10년이 지난 지금까지도 눈앞에 생생히 떠올릴 수 있을 정도로. 거대한 산군에 마침표를 찍는 아름답게 조각된 산봉우리와 그 뒤로 100미터는 되어 보이는 높고 거칠고 접근이 불가능한 설연. 이것이 2006년 8월 22일 오전 7시 30분 십턴 스파이어Shipton Spire 베이스캠프에서 바라본 마셔브룸Masherbrum의 모습이었다.

북벽의 상단부를 이리저리 훑어봤다. 내가 바라보고 있는 곳은 너무나 복잡해서 등반이 가능한 분명한 루트가 있을 것 같지 않았다. 그렇기 때문에 우리는 더욱 그곳을 오고 싶어 했다. 2013년 여름 오르트너Ortner와 라마Lama가 이 봉우리를 정찰했을 때 나는 쿠냥 키시 동봉 원정등반에 참가하고 있어서 함께할 수 없었다. 그리하여 이제야 초청을 받은 것이다. 원정등반을 함께 가자고 조용히 이야기를 나누는 것은 멋지고 기분 좋게 들릴지 모르지만, 이런 종류의 항해를 위한 승조원乘組員을 찾는 것은 결코 쉽지 않다. 특히 어떻게든 정상에 올라가려는 도전인 경우는 더욱 그렇다. 솔직히, 가장 큰 골칫거리는 출발하는 순간에 찾아올지 모른다. 왜냐하면 이 특별한 바다는 바위와 얼음과 세락과 거의 피할 수 없는 모든 종류의 위험으로 가득 차 있기 때문이다. 따라서 있는 그대로를 수용하는 수밖에 없다. 물론 이런 수용은 모든 것이 하나의 거대한 도박이라는 것을 의미한다. 이것은 우리를 인내의 한계까지 몰아넣거나, 아니면 등반 첫째 날에 우리를 돌아서게 만드는 게임이었다. 선택은 오직 그 두 가지뿐이었다. 일단 도전에 나서면 봉우리의 정상부에서 로프 하강을 하는 것은 불가능할 것 같았다.

일단 이 봉우리와 마주하게 되면 본능과 경험은 등반을 하지 말라고 경고한다. 6,000미터 정도까지 올라가면 왼쪽과 오른쪽에서 나타나는 부서지기 쉬운 얼음덩어리들이 너무나 위협적이다. 그 위쪽은 안전해 보이지만 그렇게까지 등반한 사람은 아무도 없다. 벽에 대한 접근이 끝나면 이미 미답의 영역에 발을 들여놓은 셈이다. 지난 20년 동안 나는 이 벽에 대한 꿈을 키워왔다. 오직 러시아 원정대만이 이 벽에 감히 도전장을 내밀었지만, 그들도 접근하는 도중에 돌아서야 했다.

2014년 5월 중순 세 명으로 된 우리 팀이 출발했다. 분위기는 좋았다. 팀의 구성원들끼리 서로를 잘 아는 것은 매우 중요한데, 무엇보다도 서로를 존중해야 한다. 등반 중 가능하면 균형을 이룰 수 있도록 서로의 약점과 강점을 알 필요가 있다. 8천 미터급 고봉인 브로드피크에서 고소적응 훈련을 몇 번 하자 이제 준비가 되었다고 느껴졌다. 하지만 그다음에 일어나는 일은 우리의 흥정 대상이 아니었다. 마셔브룸은 우리에게 서두르는 것을 잊지 말라는 교훈을 주는 것 같았다.

나는 필사적으로 서둘렀다. 내가 뒤돌아보자 오르트너와 라마는 단단한 만년설이 쌓여 있는 걸리에 있었다. 라마가 위를 쳐다보고 있었다. 그때 갑자기 굉음이 울렸다. 나는 소리를 친 후 최대한 재빨리 왼쪽으로 올라가 상황이 끝나기를 기다렸다. 그들이 아직도 거기에 있을까? 거친 숨소리가 들려왔다. 됐어. 라마는 아이스툴에 얼굴을 대고 몸을 구부리고 있었다. 넋을 잃은 그의 얼굴에 공포가 배어 있었다. 그렇게 우리는 얼음사태에서 살아났다.

7,000미터쯤 위에서 돌출된 뱃머리 모양으로 솟아오른 거대한 크기의 깎아지른 헤드월은 우리를 짓누르다시피 했다. 등반에서 이런 조건들은 재앙 수준이었다. 허리까지 빠지는 얼음을 뚫고 우리는 5,350미터까지 힘들게 올라갔다. 세락이 무너지는 바람에 또 한 번 얼음사태가 일어났는데 이번에는 규모가 훨씬 더 컸다. 아마 20분만 늦었더라면 우리는 목숨을 잃었을 것이다.

오전 11시. 더 이상 올라가거나 내려갈 수 없었다. 우리는 마셔브룸 북벽이라는 얼음사태의 회전목마에 갇혀 있었다. 더구나 심한 열기가 모든 것을 더

마셔브룸의 거대한 북동벽을 위해 인근의 브로드피크(8,051m)에서 고소적응 훈련을 한 후 라마(왼쪽), 오르트너(오른쪽)와 함께 마셔브룸 베이스캠프로 돌아가는 모습

악화시켰다. 벽은 땀을 흘리고 있었고, 습기는 7,000미터까지 곧장 올라왔다. 이런 조건에서는 벽을 등반할 수 없었다. 눈이 쌓인 작은 바위 능선에서 기다리며 우리는 결정을 내릴 시간을 잠시 가졌다. 그리하여 모든 상황을 저울질했고 계속해서 의논했다. 나는 다음 날이면 등반을 할 수 있을지 모른다고 오르트너와 라마를 설득했다. 하지만 그들의 말이 옳았다. 이제는 모든 것이 끝장나 우리는 내려가야만 했다.

나는 마셔브룸에 대해 좋은 느낌을 계속 가지고 있었다. 그리고 7월 말 마침내 출발했을 때 우리 모두는 무척 의욕이 넘쳐 있었다. 모두가 꿈꾸는 그런 순간이었다. 그러나 접근은 결코 고무적이지 않았다. 그 봉우리는 자신에 대해 감질나게 맛만 보여준 다음 우리를 다시 하강시켰다. 정상에 오를 희망이 전혀 없었다. 그리고 벽이 너무나 위험해 시도조차 할 수 없었다. 우리는 실제로 등반을 시작한 첫 번째 원정대였는데, 나중에 다시 시도할 때 매우 중요할 약간의 경험 정도는 얻을 수 있었다.

특정 상황을 최적화하고 다양한 어프로치 사이에서 타협점을 찾는다면, 이 벽을 오르는 현실적 방법은 분명 존재할 것이다. 헤드월까지 곧장 치고 올라간다는 우리의 본래 계획은 아마 너무 무모했을지 모른다. 거의 1,000미터 높이의 이 구간은 아주 가파르고 반반해 필수품만 가지고 알파인 스타일로 도전하기에는 무리이다. 배낭은 훨씬 더 가벼워야 할 것이다. 왜냐하면 몇 그램이 중요하고, 이런 종류의 작은 것이 성공과 실패를 가르는 결정적인 요인으로 작용할 수 있기 때문이다.

물론 문제는 주로 어떤 느낌이 지배적이냐 하는 것이다. 즉, 벽이 얼마나 어려울지, 아니면 실제로 불가능할지도 모른다는 냉정한 생각이나 다음 단계를 나타내는 어떤 것을 찾는 즐거움을 말하는 것이다. 돌이켜보면, 나는 그것을 승리하는 기쁨이라고 말해야 한다. 여전히 가능성의 극한을 구현하는 프로젝트를 수행한다는 스릴 같은 것이랄까. 나 자신을 계속 괴롭히는 또 다른 문제는 그 북동벽을 등반하기에 모든 것이 적절한 완벽한 시간이라는 것이 정말

228 베이스캠프를 향해 예르마넨두 빙하를 걸어가는 모습. 무척 실망했지만 아찔한 북동벽의 크기에 깊은 감명을 받았다.
229 마셔브룸 하단부에서 로프 하강하는 모습. 뒤쪽의 라마가 다음 하강을 위해 앵커를 설치하고 있다.

위 | 내가 경험한 가장 아름다운 베이스캠프. 예르마넨두 빙하의 모레인 지대에 자리 잡은 이곳은 피라미드처럼 치솟은 마셔브룸이 훤히 보이는 발코니 같은 곳이었다.

아래 | 벽으로 향하기 전날의 긴장된 얼굴들. 만약 북동벽 등반에 성공하고자 한다면 장비의 무게와 선택 그리고 준비가 결정적 요소가 될지 모른다.

있느냐 하는 것이다. 이것은 단지 그 봉우리에 대한 것만이 아니라, 보다 중요하게는 팀의 개별 구성원에 대한 것이다. 그와 같은 퍼즐을 풀려고 할 때 정신력은 결정적인 요소이다.

더불어 중요한 것은 첫 번째 날에 이성의 자연스러운 목소리를 차단한 채 정상에 도달할 수 있다고 진정으로 믿을 수 있느냐 하는 것이다. 합리적인 사고는 선택이 아니다. 왜냐하면 그것은 도전을 시작하지도 말라고 할 것이 뻔하기 때문이다. 라마는 이전의 경험을 모두 잊고 완전히 새롭게 생각할 때만 그 벽에 도전할 수 있을 것 같다고 언제나 말했다. 그가 옳았다. 우리는 프로젝트 전체에 대해 대담한 접근 방식을 취해야 할 것이다. 이것과 다른 사람들을 구별 짓는 것은 벽의 난해한 복잡성과 특히 첫 번째 날에 일어날지 모르는 객관적 위험이다. 우리의 2014년 도전은 본격적인 등반을 시작하기도 전에 너무나 큰 위험을 감수해야만 했다. 마셔브룸 북동벽 정복은 절대적으로 엄청난 사건일 것이며, '새로운' 알파인 스타일 등반을 미래의 시대로 이끌 것이다. 우리는 다시 도전할 것이다.

한스요르그 아우어

1984년에 태어난 한스요르그 아우어Hasjörg Auer는 1996년에 스포츠클라이밍을 시작했다. 2008년 프로로 전향한 그는 스포츠와 수학을 가르치고 있다. 그는 몇몇 루트를 초등했고, 돌로미테와 파타고니아, 요세미티 계곡과 카라코람에서 유명한 루트들을 등반했다. 그중에는 세로 토레의 '컴프레서 루트Compressor Route', 트랑고 타워의 '이터널 플레임 Eternal Flame', 쿠냥 키시 동봉의 남서벽이 포함되어 있다. 또한 마르몰라다 남벽의 악명 높은 37피치짜리 '피시 루트Fish Route'를 3시간 만에 끝내는 등 몇몇 루트를 자유 단독등반으로 올랐다.

아우어는 "어느 정도 비이성적인 단계를 넘어야 새로운 지평에 도달할 수 있다."라고 말하며 등반을 이성과 열정 사이의 투쟁으로 여긴다. 2014년 여름, 그와 다비드 라마Daid Lama와 페터 오르트너Peter Ortner는 미등의 마셔브룸 북동벽에 도전했지만 얼음사태로 등반을 초반에 포기했다. 그는 현재 오스트리아의 외츠탈Ötztal 계곡에 거주하고 있다.

광학 위성과 달리 레이더 위성은 구름을 뚫고도 측정할 수 있다. 독일의 TanDEM-X 위성으로부터 받은 데이터를 이용해, DLR은 12미터에 2미터 높이의 정확도를 가진 지구 디지털 고도 모델을 생성했다. 세부사항의 수준이 산악인들이 이용하기에는 너무 낮지만 달리 응용할 수 있는 잠재적인 것들도 많이 있다. 이 이미지는 코카서스 최고봉인 5,642미터의 **마운트 엘브루스**이다.

데이터를 이미지로

위성이 우주를 조용히 난다. 대륙과 대양, 사막, 산맥이 놀라운 속도로 그 아래를 지나간다. 북극의 빙원에서 순식간에 카라코람으로 접근한다. 하얀색의 좁은 띠로 나타나는 거대한 산들이 황토색 풍경 속에서 빛난다. 아래로 내려가니 기상 조건이 이상적이다. 우리의 프랑스 동료들이 예측한 대로 지난 며칠 동안 구름이 걷혔다.

마셔브룸을 촬영하기에는 완벽한 날이었다. 지난 몇 달 동안, 플레이아데스Pléiades 위성이 독일항공우주센터(DLR)를 위해 전 세계에서 산들을 촬영해 왔는데, 오직 마셔브룸만이 우주에 있는 카메라에 자신의 벽을 드러내지 않았다. 에어버스가 개발한 2개의 위성이 지표면의 모든 지점에 매일같이 초점을 맞출 수 있었지만, 이 완고한 7천 미터급 고봉만 단 한 장의 사진도 촬영할 수

DLR에서 개발한 처리과정은 위성사진 간의 원근 차이를 이용해 디지털 지형 모델을 만드는 것이다.

2015년

없었다. 오버파펜호펜에 있는 DLR의 지구관측센터 요구는 매우 정교한 사진이었다. 우리에게는 명확하게 설정된 카메라 앵글이 필요했다. 그래야만 디지털 지형 모델에 필요한 정확한 데이터를 생성할 수 있기 때문이다. 하지만 프랑스 위성이 완벽한 전망의 완벽한 위치에 들어갈 때마다 마셔브룸이 구름에 덮였다. 구름과 햇빛이 비치는 눈 덮인 표면과 어두운 그림자는, 루트를 생성하는 데 필요한 구조를 감출 수 있으므로, 모두 지형 모델에서 오류를 유발할 수 있다. 그것이 바로 프로젝트의 초기 단계에서 프랑스국립우주센터(CNES)와 에어버스의 우리 동료들과 우리에게 필요한 빛과 앵글을 결정하고 최적화하는 데 몇 주 동안 함께 작업한 이유였다. 이런 것들이 우리가 위성을 최종단계에서 프로그래밍하며 사용한 매개변수였다.

태양이 마셔브룸 산기슭의 계곡을 서서히 따뜻하게 하는 동안 그로부터 대략 700킬로미터 위쪽의 조건은 썩 바람직하지 않았다. 장비들은 무중력과 300도가 넘는 온도 변화를 모두 견뎌야 했다. 마셔브룸이 시야에 들어오기 바로 전에 위성이 사진을 촬영할 수 있는 위치로 들어갔다. 그 산군 위를 나는 날 때 위성이 봉우리를 시야에 유지했다. 프랑스의 플레이아데스와 미국의 WorldView-2만큼 비행 중에 필요한 속도로 카메라 위치를 전환할 수 있는 유연성을 갖춘 위성은 거의 없다. 이렇게 해서 플레이아데스는 마셔브룸을 3개의 서로 다른 앵글에서, 즉 비행 방향과 수직과 비행 반대 방향에서 사진을 촬영할 수 있었다.

며칠 후 오버파펜호펜의 DLR 센터에서 이미지가 지형 모델로 변환되었다. 본래는 로봇 탐색이 가능하도록 디자인되고, 현재는 최고급의 자동차를 위한 운전보조 시스템으로 이용되고 있는 DLR 개발의 알고리즘이 이미지의 삼중선으로부터 산의 디지털 모형을 만들기 위해 우리 지구관측센터에서 추가로 개발되었다. 우리는 그 과정을 '세미-글로벌 매칭Semi-Global Matching'이라고 불렀다. 한 이미지 안의 각각의 지점을 다른 두 이미지에 상응하게 위치시킨다. 그런 다음 서로 다른 관점을 결합하여 우리 인간의 입체적 비전으로 인식되는

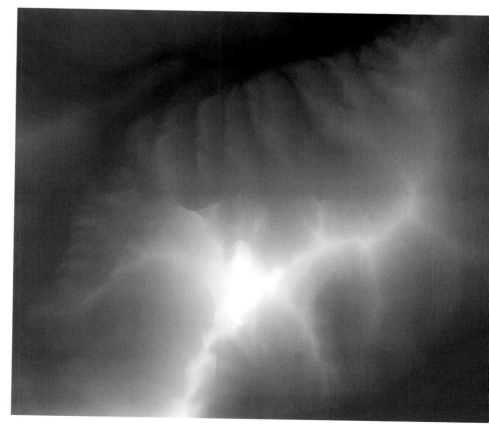

모델에서 측정값은 회색의 정도로 코딩된다. 그리하여 가장 높은 지역이 흰색으로 나타난다.

것과 유사한 3차원 이미지를 만든다. 이렇게 하면 우리는 지구상의 어느 곳에서나 가장 미세한 부분까지 구체적인 부조 모델을 만들 수 있다. 그러나 이 기술은 폭이 10~20킬로미터에 달하는 데다, 고해상도의 광학 위성이 생성하는 이미지 스트립이 너무 좁고 구름으로 제한되어 지구의 3D 지도화 작업에는 적합하지 않다. 그곳은 레이더 위성들이 자신의 궤도를 도는 곳이다. 이것들은 구름도 어둠도 뚫고 지표면을 탐지할 수 있다. 독일 레이더 위성 TanDEM-X와 TerraSar-X로부터 얻은 데이터로, 지구관측센터가 12미터 수평 해상도의 전례 없는 정확도로 지구의 부조 모델을 만들었다. 하지만 이 책에 필요한 구체적 조망을 위해서는 그것만으로 충분하지 않았다. 약 50센티미터의 공간 해상도로 사진과 정밀도를 얻자 2미터의 해상도로 모델을 만들 수 있었다. 그러나 이것도 오직 작은 영역에 대해서만 가능했다. 일단 수치가 높으면 데이터는 원본을 해상도 및 시각적 가공물의 변화된 형태로 드러낸다. 어두운 그림자, 가파르거나 오버행진 바위 벽, 획일적인 눈의 표면, 또는 레이더의 다중반사로

인해 오류가 발생할 수 있다. 디지털 일러스트레이션의 측정값은 결국 회색의 정도에 따라 암호화되어, 가장 높은 지역을 흰색으로, 그리고 가장 낮은 지역을 검은색으로 나타내는 흑백 이미지가 된다.

시각화 팀이 계산을 끝내는 시점에서 모든 데이터를 3차원 이미지로 변환할 수 있었다. 3D 소프트웨어는 회색의 정도를 상대적 높이로 변환해, 원래 산의 디지털 지형 모델을 만들었다. 빛의 효과가 추가되면서 빛과 그림자가 모델에 부조 느낌을 주어 그 형태를 사람의 눈이 알아볼 수 있도록 했다. 가상공간에서는 사람이 원하는 곳에 빛을 위치시킬 수 있어, 하루 중 어느 때든, 그리고 일 년 중 어느 시즌이든 그에 맞추어 시뮬레이션 할 수 있다. 하지만 위성 이미지가 지극히 정교하게 3D 모델 위에 낱장처럼 펼쳐진 질감을 적용받기 전까지는 산이 사실적으로 보이지 않는다. 상당히 가파른 벽에서는, 평면의 사진에서 서로 가까운 점이 실제로는 아주 멀리 떨어져 있을 수 있다. 이런 곳들은 종종 인간 관찰자가 이것이 사진이 아니라 컴퓨터가 만든 현실의 사본이

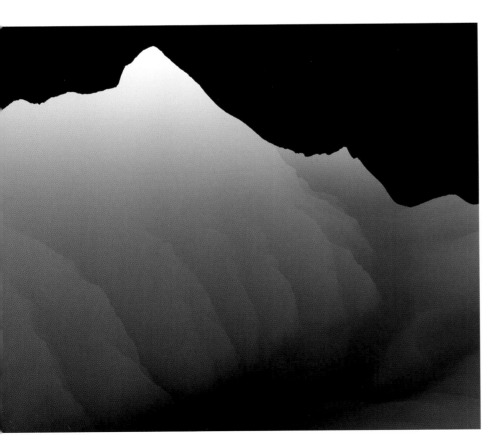

회색 레벨의 데이터는 가상의 3D에서 높이 정보로 변환된다.
그리하여 이것이 풍경의 3차원 이미지를 만든다.

그림자를 만드는 데는 조명이 사용되며, 표면의 색상과 질감은 선택할 수 있다.

라는 사실을 깨닫는 유일한 장소들이다. 가상세계 안에서 관찰자 또는 가상 카메라라는 수백 킬로미터에서 단 몇 미터에 이르는 범위까지, 모든 고도에서 모든 지역을 볼 수 있다. 시야를 차단하는 인접 봉우리들조차, 이전에는 불가능했을지 모르는 조망이 가능하도록, 가릴 수 있다. 이 평행의 세계에서 이미지의 현실성을 높일지 모르는 서로 다른 날씨 효과도 마음대로 추가할 수 있었지만, 우리는 그렇게까지 하지는 않았다. 우리는 지형 모델의 한계를 숨기거나, 가장자리를 안개로 가리거나, 틈새를 불필요한 데이터로 채우려 하지 않았다. 우리는 또한 인접한 봉우리들이 시야를 방해할지 모른다는 사실도 고려했다. 왜냐하면 이런 이미지의 모든 아름다움에 대해, 사진과 같은 사실성이 매우 정확한 측정을 기반으로 한다는 사실을 간과해서는 안 되었기 때문이다. 700킬로미터 상공의 우주에서 기록된 데이터는 우리의 지구 관측이 얼마나 효율적으로 이루어졌는지를 보여준다. 이렇게 해서, 우리는 지난 2년에 걸쳐 세계에서 가장 대단한 산 13개를 여러 각도에서 가상으로 탐험할 수 있도록 최초의 3D 지도를 만들었다. 이 산들의 형상이 고도의 정확도로 측정되었지만, 비록 우주에서 촬영되었다 할지라도 눈과 얼음의 밑에 놓여 있어서 그 정확한 높이는 여전히 논쟁의 여지가 있다.

사실적인 효과를 만들기 위해 위성 이미지를 질감으로 사용하면서
시트처럼 풍경 모델 위에 늘어뜨린다.

엷은 안개와 수증기 같은 대기효과는 3D 풍경에 추가할 수 있다.

독일항공우주센터(DLR)

DLR은 독일연방공화국의 국가 항공 및 우주 연구센터이다. 항공, 우주여행, 에너지, 교통, 안전에 대한 이곳에서의 광범위한 연구와 개발은 국내외의 협력적인 사업으로 집약된다. 자체적인 연구 외에도, 독일의 우주 기관인 DLR은 독일 우주 프로그램의 계획 및 구현에 대해 연방정부로부터 책임을 부여받았다. DLR은 또한 국가 최대의 프로젝트 관리 기관의 산하기관이다. DLR은 독일 내 16개 지역인 쾰른(본부), 아우크스부르크, 베를린, 본, 브라운슈바이크, 브레멘, 괴팅겐, 함부르크, 윌리히, 람폴트하우젠, 노이스트렐리츠, 오버파펜호프, 슈타데, 슈트트가르트, 트라우엔, 바일하임에 8천여 명의 전문가를 두고 있으며, 해외 사무소는 브뤼셀, 파리, 도쿄, 워싱턴 DC에 있다.

지구관측센터(EOC)

EOC는 강력한 국제 협력을 바탕으로 지구 관측 분야를 연구·개발하는 DLR의 연구소 집단이다. 이곳은 독일원격탐사데이터센터(DFD)와 원격탐사기술연구소(IMF)의 일원이다. 이곳에서는 국내와 유럽을 비롯해 전 세계 위성들의 임무 데이터를 수신·처리·보관하며, 일반 대중들이 이용할 수 있게 한다. EOC는 오버파펜호펜과 노이스트렐리츠뿐만 아니라 남극과 캐나다 북극에서도 위성 수신 기지를 운영하고 있다. 모든 데이터는 DFD의 국립위성데이터아카이브에 장기간 저장된다. EOC는 원격탐사 기술을 이용해 정보를 수집하고, 지구과학 연구를 수행하며, 환경 모니터링, 자원 관리 및 자연재해 조기 경보를 위한 제품을 만들고 시스템을 개발한다. 이곳은 또한 과학자와 정부 단체와 일반 시민들에게 조언과 지원을 해준다. 연방정부를 대신해, 이곳은 위성 기반 위기정보센터(ZKI)를 운영하며, 국제 헌장인 '우주 및 주요 재해'에 따라 자원을 제공하고, ICSU를 대신해 대기 원격탐사를 위한 세계데이터센터를 운영한다. 브레멘과 노이스트렐리츠에 있는 2개의 해양안전 연구시설도 EOC 소속이다.

슈테판 데흐 Stefan Dech

1960년 독일 로켄하우젠Rockenhausen에서 태어난 슈테판 데흐는 뷔르츠부르크대학 Würzburg University에서 지리, 사회학, 정치학을 공부했다. 지구과학과 관련된 원격탐사를 전공했으며, 1990년에 박사학위를 받았고, 1997년에 박사 후 과정(교육)을 이수했다. 그는 1998년부터 DLR의 독일원격탐사데이터센터 책임자로 일하고 있다. 그리고 2001년부터 뷔르츠부르크대학의 지리 및 지질학 연구소에서 원격탐사 교수로 재직하고 있다. 그의 작업은 주로 자연재해와 관련된 위기관리 및 조기경보를 제공하기 위한 시스템 개발과 더불어, 지구적 변화 과정과 지구 생태계의 환경적 변화의 원격탐사에 초점을 두고 있다. 슈테판 데흐는 『우주에서 내려다본 산들Mountains from Space』을 비롯한 400편 이상의 과학 출판물과 대중 과학서적의 저자 또는 공동 저자이다.

닐스 슈파르바서 Nils Sparwasser

1972년 독일 마인츠Mainz에서 태어난 닐스 슈파르바서는 마인츠의 요하네스구텐베르크대학Johannes Gutenberg University에서 지리학, 식물학, 동물학을 공부한 후 과학 커뮤니케이션을 전공했다. 그는 1999년부터 독일원격탐사데이터센터에서 일해 왔으며, 2008년부터는 DFD의 과학 커뮤니케이션 및 시각화 부서의 책임자를 맡아왔다. 또한 가톨릭대학아이히슈타트Catholic University Eichstätt에서도 원격탐사에 대해 강의하고 있다. 그는 DLR을 위한 많은 지구 관측 임무와 원격탐사 프로젝트에 참여했다. 그와 그의 팀은 수많은 애니메이션 영화를 제작하고 여러 전시회를 조직했으며, 국제적으로 성공을 거둔 세 권의 책을 펴냈다.

이 책은 프로젝트를 열성적으로 지원해준 EOC 과학자들의 전문적 기술 덕분에 가능했습니다. 다음과 같은 분들에게 특별히 감사를 표합니다.

파블로 디안젤로 Pablo D'Angelo

1977년 독일 퀸첼스아우Künzelsau에서 태어났다. 울름Ulm의 호흐슐레Hochschule에서 정보기술을 전공한 후 빌레펠트대학Bielefeld University에서 박사학위를 취득했다. 2007년부터 EOC의 원격탐사기술연구소에서 사진 측량 및 이미지 분석을 하고 있다.

토르스텐 안드레센 Thorsten Andresen

1970년 독일 노이뮌스터Neumünster에서 태어났다. 킬Kiel의 크리스티안알브레흐츠대학Christian Albrechts University에서 지리학을 전공한 후 2004년 뮌헨의 공과대학Technical University에서 학사학위를 취득했다. 2004년부터 EOC에서 원격탐사 전문가로 일하고 있다.

그레고르 호흐라이트너 Gregor Hochleitner

1979년 오스트리아 암슈테텐Amstetten에서 태어났다. 잘츠부르크대학Salzburg University에서 지리학과 응용지리정보학을 전공했다. 2006년부터 EOC에서 3D 전문가로 일하고 있다.

알바로 치뇰라 Alvaro Chignola

1972년 이탈리아 카프리노 베로네세Caprino Veronese에서 태어났다. 볼로냐대학에서 천문학을 전공하고 나서 2004년부터 EOC에서 3D 전문가로 일하고 있다.

Deutsches Zentrum
DLR für Luft- und Raumfahrt

라인홀드 메스너 Reinhold Messner

1944년 오스트리아 남티롤의 브릭센에서 태어난 라인홀드 메스너는 다섯 살 때 산을 처음 오른 후 세계의 거대한 산과 사막으로 100회 이상의 원정을 감행했다. 그는 많은 초등을 기록했으며, 히말라야 8천 미터급 고봉 14개를 최초로 모두 올랐고, 그린란드와 남극대륙을 도보로 횡단했다. 현재 그의 주요 관심사는 메스너산악박물관(MMM)과 책과 영화를 통해 등산과 탐험의 역사적 순간을 기록하는 것이다. 그의 최근 자서전에는 『자유로운 영혼 — 어느 산악인의 삶 Free Spirit: A Climber's Life』이 있다.

웹사이트: www.messner-mountain-museum.it

이 책의 저자들은 작업에 참여한 모든 분들에게 감사드립니다. 이 프로젝트는 전문 지식과 주제에 대한 열정적인 노력을 쏟은 많은 전문가들의 도움이 없었더라면 결코 결실을 맺을 수 없었을 것입니다. 세계에서 가장 대단한 산 13개의 지리, 지질학, 기후 및 빙하학에 대해 유익한 정보를 제공해준 다음 분들에게 특별히 감사드립니다.

안드레아스 물흐 교수 Professor Andreas Mulch

젠켄베르크연구소 Senckenberg Research Institute의 소장이며 독일 프랑크푸르트 자연사박물관의 관장이다.

C. 페이지 체임벌린 박사 Dr. C. Page Chamberlain

미국 스탠포드대학 교수이다.

하리 T. 믹스 박사 Dr. Hari T. Mix

미국 산타클라라대학 교수이다.

프랑스국립우주센터(CNES)

1961년에 설립된 프랑스국립우주센터는 정부에 프랑스의 우주 정책을 제안하고, 유럽 내에서 이 정책을 시행하는 임무를 띠고 있다. 이곳에서는 인공위성을 설계하고, 궤도에 올려놓고, 미래의 우주 시스템을 발명하고, 일상생활에 유용한 새로운 서비스의 출현을 촉진한다. CNES는 주요 우주 프로젝트를 추진하고, 발사체 및 위성의 생산을 위탁한다. CNES는 차세대 지리 정보를 제공하고, 국방 및 민간 임무 모두에 필요한 광학 이미지를 제공하는 두 가지 지구 관측 시스템인 플레이아데스 설계의 소유자이다. 1미터 미만의 해상도와 놀라운 기동성으로, 플레이아데스 시스템은 위기상황 관리는 물론이고, 지도 제작 및 도시계획 임무에 특히 유용한 모노 및 스테레오 이미지를 제공한다. 위험과 관련하여, 특히 국제 헌장인 '우주 및 주요 재해'의 맥락에서 구조팀을 조직하는 데 플레이아데스 데이터는 필수적이다.

에어버스(AIRBUS)

지구 관측 위성 이미지에 대해 타의 추종을 불허하는 접근, 고유한 전문 지식 및 수십 년간의 경험을 통해 에어버스 방어 및 우주(DS)는 지리 지능 분야의 세계적인 선구자로 인정받고 있다. 플레이아데스, SPOT, TerraSAR-X, TanDEM-X와 같은 지구 관측 위성에 대한 독점적인 접근을 기반으로 하는 이곳의 포트폴리오는 전반적인 지리 정보 가치 네트워크에 걸쳐 있다. 에어버스 DS는 안전을 강화하고, 임무의 계획과 운용을 최적화하고, 성과를 높이고, 천연자원 관리를 개선하고, 마지막으로 그러나 아주 중요하게, 환경을 보호하기 위한 지속가능한 해결책을 결정권자에게 제공한다. 에어버스 DS의 지리 지능 프로그램 라인은 5대륙 11개국에 자회사와 사무실을 두고 있을 정도로 전 세계에 뻗어 있다. 그리하여 140개 이상의 공인 재판매자들이 인증을 받았다. 선택된 파트너들은 직접 수신하는 기지를 자체적으로 운영하고 있는데, 이는 현지의 가용성 및 전문성을 통해 한 차원 높은 고객 서비스를 보장한다.

유럽우주이미징(EUROPEAN SPACE IMAGING)

유럽우주이미징은 유럽과 북미 그리고 CIS 국가의 고객에게 지구의 초고해상도(VHR) 위성 이미지 및 부가 서비스를 선두적으로 공급하는 업체이다. 다중 임무가 가능한 지상 기지 운영은 실시간 기상 정보를 고려해 고객에게 최고의 유연성을 제공할 수 있으며, 최적화된 이미지 수집의 결과를 얻을 수 있게 해준다. 전문적이고 개별적인 고객 서비스로 정평이 나 있는 이 회사는 2002년부터 고객의 다양한 프로젝트 요구사항을 충족하기 위해 맞춤형 초고해상도 이미지 분석을 제공하고 있다.